le Guide du français familier

Mes remerciements pour leur coopération active vont à

Pierre Merle écrivain, auteur de *L'Argot fin de siècle* (Seuil)

Isabelle Durousseau maître de conférences à l'université de Copenhague (Danemark)

Catherine Merle lycéenne de terminale à Paris

Eva Toulouze lectrice à l'université de Tartu (Estonie)

Gérard Clerfayt enseignant de français langue étrangère à Paris

aussi à

Sandrine Héroult libraire à Montréal, pour sa contribution des mots du Québec

Albert Audubert grammairien et lexicographe, pour sa fructueuse relecture du manuscrit

ainsi qu'à **Frédérique Cantrel, Jean Benguigui, Jean-Pierre Minaudier et Pierre Verrier** *pour leurs aimables suggestions comme à* **Jean-Claude Baillieul** *pour sa mise au point typographique*

et à la **Villa Mont-Noir**, *Résidence d'écrivains européens, pour son accueil*

Claude Duneton

Collaboration technique
Marri Amon
Université de Tartu, Estonie

le Guide du français familier

Éditions du Seuil

COLLECTION DIRIGÉE PAR NICOLE VIMARD

ISBN 2-02-031486-X

à Leena Capron

qui m'attira en Estonie où
naquit l'idée de ce livre
et qui mourut de ses voyages

le français familier pourquoi?

La langue française comporte bien des particularités, mais il en est une qui la caractérise presque essentiellement, c'est une variété de registres que les autres langues ne possèdent pas à un degré équivalent. Il existe un français littéraire plus ou moins académique ou « relâché » ; nous avons un français scolaire qui ne sert pas en littérature mais seulement à l'intérieur du système scolaire et universitaire, un registre conventionnel, pourvu de ses codes particuliers qui trouve sa finalité dans la rédaction des examens et des concours. Je ne dirai rien du français administratif, curieux hybride de la langue du droit et du registre scolaire, ni du français à vocation « savante », qui est une création originale du dernier demi-siècle, à la fois intimidant et impénétrable, capable d'exprimer la pensée la plus abstraite comme l'absence totale de pensée et qui se prête merveilleusement aux plus belles supercheries intellectuelles en donnant corps et apparence aux formulations les plus creuses.

Il y a surtout, à côté de ces registres qui constituent

pour ainsi dire la « langue d'État », le français que nous parlons tous les jours, dans toutes les occasions de la vie ordinaire, chez le boulanger ou la crémière, à la maison et dans la rue, à l'atelier comme au bureau, dans la famille ou chez des amis. Ce français s'écrit du reste dans une littérature abondante, faite des journaux et des bandes dessinées, des dialogues de films, et aussi de la production romanesque contemporaine la plus vaste et généralement succulente. C'est ce registre du quotidien, de la spontanéité, que j'appellerai ici *le français familier* – celui qui n'obéit à aucun code de situation particulière, honni qu'il est des paperasses administratives, et chassé du domaine scolaire du haut en bas de l'échelle éducative.

Le français familier se distingue évidemment par certains relâchements de syntaxe, surtout dans sa version « parlée » ; le redoublement du sujet dans une phrase simple est de cette nature : « Ma sœur, elle va à l'école », au lieu du simple et correct « Ma sœur va à l'école », seule formulation admise précisément dans la scolarité. L'élision de la négation normale fait partie de ce phénomène : « Je veux pas de pain » au lieu de « Je ne veux pas de pain » – une irrégularité de la langue orale qui est très ancienne, car on la repère déjà aux premières années du 17e siècle dans le langage du futur Louis XIII tel que le notait le médecin Héroard. La faute est toujours repoussée, sans doute avec raison, par la langue châtiée de tous les niveaux. Cependant, c'est dans le vocabulaire courant que le registre « familier » se manifeste surtout. Par exemple, les langues européennes voisines de la nôtre ont un mot pour désigner l'« eau » : *water* en anglais, pour toutes formes d'eau, dans toutes les circonstances imaginables ; pour boire, se laver, nager, on dira *water*. En espagnol, on dit *agua* de même, prolongation directe du latin *aqua*, ainsi qu'en italien *acqua*, en allemand *Wasser* ; en flamand, on ne cherche pas non plus midi à quatorze heures : *water*, l'eau, un point c'est tout.

En français, nous avons bien entendu notre *eau* pour toutes les sauces, l'eau sale ou propre, l'eau de rivière ou d'étang, du robinet, l'eau de pluie qui nous mouille, l'eau bénite pour asperger les fidèles, l'eau salée de la mer – on fait tout avec l'*eau*, on la boit, pure ou mélangée à d'autres substances ; on lave le linge, que sais-je ? on s'y noie !... Mais là où la différence intervient avec les autres langues, c'est que tout à coup quelqu'un vous dira sans prévenir, comme la chose la plus naturelle du monde :

– J'ai soif, passe-moi un grand verre de flotte.

– Un verre de quoi ?

– De *flotte*... Ah ! excuse-moi, un verre d'eau.

L'interlocuteur étranger se sent tout éberlué que l'eau puisse être désignée par un mot qu'il n'a jamais entendu – auquel il n'a jamais prêté attention en tout cas –, qui n'apparaît dans aucun des manuels qu'il a lus. Comme s'il s'éveillait d'un rêve, il s'aperçoit – on lui explique alors – que tout le monde autour de lui connaît et emploie ce mot nouvellement venu à son oreille. Soudain, on lui parle complaisamment de *la flotte* qui est tombée la nuit dernière : « Il a flotté toute la nuit ! »... « C'est agaçant toute cette flotte ! » ajoute son voisin. Et c'est la pluie que l'on désigne ainsi !

Un peu revenu de sa surprise, et rompu dorénavant

aux subtilités de l'eau à double dénomination, l'étudiant japonais, balte, grec, écossais ou sud-américain verra arriver l'été, la chaleur, le besoin de se baigner, à la mer ou à la piscine, et un beau jour quelqu'un lui dira :

– Tu viens ? On va à la baille.

– À la quoi ?

– On va nager… se mettre à la flotte. Tu veux venir ?

– Oui, mais tu viens de dire… la ba…?

– Ah ! *la baille* c'est l'eau : on va à la baille, on va se baigner.

La baille c'est l'eau ?… Le doute alors revient, jaillit dans le cerveau de notre étudiant malheureux qui a le sentiment exécrable que les Français sont des hypocrites, des sales menteurs qui vous enseignent une langue en souriant, et en emploient une autre entre eux, en cachette, pour vous narguer… Ah ! que leur réputation de fausseté, de rouerie, est bien justifiée ! se dit l'infortuné. Au bout de plusieurs mois de séjour en France, une année, peut-être davantage, le jeune homme désespère vraiment de savoir un jour cette langue glissante comme une savonnette, que l'on ne saurait jamais tenir, saisir, maîtriser.

C'est le moment où la jeune fille au pair, qui s'est appliquée de bonne foi à saisir les nuances de la cuisine et du langage enfantin des petits diables dont elle a la charge, entend ceci :

– Je me jetterais bien un coup de jaja derrière la cravate… (ou de picrate, de pinard, de rouquin !)

– Oui, renchérit le voisin, avec un bon calendos et un bout de brignolet, ce serait le pied !

Et la pauvre jeune personne ne comprend rien à tout cela. Elle rougit de rage. Elle a pourtant étudié, suivi régulièrement les cours du soir, noté les mots sur un petit carnet à son usage – on la complimente du reste, on lui répète qu'elle parle très bien français : oh là là ! magnifique !... Et voilà des gaillards narquois qui rient à ventre déboutonné de son désarroi. « Mon dieu ! » se dit la fille au pair, dans une de ces langues du globe chère à son cœur : « Je veux rentrer à la maison ! »

Le but essentiel du présent ouvrage, sa vocation première, est de rassurer les filles au pair. Mais aussi de sauver de l'embarras les mères en visite, les pères en perdition, et généralement les étudiants des niveaux supérieurs de toutes les universités du monde où l'on nous fait l'honneur d'enseigner le français. Ils pourront ici faire le point sur ces mots cachés qui servent, cela est vrai, à la connivence entre adultes, de la même manière que des gens d'une même région se servent d'un accent ou d'un dialecte partagé... Ils pourront s'initier en toute tranquillité à ce français familier – j'ai envie de dire : à ce français de doublure, qui dès lors ne les intimidera plus du tout. Ils perdront ce sentiment qu'il existe un double fond à notre langue, des arcanes méchants, un dédale diabolique auquel ils ne peuvent avoir accès, et ils n'en jouiront que mieux de ce qu'ils savent déjà.

À une étudiante anglaise que je trouvai naguère en proie à ces affres que cause le français familier dans la pratique courante de la langue en France, je conseillai d'entreprendre une revue systématique des termes cachés en utilisant l'excellente et désopilante *Méthode à Mimile* d'Alphonse Boudard, et de la traiter pour rire comme un manuel de langue – l'une des fameuses *Méthodes Assimil* dont elle est une géniale parodie. Je lui fis bien sûr la recommandation de ne jamais utiliser elle-même les termes qu'elle allait apprendre au cours de cette lecture ! Il faut seulement observer, repérer – mais ne jamais s'essayer à l'étourdi à réemployer ces mots soi-même, sous peine de créer un choc à ses interlocuteurs, voire de se placer dans une situation embarrassante. Cette personne suivit mon conseil, dévora le manuel de Boudard, et prit ensuite un grand plaisir dans les conversations ordinaires, à entendre des mots qui ne l'effrayaient plus – du même coup, cela l'aida à trouver les Français beaucoup plus sympathiques qu'elle n'avait cru d'abord !

Naturellement, il ne s'agit pas de tomber dans l'excès inverse, et d'adopter d'emblée une phraséologie sulfureuse sans avoir conscience de son incongruité. Certains jeunes Français, plus ou moins facétieux, plus ou moins bien intentionnés, prennent parfois un malin plaisir à induire l'étranger en erreur, en lui faisant croire que tel terme du français familier (s'il est grossier c'est encore mieux !) constitue le bon ton du moment. En prétendant qu'il faut toujours dire « un verre de pinard » et non pas « un verre de vin », que cela fera plaisir aux autochtones, on est sûr de placer sa victime dans des situations burlesques où elle va déclencher l'hilarité de ses auditeurs ! Mais ce sera à mauvais escient... Les lycéens sont toujours très friands de ces sortes de blagues à l'encontre des « assistants » étrangers, lesquels n'ont qu'à bien se tenir s'ils ne veulent pas tomber dans le piège facile et inévitable, et sortir des énormités en quelque occasion tant soit peu solennelle.

Je citerai à ce propos la mésaventure d'un jeune Allemand pendant la période de l'Occupation, à qui le peintre montmartrois Gen Paul avait appris un français bien particulier... L'anecdote, véridique, est rapportée par Chantal Le Bobinnec à qui Gen Paul, personnage haut en couleur et féru depuis l'enfance de la langue verte parisienne, l'avait racontée :

« Gen Paul m'avait raconté que pendant la guerre, il s'était pris d'amitié pour un jeune Allemand de l'armée d'occupation, probablement parce qu'il était peintre et antimilitariste. Il venait souvent à l'atelier, Gen Paul lui trouvait du talent. Quand il l'avait connu, il ne parlait que quelques mots de français et Gen Paul lui avait appris l'argot. Par exemple, il lui désignait les parties du corps : la tête, c'était *la tronche*, le nez, *le tarin*, les yeux, *les châsses*, les mains, *les paluches*, les jambes, *les guibolles*...

« Un jour ce jeune Allemand est arrivé à l'atelier les larmes aux yeux. Il devait partir sur le front russe le lendemain et il venait faire ses adieux. Il expliqua qu'il déserterait bien, mais qu'il ne savait pas où aller. À ce moment, Gen Paul lui dit : "T'en fais pas, je vais te faire une petite bafouille pour un pote à moi qui est en zone libre, il s'occupera de toi." Le pote en question était le père supérieur d'un couvent.

« L'Allemand tout content partit le soir même. Quelques semaines après, Gen Paul reçut une lettre du père supérieur qui disait son protégé très sympathique, qu'il avait commencé à décorer la chapelle de fresques, mais que les frères étaient incapables de comprendre son argot et pour cause !...

« Le père supérieur expliquait qu'il était obligé de lui réapprendre le français en lui donnant chaque jour une leçon. Il lui apprenait que le *blé* poussait dans les champs, qu'on ne disait pas *aller lisbroquer* mais *aller aux toilettes* et il tomba des nues quand le père lui révéla que les *nougats* n'étaient pas les pieds mais une spécialité sucrée de la ville de Montélimar. À la fin de la guerre, il fut contraint de s'engager dans la Légion étrangère et Gen Paul me dit : "Là, il pouvait jacter l'argot ; avec tout ce que je lui avais appris, il a dû devenir un caïd". »

(Chantal Le Bobinnec, *Gen Paul à Montmartre*, Éd. Chalmin-Perrin, 1996.)

Français familier, français populaire ou argot?

La confusion la plus générale et la plus sereine règne entre ces trois qualifications du français « non officiel » qu'il est d'ailleurs bien malaisé de définir l'une par rapport aux autres. C'est pourquoi le linguiste et chroniqueur Jacques Cellard a inventé une appellation qui recouvre les trois notions vagues, disant que ce registre non admis par la langue commune, par le « français central », pourrait être du français *non conventionnel*. Certes, la notion est juste ; malheureusement, cette dénomination « en creux » – ce qui « n'est pas » – n'est pas commode d'emploi ; aussi, malgré le titre d'un excellent dictionnaire auquel il sera souvent fait référence dans le corps de cet ouvrage, le *Dictionnaire du français non conventionnel* de Jacques Cellard et Alain Rey, le terme novateur et rassembleur n'est guère entré dans l'usage. Dans la pratique, les trois qualificatifs *familier*, *populaire*, *argotique* continuent à être seuls employés, souvent sans distinction, au gré de la personne qui parle ou qui écrit, selon ses goûts et son degré d'information.

On aura remarqué par exemple que l'auteur du *Gen Paul*, Chantal Le Bobinnec, n'emploie que le mot *argot*, ce qui est pertinent d'une certaine manière car le personnage montmartrois, né et élevé à Montmartre dans le milieu le plus populaire qui soit – sa mère était concierge –, parlait un langage coloré que la tradition désignait par le terme générique *argot*. Qu'est-ce donc que l'argot ? Historiquement, c'est le langage particulier, normalement « secret », dont faisaient usage les voleurs de grand chemin organisés en bandes redoutables et parfois spécialisées dans le crime – comme les fameux « chauffeurs d'Orgères » en 1800 – ; par voie de conséquence on appelait ainsi le langage créé dans les prisons et les bagnes de jadis. L'argot est le langage de la délinquance, qui inclut la langue sourde de la prostitution, aussi vieille que le vol et l'assassinat... Or il se trouve que l'habitude fut prise vers le milieu du 19e siècle, par les rédacteurs de dictionnaires, de faire l'amalgame entre cette phraséologie de la classe dangereuse de la société et le parler tout simplement populaire, c'est-à-dire le parler de la classe ouvrière de Paris et de ses faubourgs ; le menu peuple de la capitale inventait à loisir des mots pittoresques depuis l'Ancien Régime. On se prit donc à dire, pour tous les mots qui n'étaient pas académiques, qui sortaient du cadre du français châtié et classiquement admis : « C'est de l'argot ! »

Cet amalgame n'était pas innocent dans la mesure où il correspondait à une nécessité idéologique de la société bourgeoise venue au pouvoir dans les décennies qui suivirent la grande Révolution de 1789 ; la classe ouvrière en formation – imposée par la révolution technique et industrielle du 19e siècle – devint à son tour protestataire et dangereuse pour l'ordre établi. La menace populaire se précisa à partir de la monarchie de Juillet : là, les révoltes durement réprimées dans le sang, les barricades périodiques et les fusillades sans pitié qui s'ensuivaient, assimilèrent pour les bourgeois possédants le monde des ouvriers au monde des bandits. Désigner leurs créations lexicales par le même terme, *argot*, comportait une logique certaine.

Mais aussi la langue jouait-elle à cette époque un rôle infiniment distinctif ; la haute bourgeoisie triomphante, véritable bénéficiaire de la Révolution qu'elle avait provoquée, tenait par-dessus tout à se distinguer du peuple qu'elle méprisait. Privée des attributs de la noblesse traditionnelle, qu'elle voulait imiter après lui avoir damé le pion, la bourgeoisie tourna ses ambitions du côté de la langue française. Elle fit de la langue académique, qu'elle déclara pure et inviolable, l'arme de sa distinction et dans une large mesure l'instrument de son pouvoir. Dès lors tout ce qui venait du peuple en matière de langage, que ce fussent des dialectes nombreux dans toutes les régions de la France, ou des parlers populaires des grandes villes, fut honni, chassé, traqué, rejeté avec violence et hargne par la classe dirigeante qui craignait comme la peste d'être confondue avec le commun des roturiers !... Le terme *argot* venait donc à point nommé pour stigmatiser le langage de la racaille : on distingua le « bon français », celui que brassaient les écrivains ordinaires, et que l'organisation scolaire en formation revendiqua hautement, pour ne pas dire « férocement », et l'argot sans distinction de nuance. L'usage s'installa donc ainsi, appuyé au 20e siècle par l'école et l'université, dans une dichotomie simplette : tout ce qui n'était pas « français » était « de l'argot ».

On le voit, une pareille simplification paraît aujourd'hui abusive, bien que le terme soit généralement intégré et assimilé par l'ensemble de la population. En réalité, si l'on examine attentivement la liste des mots désignant les parties du corps que reproduit Chantal Le Bobinnec, par exemple, avec le qualificatif « argot » – opposé à « français » –, seul *les châsses* mérite vraiment cette dénomination de par son origine au début du 19e siècle dans le milieu de la pègre décrit par l'ancien bagnard Vidocq ; encore le mot *châsses* est-il l'abrègement d'un mot simplement populaire, *châssis*, pour désigner « les yeux », lequel résulte lui-même d'une image claire : *un châssis* désignait anciennement « une fenêtre ». Pour le reste il s'agit d'appellations amusantes, en marge du français officiel, certes, mais d'essence uniquement populaire et nullement entachées du sang des assassins et des nauséeux relents des cachots ! *La tronche*, pour « la tête », apparaît dès la fin du 16e siècle dans *La Vie généreuse des mercelots, gueuz et bohémiens*, de Péchon de Ruby, publiée en 1596 (relevé par Gaston Esnault) ; il s'agit d'une vieille dénomination en français rural d'une « bûche », ce qui revient à traiter le siège de nos pensées de « tête de bois » – il n'y a là de quoi guillotiner personne ! Le mot *tronche* est aujourd'hui du français familier employé par à peu près tout le monde : « J'ai mal à la tronche ! » ou « Untel a une sale tronche », etc., appartiennent à l'expression générale et bon enfant. *Le tarin*, pour « le nez », est à peu près tombé en désuétude – cette appellation populaire (relevée en 1904), venue de l'image du « tarin » (qui est un oiseau au bec conique, d'où la métonymie), n'aura guère duré ; le *tarin*, « le nez », fut mis à la mode durant la guerre de 14-18 parmi les soldats. Était-ce de l'argot, au sens strict ? Non pas ! Une plaisanterie paysanne tout au plus… *Les paluches*, désignant « les mains », appartient à la langue populaire des années 1930 ; le mot ne saurait subir l'opprobre réservé aux grands criminels ! Il est vrai qu'il résulte d'une resuffixation de *palette*, image évidente pour « la main » en usage chez les voleurs depuis le début du 19e. *La guibolle* est aussi un mot populaire pour « la jambe », variante de *guibonne* dans l'argot de Vidocq, formé sur un vieux mot du 17e siècle : *guibon*, de l'ancien français *giber*, « agiter ». *Les nougats*, pour « les pieds », dérive d'une plaisanterie de gamins des années 1920 ! Où est le crime ? Il s'agit d'une sensibilité de cette partie de notre individu : *avoir les pieds en nougats*, c'est-à-dire mous et tendres… Quant au *blé* (anciennement *bled*) pour désigner « l'argent », c'est une métaphore élémentaire du 15e ou du 16e siècle : les blés ont la couleur jaune d'or ! Vous parlez d'une affaire : le mot court dans la langue familière depuis lors, sans interruption !

On le voit, le mot *argot* constitue un signal dont le rôle réel est de faire halte au parler populaire : il s'agit d'un barrage établi par la bourgeoisie en mal d'aristocratie au 19e siècle. L'ancienne aristocratie avait été au contraire amusée par les trouvailles langagières du peuple auxquelles elle s'était montrée attentive – du moins le peuple de Paris, faiseur de vaudevilles et de chansons. Ce mot-signal renforce donc la cassure entre le français codifié, ou conventionnel, à caractère scolaire, et le parler ordinaire de tout un chacun en France – une cassure parfaitement intégrée par tous les Français, quel que soit son arbitraire.

Peut-on encore parler de français populaire?

Au cours d'une conférence que je faisais à l'université de Vilnius, en Lituanie, au printemps de 1996, on me fit remarquer que j'utilisais alternativement les expressions *français familier* et *français populaire* sans aucune distinction apparente... « Y a-t-il une différence, et laquelle, entre ces deux appellations ? » me demanda-t-on. Il est vrai que la force de l'habitude entraîne à employer indifféremment *familier* et *populaire* comme s'il s'agissait de termes équivalents en ce qui concerne le langage ; or cette assimilation des notions, qui s'est installée, pour les raisons que j'ai évoquées, au 19e siècle, est devenue inexacte. Qu'est-ce que « la langue populaire » ?... Il s'agit essentiellement du langage imagé – ou quelquefois agressif et grossier – en usage parmi les ouvriers, « les faubouriens » comme on disait jadis pour Paris, et que l'on a appelé aussi « la langue verte », c'est-à-dire « vigoureuse » avec une certaine crudité d'expression. Le « parler populaire » ne s'embarrasse pas de « bon usage » et se trouve taxé très généralement de « vulgarité », au sens tout à fait étymologique du mot désignant ce qui appartient au plus grand nombre – il manque du raffinement qui caractérise l'élite... « Ce feignant, il roupille toute la journée » est du langage populaire, alors que la langue conventionnelle dit : « Ce paresseux dort toute la journée. »

Le français populaire fut celui des ateliers de toutes sortes dans le monde du travail manuel, aussi bien que le parler des familles des travailleurs. Il était, à Paris en particulier, à la pointe de l'invention verbale, de la raillerie – cette fameuse *gouaille* parisienne, faite d'images perçantes comme des flèches, et de mots concoctés dans le « terroir » des faubourgs. Au moins c'est celui-là qui s'est le plus immiscé dans le français de tout un chacun, à cause de la centralisation historique de la vie culturelle dans le pays – bien plus que le parler populaire de Lyon, inspiré du langage des ouvriers de la soie, des canuts, ou le parler des manufactures de textile de Lille-Roubaix-Tourcoing. Le « parler parigot » a été source de renouvellement pour le français commun, car il s'exportait, dans le courant du 19e siècle, à l'occasion des échanges de main-d'œuvre provinciale venant temporairement à la capitale ; à partir de 1871, avec le service militaire obligatoire pour tous les garçons, le brassage langagier opéré dans les casernes de France et de Navarre fit proliférer ce langage populaire dans toutes les couches de la population, comme dans toutes les régions.

Cependant, la société française a évolué, comme les autres, depuis les années 1950, si profondément dans tous les domaines que cette notion de « classe populaire » ne recouvre plus la même réalité sociale, et surtout les même schémas culturels. On ne peut plus raisonnablement parler aujourd'hui de *français populaire*, au sens précis et exact de « français des classes laborieuses », opposé à ce qui serait un « français de la bourgeoisie ». Les différences qui existent dans le parler ordinaire des gens se sont établies selon d'autres lignes de fracture, lesquelles suivent les divers degrés d'instruction bien plus que les strates sociales. Nous avons le français savant, ou faux savant ; le français à la mode, sous la pression énorme exercée sur les esprits par la télévision et, à un degré moindre, par la radio ; le français scolaire, qui se définit par un code non écrit dont la principale caractéristique est de se dresser contre tout parler ordinaire familier. On distingue également une nouvelle source créative – et récréative – que l'on appelle « la langue des jeunes », laquelle s'établit par modes successives ; on parle aussi d'« argot des banlieues », qui tend à un sabir glorifié par les médias ; mais c'est par un abus de langage que l'on utilise encore, par une sorte d'inadvertance, l'expression *français populaire*. Ce que l'on désigne par là, comme je le faisais moi-même sans y songer lors de la conférence que j'ai évoquée, c'est « le français familier » utilisé verticalement du haut en bas de la société française, surtout à l'oral, mais non assimilé au français conventionnel. *Un flic*, pour dire « un policier », *le fric* pour désigner « l'argent », sont des mots employés par tout le monde en France, toutes catégories confondues ; mais ils appartiennent désormais au registre familier, et non plus à la langue « populaire » dont ils sont issus au début de ce siècle.

La source populaire est tarie ; le milieu urbain des petits artisans, petits commerçants, ouvriers d'usines, avec leurs codes langagiers propres, a disparu des villes dans la formidable mutation économique intervenue depuis la fin de la Seconde Guerre mondiale. Les quartiers traditionnellement « populaires » de Paris, langagièrement les plus féconds, ont été vidés de leurs populations autochtones. Celles-ci ont été remplacées soit par des cadres, des employés du secteur tertiaire, soit, dans d'autres quartiers, par des populations récemment immigrées qui parlent leurs diverses langues d'origine, faisant disparaître dans tous les cas la jactance inventive des « Parigots » du terroir, héritiers des courants verbaux du 19e et du 18e siècle. Mais plus radicale encore est la mutation des modes de vie, qui a entraîné des modifications culturelles fondamentales. Par exemple, pour ne citer que cela, l'apprentissage « sur le tas » a disparu à peu près complètement des usages : la classe des jeunes apprentis est éteinte puisque les jeunes gens et les jeunes filles suivent désormais une formation dans le milieu scolaire à différents niveaux. Avec eux a disparu le mode de transmission par excellence du parler populaire ; non seulement les termes de métier se sont effacés, mais aussi tout un esprit de langage imagé, la fameuse « gouaille » dans laquelle baignaient les apprentis au contact des compagnons, et qu'ils devaient assimiler au plus vite car elle faisait pour ainsi dire partie intégrante du « métier ». C'est une formation de l'esprit toute différente qui prévaut dans les collèges et les lycées techniques où grandit la jeunesse laborieuse... Le relais entre les adultes parlants et les adolescents n'existe plus : la langue verte a fait les frais de l'opération !

Les limites du français familier

Comment définir le registre du *français familier* ?... Certes il est aisé de distinguer les termes « bas », qui sont des allusions grossières à des parties du corps humain que l'on ne nomme pas en société, ou bien qui relèvent de la scatologie ; ces termes sont pour la plupart chargés de vulgarité, et appartiennent à une catégorie que l'on pourrait appeler « le familier dur », servant à exprimer la colère ou l'agressivité menaçante. Par contre il n'est pas toujours commode de dire pourquoi tel ou tel terme courant, d'un emploi généralisé, est catalogué « français familier » au lieu d'être du français « normal ». Certains mots de cette langue d'usage « en doublure » sont véritablement à la frange de la langue officielle et ne doivent leur épithète de *familiers* qu'à une tradition, une acceptation soumise et irréfléchie de la majorité des Français.

Tel est *le bistrot* : tout le monde en France sait ce qu'est *un bistrot*, utilise le mot, voire fréquente l'endroit si celui-ci est fréquentable, depuis le clochard qui mendie le prix d'un verre de vin jusqu'au président-directeur général d'une société cossue, au directeur d'une banque, à un sénateur en exercice. Le mot *bistrot* n'est ni laid ni sale, encore moins argotique : pourquoi, depuis plus de cent ans qu'il est venu en usage, doit-il être traité à part, en alternatif de *café* ou de la désignation administrative *débit de boissons* – alors qu'il apparaît dans les écrits les plus admis, par exemple chez Mauriac et Duhamel ?… Je n'en sais rien, mais cette mise à l'index est très probablement due à son origine dans le parler authentiquement « populaire » du début du siècle auquel je viens de faire allusion. En tout cas il en est ainsi dans la conscience, ou l'inconscience, des Français : si un élève écrit dans une rédaction scolaire « J'ai retrouvé mon frère au bistrot », deux professeurs sur trois au moins auront le réflexe de souligner *bistrot*, et proposeront *café* à la place. Cela ne se fonde sur aucun critère particulier, si ce n'est un sentiment intime, acquis depuis l'enfance, justement à l'école, que *café* est le mot « comme il faut », et *bistrot* le terme familier qui entache la pureté du style scolaire !

C'est même cela qui caractérise le mieux le registre familier : celui qui est toléré, à la rigueur, dans une conversation scolaire, mais fermement rejeté à l'écrit. Un professeur, homme ou femme, tout comme un élève, en regardant par la fenêtre de la classe les nuages s'amonceler au-dessus de la ville, pourra fort bien annoncer tout haut : « On dirait qu'il va tomber de la flotte »... Le mot ne soulèvera, ainsi prononcé en passant, aucune remarque, tant la réflexion paraîtra naturelle à tous. Pourtant si, dans une dissertation, l'élève écrit une phrase de ce type : « Lorsque Guillaume Apollinaire évoquait la flotte sous le pont Mirabeau "où coule la Seine..." », le même professeur verra rouge : « Horreur ! Vous n'y songez pas ! Ce mot est ici beaucoup trop familier ! C'est inadmissible dans une copie ! »... Et, en effet, le mot détonne ; il choque même par une sorte de crudité incongrue qui tient seulement au contexte, à son environnement dans la phrase ; il est alors ressenti comme d'une familiarité déplacée.

Pour expliquer les raisons qui ont conduit à cet état de fait, il faudrait un gros volume, comportant une analyse détaillée de la société française et de son rapport aux langues depuis l'époque de la Révolution de 1789. Il faudrait évoquer l'évolution historique de la langue française dans les hautes sphères sociales et littéraires pendant plusieurs siècles, tandis que la quasi-totalité de la nation s'exprimait à l'échelon populaire dans d'autres langues que le français, fractionnées en une multiplicité de dialectes. Il serait nécessaire de raconter comment cette langue nationale fut assez brusquement imposée à tous les Français dans la mise en place d'une instruction publique obligatoire à partir des dernières décennies du 19e siècle – instruction étatique chassant toute trace de ruralité ou de popularisme, bannissant violemment tout régionalisme dans une aspiration centralisatrice à l'extrême. Il faudrait sans doute peindre aussi le climat de lutte anticléricale qui présida à la mise en place d'une école laïque « une et indivisible » comme la République elle-même. Tous ces éléments combinés produisirent un français scolaire frileux, courageusement didactique mais coupé autant que faire se pouvait des langages réellement parlés par la nation française[1]. Ce français idéologique de l'école, à tendance unificatrice, a servi de « mètre étalon » à ce qui est le français conventionnellement admis ; ses codes sont ressentis comme impérieux par un inconscient collectif nourri de l'école obligatoire.

Le résultat de ces mouvements historiques, à forte coloration politique – dans le détail desquels je me garderai d'entrer ici –, est que le critère le plus sûr, bien qu'extrêmement subjectif, sur lequel on peut se fonder pour classer un mot dans le registre familier, est de se demander : ce mot serait-il admis ou refusé dans une rédaction scolaire ?... C'est même là le seul indice qui permette de ranger certains *termes alternatifs* –

1. Voir, à ce sujet, *À hurler le soir au fond des collèges*, de Claude Duneton et Frédéric Pagès, Éditions du Seuil, 1984.

c'est-à-dire des termes courants dans le langage de tous les jours, usuels dans tous les milieux du haut en bas de l'échelle sociale (donc sans connotation de vulgarité), et qui, pourtant, continuent à porter l'étiquette *familiers*. Ainsi le mot *boulot*, « travail » : tout le monde va au boulot, sauf ceux qui sont « sans boulot » – on peut se demander ce qui sépare le mot *boulot* du mot *travail* ? Ce n'est pas la qualité du locuteur : le président de la République emploiera des expressions comme *quel boulot !* ou *ce n'est pas mon boulot*, aussi bien qu'un président de tribunal, un ouvrier, une vendeuse, un marchand de tableaux, un médecin, un éboueur, bref toute la gamme de situations sociales. Ce n'est pas le manque de statut littéraire : tous les écrivains du 20e siècle ou presque ont utilisé le mot dans leur œuvre, surtout dans la seconde partie du siècle, comme la presse écrite, parlée ou chantée !... Alors quoi ? Qu'est-ce qui rend familier ce *mot alternatif* popularisé à l'extrême, naguère, dans un slogan soixante-huitard dérobé à un poète : *Métro-boulot-dodo* ?

La réponse est qu'il n'entre pas dans ce que le cycle scolaire et universitaire éprouve comme étant un registre soutenu. Si un élève de n'importe quel niveau et âge écrit dans une rédaction ou une dissertation : « Lorsque mon père revient du boulot... », le maître corrigera dans toutes les circonstances par : « Lorsque mon père revient du *travail*. » C'est ainsi, et toutes les considérations que l'on peut faire sur le laxisme de l'enseignement français dans certains milieux « populaires » ne changeront rien à la chose.

Naturellement, la crainte éprouvée par tout enseignant de « lâcher du lest » malgré lui conduit à des exagérations. Ainsi, certains vocables d'excellent français conventionnel sont-ils parfois confondus avec des termes familiers à cause de leur trop grande expressivité, qui fait douter d'eux. Je prendrai comme exemple le mot *gadoue*, « la boue », que le monde de l'école rejettera neuf fois sur dix de l'écriture scolaire par pure méfiance. *La gadoue*, substantif français parfaitement légitime, datant du 16e siècle, est ressenti comme « familier » à cause de son aspect expressif, presque coloré. À moins qu'il ne soit particulièrement instruit, il y a peu de chance qu'un maître d'école accepte dans une rédaction d'élève : « La rue était pleine de gadoue » – au mieux, il exigera des guillemets : « gadoue », mais plus couramment il corrigera d'instinct : « pleine de boue ». La limite du familier sera franchie, mais il faut dire que cette frontière est malaisée à tracer, tant elle est au fond subjective, et uniquement fondée sur la tradition.

Cependant, pour imprécise qu'elle soit, la ligne de démarcation est forte et continue à marquer fortement la tradition universitaire. Lors de l'élaboration de ce que l'on appela « le français fondamental », au début des années 1950, par une équipe universitaire animée par le grand linguiste Georges Gougenheim, la mise à l'écart de tout vocabulaire familier fut nette et sans remords, quelle que fût la fréquence de ces mots dans le parler ordinaire. La déclaration du groupe, en 1956, est claire à ce sujet, et d'ailleurs cohérente ; elle montre aussi l'énorme évolution qui s'est opérée entre cette date et la fin du siècle par la mise en égalité des adjectifs *familier* et *vulgaire* ; on est étonné aujourd'hui du

« caractère vulgaire » appliqué au mot *copain*, qualification qui montre bien la distance entre les usages d'alors (dans la bourgeoisie cultivée au moins) et la sensibilité contemporaine. Le fait est d'autant plus criant que le texte reproduit ci-après est celui de l'édition de 1964 !

« On a éliminé les mots *familiers et vulgaires*. On a pu voir que dans le choix des témoins aucune préférence n'a été donnée à ceux qui pouvaient avoir un parler vulgaire. Nous nous exposons même au reproche d'avoir choisi un trop grand nombre de témoins cultivés. Mais même les personnes cultivées emploient couramment, dans la conversation familière, *bouquin, gosse, vélo*. Nous avons écarté ces mots et, à plus forte raison, d'autres mots dont le caractère vulgaire est plus accusé *(copain, se foutre, gars)*, y compris le mot *type* qui, en dehors de son emploi vulgaire pour *homme*, n'a que des sens abstraits, qu'il est inutile de connaître au premier degré du français fondamental. »

(*L'Élaboration du français fondamental*, 1er degré, Didier, 1964, p. 199.)

Ce blocage, cette démarcation entre ce qui est légitime et ce qui ne l'est pas, sur lesquels j'hésiterais à porter un jugement, ont néanmoins deux conséquences importantes dans l'évolution du parler contemporain. Le rejet de la langue familière explique dans une large mesure la floraison d'un « argot » compensatoire chez les jeunes – sorte de défi à l'officialité de la langue ; il explique aussi, partiellement, l'acceptation massive de termes étrangers en français, termes parés d'une aura exotique lorsque ce sont des mots anglo-américains ; ceux-ci permettent de contourner dans une certaine mesure l'interdit dont est frappé le mot français familier. Par exemple, la diffusion du mot anglais *job* pour

« emploi ». « Il a un bon *job* » (prononcé « djob »), « Il cherche un petit *job* pour les vacances », sera considéré comme plus acceptable, particulièrement à l'écrit, plus chic, plus « glorieux » ou valorisant que « Il a un bon boulot » ou « Il cherche un petit boulot pour les vacances ». Mais ce sont là des questions annexes que je laisserai de côté dans l'exposition du présent *Guide*.

Les caractéristiques du français familier

Les mots en doublure appartenant au registre familier ont généralement un champ d'application plus restreint que les termes conventionnels qu'ils remplacent dans certaines situations. Ce ne sont donc pas de simples synonymes ; par exemple, on dit *un verre de flotte* pour « un verre d'eau », ou une *bassine de flotte*, mais on dit toujours *une menthe à l'eau*, jamais « une menthe à la flotte », sinon par décalage volontaire, pour produire un effet qui n'est d'ailleurs pas drôle. En général, le terme familier n'est pas introduit dans les locutions figées : *la peinture à l'eau*, *l'eau de rose*, *l'eau bénite* demeurent elles-mêmes, aussi bien que *faire venir l'eau à la bouche* ou *vivre d'amour et d'eau fraîche*. On ne peut donc jamais remplacer automatiquement le mot usuel par son acolyte familier – la langue familière ne fonctionne pas ainsi. On parle de *guibolle*, mais toujours de *jambe de force* ou de *jambe de bois*. Quelquefois le champ d'un terme familier est si étroit qu'il se réduit à un seul emploi – *la baille* désigne fort étroitement une étendue d'eau dans laquelle on se baigne, où l'on nage : l'eau de la rivière, de la piscine ou de la mer. *On va à la baille* (on se baigne) ou *on tombe à la baille* (par accident), mais c'est tout. Le mot ne recouvre même pas l'eau de la baignoire ! Une phrase telle que « Je voudrais une bouteille de baille » ne serait pas comprise par un Français ; de fait, elle n'a aucun sens. De même, si le cœur peut parfois être nommé *le palpitant* (par une image qui n'a rien de vulgaire ni d'argotique), c'est uniquement au sens concret d'origine, dans des phrases de ce type : « Pendant la course j'avais le palpitant qui s'affolait » ; jamais on ne peut extrapoler aux nombreux emplois du mot *cœur* : *de bon cœur*, *un cœur d'artichaut* ou *un cœur d'or* ne se laissent pas familiariser par « le palpitant » de base !

On voit ainsi que le langage familier n'est pas seulement lié, comme on le croit souvent, au « niveau de langue », c'est-à-dire à la plus ou moins grande bienséance ou tenue de la conversation, mais qu'il est étroitement soumis aux règles non écrites d'un usage intuitif et fluctuant. C'est dire que son utilisation par les étrangers en général est des plus épineuses ; s'il est bon de connaître le vocabulaire « caché », afin de ne souffrir d'aucune frustration en présence d'une conversation banale entre Français, il est tout à fait déconseillé de s'en servir soi-même avant le terme d'un long séjour dans le pays, après des essais prudents, suite à une observation très aiguë de l'usage réel. Car seul l'usage commande l'emploi des tournures familières, plus encore que la situation. Tout Français a dit ou dira un jour « J'ai mal à la tronche » pour « J'ai mal à la tête », parce que « la tête » c'est *la tronche*, ou bien, parlant de l'aspect insolite d'un nouveau venu :

« Il a une drôle de tronche, ton copain. » Si le locuteur est un tant soit peu friand de langue verte, il dira également : « Il fait tout ce qui lui passe par la tronche » – mais cette liberté de verbe n'ira jamais jusqu'à « Il a perdu la tronche », totalement inusité, car on dit dans ce cas d'égarement mental : « Il a perdu la boule. » Par ailleurs on dit *se mettre la boule à zéro* pour « se raser entièrement le crâne », mais on ne se rase pas « la tronche »... On dit *tête baissée*, jamais « tronche baissée » ; on dit *n'en faire qu'à sa tête*, quel que soit le caractère primesautier de la personne dont on parle.

Lorsque je dis « tout Français dira ceci », je ne sous-entends pas toujours et obligatoirement « toute Française ». J'aborde là un domaine auquel on ne fait jamais allusion, qui présente un aspect éminemment discutable, au sens propre, et qui pourtant constitue l'une des caractéristiques du langage familier : l'équivalence n'est pas absolue dans l'usage des femmes et l'usage des hommes. Bien entendu, il s'agit là d'une tendance, non d'une règle absolue ; il n'existe pas à proprement parler un lexique masculin et un lexique féminin qui seraient distincts et exclusifs, comme dans certaines langues d'Asie par exemple. Tout ce que peut dire un homme peut être prononcé par une femme, simplement l'usage fait que les femmes ont tendance, en gros, à être moins brutales, moins grossières surtout, à éviter les formules scatologiques là où certains hommes les recherchent de préférence.

Ces différences recouvrent un faisceau de raisons fort complexes qui touchent à l'âge des personnes, la distinction, la bienséance, toutes classes sociales confondues. Prenons le cas d'employés de banque d'une quarantaine d'années, dans une ville de province de taille moyenne ; admettons qu'ils aient des difficultés avec un client tatillon et acariâtre. Un homme dira sans doute, en commentaire à ses collègues après le départ de l'individu : « Ce type-là m'emmerde ! » ; une femme dira plutôt : « Ce type-là m'enquiquine ! » – elle ajoutera éventuellement : « ... pour rester polie ». Bien sûr, il s'agit d'une question statistique : un homme pourra dire *enquiquine* et une femme *emmerde*, mais le rapport de fréquence dans ce sens doit être de 1 à 10, peut-être de 1 à 20. Des raisons encore plus subtiles tenant à la qualité sonore des mots peuvent influer sur le choix féminin/masculin. Alors que les deux sexes emploient indistinctement le terme *parapluie*, lorsqu'on entre dans le registre familier il semble qu'une femme dise plutôt : « Vous n'avez pas vu mon pépin ? » alors qu'un homme aura tendance à dire plus souvent : « Qu'est-ce que j'ai fait de mon pébroque ? » Sauf si, justement, on a affaire à une femme qui aime orner son langage d'un vocabulaire musclé à vocation masculine, ou à des hommes efféminés qui présenteront la tendance inverse.

Ce sont là des notations très relatives ; elles existent néanmoins, car le registre familier est infiniment plus chargé d'affectivité que le registre du français conventionnel. En fait, c'est le domaine privilégié de l'affectif dans la langue courante et ordinaire : *ta frangine* ou *ton frangin* ont quelque chose d'amical, de chaleureux, que n'ont pas les simples *sœur* et *frère*... *Avoir un rencard* avec quelqu'un est porteur de plus d'attente, de plaisir, de perspective d'intimité qu'*avoir un rendez-vous*. C'est un peu la différence qui existe en anglais entre *an appointement* et *a date* – ce dernier étant, familièrement aussi, un rendez-vous amoureux. Du reste on ne prend jamais *un rencard* chez le dentiste ou le médecin, mais *un rendez-vous*, qui est plus neutre, plus distant. Ce type de phrase est fréquent : « Je pars en balade avec des amis, on s'est donné rencard à la gare du Nord. » Il n'y a point là une once de vulgarité (contrairement à ce que pouvaient penser, il y a quarante ans, les professeurs inventeurs du « français fondamental »), mais une expectative plus ouvertement chaleureuse, plus guillerette – plus près du train qui nous emmènera, si j'ose dire... *La cantoche* est « la cantine » d'une école ou d'une entreprise : «À midi je mange à la cantine » constitue une information neutre qui indique le choix de ce lieu de restauration bon marché. « Je mange à la cantoche » véhicule la même information, mais avec un élément supplémentaire : c'est un local qu'on aime bien, où il fait bon rire entre copains, le repas n'est pas cher, bref, on passe un bon moment *à la cantoche*. Du reste on entendra plutôt ce type de phrase : « La cantine est dégueulasse depuis quelque temps » ou « Elle est sympa la cantoche ! »

En vérité, le français familier joue dans la langue le rôle d'un dialecte, avec tout ce qui s'attache de connivence, voire d'émotion, à un parler de terroir qui porte toujours un parfum d'enfance. C'est pourquoi ce registre est infiniment sensible à « l'étrangeté » que provoque un accent étranger. Tout dialecte est porteur d'émotion, non seulement par la couleur de ses mots mais par leur musique particulière ; souvent c'est la prononciation seule qui rend un mot dialectal. Mes amis Daniel et Fred, personnes de grand talent, aiment à faire sonner entre eux, à Paris, loin de leur Picardie natale, des mots de dialecte picard qui réchauffent leur connivence. Ils disent en se retrouvant : « Ça va-t-y, mon *garchoun'* ? » – il y a dans ce *mon garchoun'* toute la tendresse des retrouvailles. *Mon garchoun'* est doux comme les yeux des bêtes[2], blond comme une chope de bière au bar d'un estaminet !... Il en va de même pour les termes familiers, dont certains (pas tous) demeurent marqués d'un reste imperceptible de gouaille faubourienne ; or, tout ce qui dérange cette phonologie émotive paraît incongru, sonne faux : le ton du *Ch'nord* est nécessaire au picard, alors qu'un petit ton désinvolte, une clarté narquoise des sons sont souvent indispensables au registre du français familier. *Un verre d'eau*, prononcé avec un fort accent anglais, allemand ou japonais, n'est pas risible : l'auditeur inclut la distorsion dans la qualité du locuteur étranger. En revanche, *un verre de flotte* prononcé avec ces mêmes accents fera éclater l'interlocuteur français d'un rire nerveux, incontrôlable ! Parce que le mot *flotte,* alors dépourvu de sa fonction de connivence, se trouve totalement déplacé. Il y a là une raison supplémentaire pour recommander à l'étudiant étranger de ne pas utiliser à la légère les termes familiers, alors même qu'on lui conseille de les connaître pour son confort... Il lui faudra d'abord maîtriser dans sa bouche des sons proches de la moyenne française, autrement dit avoir acquis une volubilité dans la conversation ordinaire à peu près dépourvue d'accent.

2. Je parodie ici le poète Gaston Couté, grand maître du trésor dialectal.

Avec ces considérations sur l'affectivité profonde du registre familier, on touche ici à la raison essentielle qui a fait se développer depuis une centaine d'années ce vocabulaire en doublure de la terminologie conventionnelle. On ne prend pas assez garde au fait que les Français dans leur ensemble ne sont véritablement francophones que depuis cinquante ans environ – ce qui est extrêmement étonnant, ou même incroyable pour quiconque n'est pas averti du développement très original de la société française. Jusqu'à l'issue de la Seconde Guerre mondiale, les diverses langues régionales étaient encore couramment parlées sur l'ensemble du territoire ; elles constituaient les langues vernaculaires d'une partie importante de la population nationale dont le français, appris à l'école, n'était pas *la langue maternelle* ! Il faut ajouter à cela l'usage des dialectes dans les régions franciennes – Normandie, Picardie, Bretagne gallaise, Champagne, Lorraine, Bourgogne, Berry, etc. – où les populations rurales, l'artisanat, le petit commerce, dominant alors les activités locales, étaient essentiellement dialectophones.

La langue française conventionnelle – ou français « central », langue d'État et d'école – n'est pas une langue enracinée dans le peuple ni dans aucun terroir ; ses véritables sources, depuis plus de trois cents ans, sont littéraires et aristocratiques. Cette caractéristique, qui a fait la grandeur et le rayonnement international de notre langue, est aujourd'hui la cause de sa fragilité ; le français est une plante de serre, en comparaison des plantes vivaces qui se sont nourries sans guides sur les grands espaces. C'est ainsi qu'il faut interpréter la prolifération de ce français familier, au rôle compensatoire. Venu du peuple et répandu par le bouche à oreille hors des circuits didactiques, il est chargé d'une connivence que « la belle langue » n'a pas toujours. C'est en quelque sorte « le français intime » des Français.

Ces remarques faites à grands traits sur l'urbanité traditionnelle de la langue française, sur son éloignement instinctif de toute vulgarité, permettent de comprendre pourquoi certains termes du registre familier ont pris peu à peu toute la place dans l'expression d'une notion donnée. Il existe un paradoxe curieux : certains mots sont à la fois désapprouvés, rejetés par le langage officiel, et complètement indispensables. Par exemple, la notion de *petits boulots*, qui recouvre les emplois divers d'importance secondaire et faiblement rémunérés, ne peut se réduire à l'expression des *petits travaux*, qui suppose autre chose. « J'ai fait beaucoup de petits travaux » signifie que je suis grand amateur de bricolage. « J'ai fait des petits travaux dans ma maison » indique que j'ai repeint les volets, refait le circuit électrique, posé de nouvelles prises, raboté une porte qui fermait mal, etc. « J'ai fait beaucoup de *petits boulots* » veut dire que j'ai eu des emplois annexes pour gagner ma vie : j'ai fait des enquêtes pour un institut de statistiques, été pompiste dans un grand garage, garçon de courses quelque part, ou même coursier dans un journal, ainsi de suite... Il n'existe aucune façon en français « central » de dire *petit boulot* – sauf à employer l'anglicisme *job*, lequel, étrangement, sera mieux accepté dans un rapport, une rédaction plus ou moins officielle, que le générique entaché de « familiarité » *boulot*. On aborde là ce que j'appelais « la fragilité » du français contemporain, lequel préférera trop souvent adopter artificiellement un mot étranger, plutôt que se servir « normalement » d'un terme autochtone disponible, mais issu du peuple. Ce snobisme provoque un dur revers de la médaille !

L'exemple typique de ces mots familiers de grande fréquence occupant un vide lexical du français conventionnel est le verbe *engueuler*, avec son dérivé *engueulade*. Ces mots sont employés journellement par la totalité du spectre social, si l'on peut appeler ainsi l'ensemble des catégories de Français, pauvres ou riches, jeunes ou vieux, puissants ou soumis, malades ou bien portants ! Tout le monde *se fait engueuler* ou *engueule* quelqu'un : les députés, les ministres, ne font que ça à longueur de disputes gouvernementales, les enfants et les professeurs ou les parents, les employés ou les patrons, les femmes et les maris ; on ne voit pas quel genre d'individus passerait au large de quelque *engueulade*... Le français officiel manque totalement de verbe pour exprimer cette action fondamentale des rapports humains. Le terme normal : *réprimander*, extrêmement abstrait, ne comporte pas trace de la mauvaise humeur, de l'énervement que suppose l'engueulade. « Il s'est fait réprimander par la police » ou « Il s'est fait engueuler par les flics » sont sur des registres tellement éloignés l'un de l'autre que, loin d'être synonymes, les deux phrases traduisent des réalités bien différentes. *Gronder* présente un caractère tellement enfantin, et aujourd'hui désuet, qu'il ne saurait être d'aucune utilité : « Il s'est fait gronder par ses parents » est une phrase de rédaction scolaire absolument sans usage dans l'expression réelle. *Tancer* quelqu'un est uniquement littéraire, et *morigéner*, d'un archaïsme charmant mais inefficace. *Engueuler* et *engueulade* appartiennent à cette catégorie de termes familiers indispensables que j'appellerai « les incontournables ».

Aux incontournables appartient la locution *faire la gueule*, employée par tous et par toutes, mais sans reconnaissance « officielle »... Son euphémisme *faire la tête* fonctionne seul dans le langage ordinaire – *bouder* est mièvre et enfantin, *battre froid* et *faire grise mine* sont d'un registre archaïsant sans efficacité dans la vie courante. Le mot *bidon*, pour « faux, trompeur, toc, etc. », est de même nature : « Un raisonnement *bidon* » est d'une fausseté toute moderne qui convient à tout le monde, un produit *bidon* est inintéressant et superflu, un directeur *bidon* un faux-semblant, ce qu'on appelait naguère « un homme de paille ». On pourrait aligner ainsi des dizaines de mots qui portent l'étiquette « familier », mais sont néanmoins parfaitement intégrés dans la langue d'usage, indispensables au discours quotidien ; ils contribuent notablement à la richesse de la langue française, et ce sont les fleurons de l'ouvrage que je propose aujourd'hui.

la nature de ce guide

Le présent ouvrage n'est pas un dictionnaire au sens habituel du terme. D'une part, son contenu ne vise nullement à être exhaustif – il est au contraire le résultat d'un tri et d'un choix réfléchi ; d'autre part, la description des vocables s'accompagne de conseils d'utilisation et de prudence qu'un dictionnaire de langue ne se permet ordinairement pas. Il s'agit, sous l'apparence d'une présentation partiellement alphabétique, d'un guide du « bon usage » de la langue de tous les jours, dans la France aujourd'hui. Il s'adresse à tous ceux que la nature particulière du *français familier* intrigue ou déconcerte et qui désirent être soutenus dans la découverte d'une jungle de parler non codifié.

Il s'adresse au public le plus large et le plus divers, aussi bien en France que dans les endroits du monde où l'on apprend et où on utilise notre langue, les pays francophones, proches ou lointains, comme les nations étrangères. Cette vocation « globale » a précisément inspiré des dispositions particulières dans le choix de la matière abordée. J'ai limité autant que j'ai pu le faire la grossièreté violente qui caractérise de nos jours en France l'usage de la langue quotidienne, dans un éclatement de ce que furent naguère les tabous langagiers. J'ai donc écarté par principe les termes les plus orduriers – dont quelques-uns sont aujourd'hui dans la bouche même des enfants ; il s'agit d'un fait de société hexagonal qui n'est pas forcément du meilleur effet au sein de populations accoutumées à davantage de retenue dans leur expression. Je n'ai admis, à regret, sans entrer dans le détail, que les termes scatologiques les plus usuels, à proprement parler « incontournables », dont l'omission eût compromis l'exactitude de ma description ; je veux parler d'expressions du type *se faire chier* pour « s'ennuyer », auxquelles on ne peut échapper quelle que soit leur crudité, apparente ou réelle – amoindrie, du reste, par le frottement d'un usage constant.

C'est dans le même esprit de modération qu'après de longues hésitations, de nombreuses concertations avec ceux qui enseignent le français dans le monde et sont le mieux au fait des mentalités et des mœurs dans de vastes parties du globe, que j'ai décidé de ne pas introduire les mots du sexe dans cet ouvrage. Ce n'est pas de ma part l'effet d'une pruderie que d'aucuns me reprocheraient sans doute, mais un pur souci du respect d'autrui. En effet, la planète est encore diverse, heureusement, et toutes les cultures n'ont pas une attitude égale à l'égard de cette activité fondamentale de l'humanité qu'est la fonction érotique et sexuelle. La très grande liberté, voire l'absence de toute contrainte qui caractérise l'Europe occidentale en général et tout particulièrement la France, n'est pas partagée, tant s'en faut, par l'ensemble des peuples... Pour d'autres nations que la nôtre, la sexualité relève au contraire de la religiosité, et l'étalage complaisant de termes fonctionnels crus pouvait choquer – je dirais : pouvait « blesser » énormément.

Le gyrophare

Cela est d'autant plus vrai que la langue française détient sans aucun doute un record absolu dans l'abondance de la phraséologie érotique, du moins parmi les langues européennes – j'ignore ce qu'il en est des autres continents. Il est très difficile, en français familier, de se borner à quelques mots, les plus usités – qui sont aussi les plus violemment crus – sans être entraîné dans les méandres de locutions plaisantes qui comportent nécessairement des allusions directes à des privautés voluptueuses, ainsi qu'à des endroits précis du corps humain des deux sexes – et là je reprendrai la litote du *Gorille* de Georges Brassens – « que rigoureusement ma mère m'a défendu de nommer ici » !... Oui, ouvrir le chapitre du sexe en français, c'est s'exposer, de fil en aiguille, à devoir rédiger un volume tout entier sur la question : telle n'était pas mon intention dans le cadre de ce guide.

Car l'érotisme provoque un effet amplificateur qui transforme assez vite la tonalité d'un ouvrage ; même si le nombre de vocables sexuels ne représente qu'une faible proportion de l'ensemble, peut-être un dixième du lexique, ce dixième prend assez vite la valeur subjective d'un tiers ou de la moitié du livre dans l'esprit du lecteur. Autrement dit, dès qu'apparaissent des termes salaces dans un texte, on ne voit qu'eux !… Je reprendrai à cet égard une image qui me semble pertinente : lorsqu'on voit passer dans la rue une voiture de police, ou celle d'un service médical d'urgence, munie d'un gyrophare bleu en action, il est très difficile, à moins d'un effort particulier, de s'intéresser au détail de l'automobile elle-même. L'attention du spectateur est happée par la lumière clignotante qui étincelle sur le toit, et crée un sentiment dramatique d'autant plus prenant qu'il s'y ajoute le hurlement d'une sirène. Pourtant, c'est la voiture qui importe, avec ses occupants, et non pas l'accessoire bleuté qui ne représente qu'une partie négligeable de la carrosserie : un épiphénomène !

Les mots du sexe ont quelque peu cet effet de distorsion du gyrophare dans un texte : ils se haussent au premier plan de l'intérêt et font passer l'essentiel du propos en accessoire. Avec un ouvrage de la nature de celui-ci, on aurait l'impression de parcourir un manuel dédié à Éros – cela donnerait à ce guide une coloration piquante qui ne serait pas sans charme, mais enfin, ici et maintenant, là n'était pas mon propos. Aussi ai-je ôté volontairement le gyrophare sexuel de ces pages, après mûre réflexion et à la suite d'un essai de rédaction, qui a montré la difficulté. Quelques regrets que cette expurgation puisse provoquer chez certains, ce retrait marque la différence avec un dictionnaire usuel, et je dirai, pour mon excuse aux universitaires qui peuvent, certes, regretter une pareille censure, que si l'un de leurs étudiants a besoin de savoir nommer un jour les actions qu'il envisage d'entreprendre en galante compagnie, les erreurs de vocabulaire seront, ma foi, sans importance ! Il y a même un certain plaisir à se faire donner des leçons familièrement, sur le tas ; les meilleures leçons possibles en ce domaine ne sont pas dans les livres ! Restent les traducteurs – mais il existe alors des dictionnaires, notamment l'excellent, pour ne pas dire l'irremplaçable ouvrage de Jacques Cellard et Alain Rey, le *Dictionnaire du français non conventionnel*, lequel enregistre toutes les nuances d'expressions touchant au sexe avec une précision louable en tous points.

À part cela, j'ai essayé de fournir des indications sur le sens actuel de tel ou tel vocable – loin de tout essai de « normalisation » et sans référence à des usages passés qui représenteraient dans l'esprit de certains la « signification véritable ». Je me suis attaché à décrire l'usage contemporain des mots et des locutions. Prenons par exemple la locution adverbiale *à perpète,* qui a son origine au 19e siècle dans le langage des prisons et des bagnes – les palais de justice et hôtels de police également. Elle est l'abréviation ludique de *à perpétuité*, caractérisant dans la langue juridique les condamnations « à vie ». *À perpète* signifie donc pour les argotiers « à perpétuité », et désigne par extension « un temps très long », voire indéfini. Or la langue populaire – à présent familière – a depuis longtemps récupéré le terme pour l'usage quotidien détaché de tout contexte carcéral : « Allez, viens ! on va pas attendre ici jusqu'à perpète »... Tout cela comporte une logique évidente ; mais il se trouve que la langue familière dit aussi, par erreur d'interprétation ou par transposition du temps à l'espace, *à perpète* pour « très loin, au diable » : « Pour trouver une épicerie dans ce quartier il faut aller à perpète » – c'est peut-être même l'emploi le plus fréquent du mot ; je l'enregistre sans maugréer ni récriminer sur le fait que le bon peuple, ignorant les usages des maisons d'arrêt, « se trompe ». Il n'est pas question d'établir pour le français familier une référence à une forme d'argot académique qui dicterait « le bon usage » en parodie des exigences de l'Académie française ! Ce serait pourtant une tentation à laquelle céderaient volontiers certains « puristes » du langage vert...

Les exemples vivants

Ce même esprit d'observation a présidé à l'établissement des exemples, qui jouent un rôle primordial dans la description de la langue familière. À de rares exceptions près – un texte de Jehan Rictus et un autre de Pierre Merle – j'ai pris le parti de rédiger tous les exemples moi-même. Je me suis efforcé de les établir de la façon la plus naturelle possible, copiant la vie au plus près que j'ai pu. Pour chaque cas j'ai tâché d'imaginer une situation concrète, à la manière d'un romancier qui écrit un dialogue, afin que les phrases se structurent d'elles-mêmes autour du mot familier à illustrer. Cela permet de ne pas forcer le mot dans une phrase démonstrative où il serait comme une peau de banane sur un parquet ciré. Il existe une unité de registre, un mot familier n'entre pas toujours dans un énoncé conventionnel : « Pierre-Henri, voulez-vous fermer *la lourde*, je vous prie » est d'une incongruité réjouissante dont on peut tirer des effets comiques ;

mais le contexte naturel de *lourde*, pour « porte », sera : « Fermez la lourde, merde, il fait froid ! »...

Cependant, il faut se garder de charger inutilement la phrase sous prétexte de vérisme, d'enfiler les termes familiers les uns derrière les autres dans un même énoncé : « Fermez la lourde, merde, on se caille ! » est tout à fait possible, mais non pas indispensable ; il existe une volonté d'argotisme dans la seconde phrase qui change le climat métalinguistique ; les mots se structurent différemment les uns par rapport aux autres, *merde* prend dans le second cas une lourdeur agressive qu'il n'a pas dans le premier exemple – qu'il n'aurait pas non plus dans la phrase lancée avec agacement : « Fermez la porte, merde, on se caille ! »... En réalité, les trois phrases ci-dessus correspondent à trois situations différentes, et à trois personnages assez nettement distincts : surtout le second, à peu près certainement un homme, un type plutôt malgracieux, ou de mauvais poil – si c'est une femme, c'est une zonarde appuyée à qui il ne ferait pas bon marcher sur les pieds !... Les deux autres exemples, avec ou sans *lourde*, comportent aussi des nuances : « Ferme la porte, merde, on se caille ! » est plus anodin, plus gai d'une certaine façon, tandis que « Ferme la lourde, merde, il fait froid ! » émane d'un personnage plus grognon, plus incommodé par la température, plus irritable en définitive que le précédent.

Une phrase en langage familier n'est donc pas neutre, elle est porteuse d'une infinité de nuances. Le dosage est tout à fait essentiel dans ce domaine ; par exemple : « Tous ces gars-là c'est des lopettes, ils veulent pas se battre, laisse tomber » est la phrase du copain qui, un soir de bamboche, essaie de calmer son camarade aviné, lequel provoque des passants éberlués. À cause d'une grammaire particulière à la langue parlée, je ne peux pas avoir : « Tous ces gens-là sont des lopettes, ils ne veulent pas se bagarrer, tiens-toi tranquille », parce qu'un copain ne prendra pas ce ton-là pour parler à son pote qui est en train d'insulter pâteusement des innocents dans la rue ou dans le hall d'un hôtel. Sauf cas très spécial, où le compagnon serait un jeune homme naïf, très comme il faut – et dans un film le décalage du dialogue pourrait produire un effet comique... À l'inverse, si j'écris : « Ces mecs-là, c'est des lopettes, j'te dis ! Ils veulent pas aller au baston, arrête ton charre ! », je charge artificiellement la phrase pour lui donner une coloration argotique qui finit par être fausse. Personne ne parle vraiment ainsi – sauf peut-être dans les romans policiers, qui sont les conservatoires inspirés de l'argot !

Au fond, pour illustrer le langage parlé – forcément contemporain (les morts n'ont plus la parole) –, le mieux était que je me misse dans l'humeur d'un scénariste. « Casse-toi, vieux débris, tu me fous les glandes ! » est une phrase que j'aurais pu écrire pour un film ; autant la placer ici, cela donne à ce lexique l'allure d'un long scénario fragmentaire dont on ne perçoit que des débuts de dialogues.

L'effet de parapluie

Dans les indications d'origine que j'ai pu recueillir sur les termes familiers, ce n'est pas tant leur étymologie proprement dite qui m'a intéressé que leur cheminement dans la langue. Leur « origine sociale », les couches populaires dans lesquelles ils se sont d'abord répandus, est d'une certaine importance pour rendre compte de leur mode de diffusion. À cet égard, les troubles sociaux et les brassages opérés par les guerres d'une certaine ampleur ont toujours joué un rôle capital. Il semble qu'il y ait une concomitance entre l'intérêt soudain accordé à l'argot par la société bourgeoise du 19e siècle, et les massacres populaires perpétrés par la bourgeoisie régnante. Les sanglantes répressions de Lyon et de Paris en 1832, le petit « crime contre l'humanité » de la rue Transnonain en 1834, sont à mettre en relation avec les publications argotières de 1835 chez Raspail et 1836 chez Vidocq, comme aussi la parution et l'immense popularité des *Mystères de Paris* d'Eugène Sue en 1842. Le massacre des chômeurs de juin 1848 n'est pas complètement sans lien avec les études de philosophie comparée de Francisque Michel, premier exégète de l'argot dans les années 1850 – études rebondissant sur les observations de Lorédan Larchey, puis d'Alfred Delvau dont le *Dictionnaire de la langue verte* fit date en 1867. Les troubles de la Commune, les explosions anarchistes de la dernière décennie du siècle, vont de pair avec la publication répétée de divers dictionnaires d'argot, et la diffusion d'une langue populaire particulièrement riche. Le long méli-mélo de la guerre de 14-18 permit à ce « bas langage »d'imprégner le registre familier de la langue quotidienne des Français.

Il est évident qu'autrefois les vocables cheminaient longtemps dans l'ombre parmi les groupes sociaux chez qui ils avaient pris naissance – le milieu des prisons, de la prostitution sa voisine – sans passer dans ce qu'on peut appeler « le public », ou « le grand public ». Puis, brusquement, tel mot, telle expression s'étalait en quelques années, était reprise de bouche en bouche, provoquant parfois un effet de mode qui implantait ces termes obscurs dans le langage de Monsieur Tout-le-Monde (ou Toulemonde !). Je comparerai cette brusque expansion en gerbe à un parapluie, ou un parachute, qui s'ouvre soudain : il y avait là un fuseau, une boule, puis tout à coup la chose plane en l'air, occupe l'espace au vu de tous...

J'ai pu observer moi-même ce type de diffusion, par exemple avec le verbe *gerber,* « vomir ». Le mot est relevé par Gaston Esnault dans le langage populaire parisien dès 1925 – mais il est resté inconnu de la plupart des Français pendant une quarantaine d'années, demeurant dans l'usage particulier des argotiers de la capitale. Puis *gerber* commença à sortir de ce cadre étroit, vraisemblablement après mai 68 et les remous libertaires qui ont caractérisé cette période. Je l'ai entendu utiliser pour la première fois en octobre 1973 dans un groupe de jeunes comédiens, alors qu'il était en train de se répandre et avait amorcé son « effet de parapluie ». Deux ans plus tard, l'ouverture était complète : en 1975-76, toute la jeunesse avait mystérieusement adopté le verbe et parlait d'*avoir la gerbe* avec autant de naturel que s'il se fût agi d'une vieille locution sortie d'une poésie de Lamartine !

La guerre de 1914-18 fut le lieu des effets de parapluie en série. Ainsi, nombre de vocables répertoriés dans des textes quasi confidentiels des années 1880 à 1900, demeurés pratiquement inconnus jusqu'à la veille du conflit mondial, se retrouvent dans l'usage familier des années 1920 – après la fin des hostilités. À l'issue des échanges forcés à tous les niveaux qui caractérisèrent la vie dans les tranchées, les Français de toutes les classes et de toutes les régions échangèrent des mots. En 1936 le compositeur Francis Poulenc, écrivant une préface à *Mélie, histoire d'une cocotte de 1900*[3], s'exprimait de la sorte sur la chronologie des mots du rire – bien entendu, ses remarques ne sont pas des datations, mais des indications sur les usages à la mode dans sa classe sociale qui n'appartenait pas au monde « populaire » mais à celui de la bourgeoisie artistique :

> « Il me semble impossible de ne pas rire franchement du chapitre où l'on cherche pour Mélie un nom de guerre, je dis "rire franchement", en 1900 j'eus *[sic]* sans doute écrit : *s'esclaffer*, en 1912 *rigoler*, peut-être en 1925 *se marrer*, tant il est vrai qu'une simple expression, employée à son heure, situe d'un coup l'épisode le plus insignifiant. »

On voit là *se marrer* (que le musicien écrit *se marer*) jaillir dans le tourbillon verbal de l'immédiat après-guerre.

Tel qu'il est, le present *Guide* brosse un panorama assez large du vocabulaire familier dans les dernières années du 20e siècle. Une enquête sommaire nous a montré que désormais un tiers environ de ces termes est connu seulement de la tranche d'âge au-dessus de 50 ans ; autrement dit, la roue du temps les pousse inexorablement vers la catégorie des mots fantômes.

3. Livre de Marthe de Kerrieu, Tours, 1936. Préface de Francis Poulenc, p. 11.

Pour ceux-là notre exposition lexicale tient clairement lieu de conservatoire. Je les ai placés autant que possible en bout de liste. C'est-à-dire que, dans chaque thème ou mot-clé, les mots à plus grande fréquence sont mis en tête, ceux en voie de désuétude à la fin – mais ce classement est partiellement subjectif, et dans bien des cas un peu aléatoire.

Une quantité plus petite de vocables, de l'ordre de 20%, ne semble connue que de la population française âgée de 30 à 50 ans – et au-delà bien entendu. Ce qui fait que la tranche appelée ici « les jeunes », soit les moins de 25 ans, n'a guère accès qu'à la moitié de ce vocabulaire. Cette évaluation globale ne tient compte ni des variations selon les régions de France, ni des richesses variables d'un individu à l'autre selon sa « culture populaire » personnelle. Par ailleurs, j'ai volontairement écarté les mots les plus récents, soumis aux caprices du moment, qui se décanteront d'eux-mêmes au fil des ans et des modes. La plupart sont des anglicismes (*cool*, *speed*, etc.), ils n'apparaissent donc pas dans ces pages. Le but de l'ouvrage n'était pas de décrire le langage actuel, éminemment instable, des jeunes de 15 à 20 ans, ni « le français branché », selon l'expression du lexicographe des marges Pierre Merle. Mon intention était d'exposer aux étudiants étrangers et aussi à la jeunesse française ce qui demeure le fonds commun, le patrimoine usuel des gens de France dans ce siècle fertile en événements et en mutations culturelles tourbillonnantes.

les sources bibliographiques

Les sources de cet ouvrage résident pour une bonne part dans ma documentation personnelle, issue d'une très vaste bibliographie – celle qui m'a permis de rédiger par ailleurs *Le Bouquet des expressions imagées* (Éd. du Seuil, 1990). Cependant j'ai fait usage plus particulièrement de trois ouvrages de référence sur lesquels je dois donner quelques détails en rendant hommage à leurs auteurs.

Hector France, *Dictionnaire de la langue verte. Archaïsmes, néologismes, locutions étrangères, patois,* Paris, Librairie du Progrès (sans date)

C'est vraisemblablement en 1907, un an avant sa mort, qu'Hector France fit paraître son dictionnaire, lequel avait été conçu à l'origine comme un supplément au *Dictionnaire universel* de Maurice La Châtre. C'est donc la date de 1907 que j'ai choisie pour le citer ici.

Fils d'un officier de gendarmerie, Hector France naquit à Mirecourt en 1840. Il fit ses études au Prytanée de La Flèche, ce qui le conduisit à s'engager à 19 ans dans le 3ᵉ régiment de spahis en Algérie ; il fit pendant dix ans une carrière de sous-officier dans ce pays avant de quitter l'armée pour venir à Paris en 1869, où il se procura un emploi dans les contributions indirectes. Ayant repris du service à la déclaration de guerre contre la Prusse, il participa l'année suivante à la Commune et dut se réfugier en Angleterre après avoir échappé de justesse aux représailles. Il fut professeur de français à Londres, puis au collège de Douvres, pour gagner sa vie. En 1879, il profita de l'amnistie pour venir se fixer définitivement à Paris où il collabora à de nombreux petits journaux à tendance plus ou moins satirique ou libertaire, tels le *Gil Blas* ou *L'Écho de Paris*, dont la rédaction ne répugnait nullement à l'usage de la langue populaire de l'époque. Hector France, franc-maçon et anticlérical, publia entre 1880 et 1906 une vingtaine de récits et romans dont plusieurs sont directement issus de ses expériences algériennes (*Sous le burnous*, 1886) ou londoniennes (*La Pudique Albion*, 1885). Il mourut à Rueil le 19 août 1908.

C'est donc un observateur aigu et passionné du langage des classes populaires tous azimuts, et pas uniquement parisien, qui rédigea ce *Dictionnaire de la langue verte* au cours des dix années qui précédèrent sa mort. Cela explique sans doute l'apparent désordre de l'ouvrage, qui assemble pêle-mêle des mots d'argot, des mots d'arabe, des expressions en usage dans les bureaux ou chez les prostituées, aussi bien que chez les mères de famille nombreuse ! Cette profusion fit sa perte : aucun linguiste professionnel ne s'est intéressé à cet ouvrage foisonnant qui transgressait dans un joyeux fouillis toutes les règles de l'art du classement et la ségrégation des termes. En effet, un tel dictionnaire ne pouvait qu'inspirer du mépris à des spécialistes de l'argot « pur et dur » tels que Sénéant ou Esnault, lesquels disposaient par ailleurs de sources plus étendues et plus complètes pour l'étude du parler des barrières et des fortifs. Mes prédécesseurs, y compris Jacques Cellard, ont donc négligé par habitude une source d'information très riche sur le parler simplement « populaire » – et non pas argotique –, voire de simples locutions familières que des dictionnaires d'argot proprement dit, tel celui d'Aristide Bruant (1901), ne prenaient évidemment pas en compte.

Cela explique que j'aie fait un usage constant de ce livre rare et à peu près ignoré. J'ai souvent cité Hector France, et dans bien des cas suivi son opinion.

Gaston Esnault, *Dictionnaire historique des argots français*, Librairie Larousse, 1965

Ce dictionnaire composé par l'universitaire Gaston Esnault constitue la source inégalée des connaissances sur la datation des termes argotiques et accessoirement leur étymologie. J'ai choisi à peu près constamment de suivre ses conclusions en donnant par économie de place la simple indication « Esnault », qui réfère à ce dictionnaire.

Jacques Cellard et Alain Rey, *Dictionnaire du français non conventionnel*, 2e éd., Masson Hachette, 1991

J'ai dit plus haut ce que recouvre le néologisme « non conventionnel » créé par J. Cellard, qui fut le chroniqueur langagier du journal *Le Monde* et demeure le meilleur commentateur de la langue et de la littérature argotiques, auteur en particulier d'une précieuse *Anthologie de la littérature argotique* (Éd. Mazarine, 1985). Le *Dictionnaire du français non conventionnel*, indiqué ici par ses initiales *DFNC*, constitue l'une des bases de l'étude du français précisément « hors normes », fondée sur le dépouillement d'une masse irremplaçable de citations littéraires contemporaines. L'ouvrage est d'une richesse et d'une compétence exceptionnelles dans le domaine de l'érotisme et de l'expression du sexe, populaire ou non.

Abréviations et symboles

H. France	*Dictionnaire de la langue verte, etc.* (1907)
G. Esnault	*Dictionnaire historique des argots français* (1965)
DFNC	*Dictionnaire du français non conventionnel*, de Jacques Cellard et Alain Rey (1991)
J. Cellard	*Ibid.*
Robert	*Le Grand Robert de la langue française* (1985)
Delvau	*Dictionnaire de la langue verte* (1867)
Vidocq	*Les Voleurs* (1836)
Cartouche	*Cartouche ou le Vice puni*, de Granval (1725)
🍁	La feuille d'érable signale les mots du Québec

a

abîmer

accident

agréable

aliments

ami

an

argent

armes

arrestation

arriver

assez

attendre

attraper

avion

abîmer

bousiller Détériorer, abîmer, casser. Terme très fréquent, particulièrement en parlant d'un mécanisme quelconque :

Qui c'est qui a bousillé la serrure ? Elle ferme plus !

Ils ont bousillé le moteur de leur bagnole : il manquait de l'huile.

REMARQUE Par extension, le mot a pris le sens de « tuer » :

Les rebelles ont bousillé trois otages dans l'avion.

ORIGINE Vieux mot français du 17e siècle qui signifiait encore, dans les années 1910, « travailler rapidement et mal ».

péter Casser, abîmer, démolir un appareil de sorte qu'il ne marche plus. Très usuel.

Y a plus de lumière dans la chambre, l'ampoule est pétée.

J'ai pété mon fute, regarde : la couture a lâché.
(j'ai fait craquer la couture de mon pantalon)

Se dit aussi à propos des personnes pour une fracture, une luxation, etc. :

Victor s'est pété la clavicule en jouant au rugby.

Je suis tombé dans l'escalier avec mon sac, j'ai cru que je m'étais pété le genou.

Par extension pour une correction, un *cassage de gueule* :

Hier soir Jacky a pété la gueule à un vigile.

ORIGINE Fin 18e siècle pour « craquer », mais l'occitan *petar*, verbe ordinaire pour « casser », francisé en *péter*, a pu se répandre en français familier par le canal des sports, le rugby en particulier.

maganer Détériorer, endommager. Usuel au Québec.

Il a magané son chandail en faisant de la peinture.

A également le sens de « fatiguer, affaiblir » :

Sa maladie l'a magané.

accident

emplafonner Entrer en collision. Ne s'emploie qu'en parlant de voitures :

Il a emplafonné le mec qui était devant sur l'autoroute.
(il a heurté violemment la voiture qui le précédait)

Le verbe suppose des dégâts importants sur les véhicules :

Ils se sont emplafonnés au milieu du carrefour, y avait du verre partout; des bouts de tôle... Affreux !

ORIGINE Années 1950. L'image fait appel à la notion de « plafond » (la tête, le crâne) et à l'idée d'entrer dans quelque chose « bille en tête », de plein fouet.

agréable

chouette Sympathique, plaisant, réconfortant :

Nina, c'est une chouette copine.
(elle est dévouée et généreuse)

Mitch, oh, Mitch ! C'que c'est chouette que tu sois là !
(P. Merle, Le Déchiros, *1991)*

REMARQUE Le sens de « beau » (« Tu as un chouette pantalon »), qui était surtout usuel jusqu'aux années 1950, est aujourd'hui plutôt désuet, sauf chez les personnes âgées, de même que l'exclamation en antiphrase : « Ah, on est chouettes ! » (on est coincés dans une situation impossible).

ORIGINE Début 19e siècle. J. Cellard donne une analyse qui me paraît pertinente à partir de *faire la chouette* (18e s.) au jeu (tenir tête à plusieurs adversaires), encore en usage au billard en 1900 : « jouer seul contre deux ». Le mot était très à la mode à la fin du 19e siècle, même en antiphrase ; cf. « Ce n'est même pas un bordel qu'il nous a légué, ce misérable, c'est un égorgeoir et un dépotoir. Ah c'est superbe ! Chouette le résultat » (A. Cim, *Demoiselles à marier*, 1894).

super Magnifique ; à la fois beau, bon et agréable. Le mot est vraiment à usage multiple : tout est *super*. Très employé par les jeunes et les moins jeunes.

> ***Les vacances à Oléron, c'était super.***

> ***Tu viendras chez moi demain soir ? – Oui super !***

ORIGINE Années 1970. D'après l'usage du préfixe latin signifiant « plus grand » : les *supermarchés*, etc. Le succès du mot est probablement dû au fait qu'il est vaguement ressenti par les locuteurs comme un abrègement de *superbe*, et pas du tout comme un latinisme.

fonne (ou **fun)** Plaisir. Très usuel au Québec.

Avoir du fun, s'amuser :

> ***On a eu du fun avec Pierre.***

Avoir un fun noir (ou *vert*, ou *bleu*), s'amuser follement :

> ***On a eu un fun noir samedi soir.***

Être le fun, être amusant, de compagnie agréable :

> ***C'est le fun !***

> ***C'est une amie le fun !***

ORIGINE De l'anglais *fun*, « gaieté ».

aliments

Note préliminaire Il est remarquable, mais assez naturel, que les aliments qui possèdent un équivalent familier soient précisément des denrées appartenant aux menus les plus populaires. Les haricots et les pommes de terre ont formé, avec le pain, la base de l'alimentation chez les ouvriers et dans les armées, pendant tout le 19ᵉ siècle (la viande, les pommes de terre, le pain et le vin sont donnés isolément à leur place alphabétique). Le riz et les pâtes, par exemple, n'ont été connus dans les classes laborieuses en France qu'après 1920. Les autres désignants réfèrent aux aliments traditionnels du casse-croûte pris « sur le pouce » : saucisson et fromage (longtemps repas de pauvres), de même que la confiture.

le sauciflard Le saucisson, symbole du casse-croûte populaire :

On va se taper quelques tranches de sauciflard en attendant le repas.

REMARQUE On dit aussi en abrégé *sauce* (sauc') :

Coupez-moi une rondelle de sauce, Maria, s'il vous plaît.

ORIGINE Vers 1960. Par resuffixation de *saucisson*.

un calendos (le « s » final se prononce ou non, selon la personne qui parle) Appellation familière très usuelle du camembert :

On va se taper un calendos bien fait.

ORIGINE Après 1920 ; obscure. Peut-être un jeu de mots favorisé par la « rime initiale » avec *camembert* (J. Cellard).

le frometon Le fromage, de quelque variété qu'il soit :

Vous n'auriez pas un bout de frometon pour finir mon pain ?

ORIGINE Fin 19e siècle. Resuffixation amusante de *fromage*.

la confiote La confiture, par resuffixation humoristique. Les enfants aiment beaucoup le mot, et la chose :

Mange pas toute la confiote, Sophie !

REMARQUE Le terme est peu employé avec un déterminant, on dit rarement « de la confiote de prunes » ; mais on dira, elliptiquement :

Qu'est-ce que c'est cette confiote ? – De la pêche.

ORIGINE Vers 1930. Peut-être un croisement de *confiture* et de *compote*.

les fayots Les haricots, plat consistant et bourratif associé aux menus des pensionnats et des casernes :

On a bouffé des fayots toute la semaine.

ORIGINE 18e siècle. Du mot occitan *fayol*, « haricot ».

un coco Un œuf, dans le langage enfantin et par plaisanterie chez les adultes :

Tu veux un coco, mon chéri ?

ORIGINE Début 19e siècle. L'œuf est produit par la *cocotte*, la « poule », dans le même registre enfantin.

un casse-croûte Se dit par extension, depuis une vingtaine d'années, d'un sandwich, surtout chez les jeunes :

Ma mère m'a donné deux casse-croûte, t'en veux un ? – À quoi ils sont ? – Au pâté. – Ouais.

Dérivés :

- ***un casse-dalle*** (un sandwich) devient le terme le plus usuel chez les jeunes :

  J'ai emporté des casse-dalle.

- ***un casse-graine*** Plus rarement, en variante de *casse-dalle.*

un en-cas Locution amusante qui se dit d'un sandwich ou de toutes les provisions de bouche que l'on peut emporter avec soi en déplacement « en cas » de petite fringale :

J'ai pris un en-cas dans ma valise.

En complément Pour des « moins de 20 ans » à Paris, la plupart de ces termes paraissent inconnus – sauf *patate*, *fayot* et *casse-croûte*. Cela est surprenant, et probablement significatif de la société de grande consommation actuelle.

ami

Note préliminaire Bien qu'évoquant la familiarité, le mot *copain* appartient désormais au français ordinaire, comme le féminin *copine*.

un pote Terme familier extrêmement fréquent pour « copain, camarade, ami », avec une insistance sur la fidélité de la relation :

Gérard, c'est mon vieux pote, on a toujours du plaisir à se retrouver.

Daniel, c'est un pote : je sais que je peux compter sur lui.

Quand Lucien a appris qu'il était reçu au concours, il a appelé tous ses potes et ils ont fait une fête.

Le mot a eu une recrudescence d'emploi parmi les jeunes avec un slogan antiraciste au début des années 1980 :

Touche pas à mon pote !

REMARQUE Le mot s'emploie également au féminin :

Marie est venue me voir avec* une pote *à elle.

ORIGINE Le mot, attesté en argot chez les malfaiteurs dès 1898 par G. Esnault, n'est en fait devenu courant dans le milieu ouvrier qu'après la guerre de 14-18 où l'on disait plutôt *poteau* : « T'es mon poteau, Mathurin ! » *Pote*, qui en est l'abréviation, l'a complètement remplacé depuis les années 1950.

chum (se prononce « tchomme ») Copain, ami. Très usuel au Québec.

Il est venu samedi soir avec ses chums.

Désignait autrefois uniquement le « petit ami » d'une jeune fille. S'emploie aujourd'hui tout aussi bien pour le mari, l'ami, le compagnon :

Ma sœur habite maintenant avec son chum.

ORIGINE De l'anglais *chum*, « copain ».

an

un balai Un an – uniquement pour les années d'âge, et généralement après 25 ans :

> ***Il est parti en préretraite à 58 balais mais il n'en a pas profité longtemps : il est mort d'un cancer trois ans plus tard.***

ORIGINE Vers 1920 ; obscure.

une berge Même chose qu'*un balai*, mais s'emploie aussi pour des gens jeunes – à partir de 15 ans. On dira plus volontiers :

> ***Il s'est marié, il avait 20 berges, il en a 45 : ça fait donc 25 ans.***

REMARQUE Sans que l'on puisse établir de règle absolue, *berge* évoque des circonstances plus réjouissantes que *balai*. Un argotier dira « peut-être » spontanément :

> ***Il a eu son infarctus à 45 balais.***

… mais en revanche :

> ***Il a eu son fils à 45 berges.***

ORIGINE Mot d'argot du 19e siècle adapté du tsigane *berj*, « année ».

une pige Une année « d'âge, de mariage, de détention » (Esnault), c'est-à-dire que le mot s'emploie pour une durée, généralement comprise entre 10 ans et 100 ans (on dira 4 piges, et il n'y a pas d'occasion pour dire 150 piges).

> ***Ça fait 30 piges que Marcel et Yvonne sont mariés !***

> ***Aujourd'hui, j'ai 53 piges bien sonnées, c'est l'âge des gars de l'Académie.***
> *(Jehan Rictus,* Lettres à Annie, *1921)*

ORIGINE 1836 chez Vidocq. De *piger*, mot dialectal pour « mesurer avec le pied ».

argent

Note préliminaire L'argent, la monnaie, objet de convoitise de toute éternité pour tous les voleurs du monde, a donné lieu à une terminologie des plus riches en argot classique et en français familier. Presque tous les désignants sont restés en usage occasionnel ; les deux mots vedettes, le *fric* et le *pognon*, sont entrés dans la langue ordinaire de tous les Français.

le fric Le plus courant des termes alternatifs, employé par tout le monde. Il appartient pourtant au registre familier pour des raisons purement culturelles (cf. Introduction p. 22). *Gagner du fric*, *faire du fric* sont des locutions usuelles :

> ***Moi, j'ai pas assez de fric pour acheter une Mercedes !***

DÉRIVÉ ***friqué*** Un type friqué est « plein de fric », riche :

> ***Si t'as un copain friqué, tu peux toujours le taxer de 100 balles.***

ORIGINE Fin 19e siècle. Par abrègement de *fricot* (voir CUISINE).

le pognon Vedette en second des termes d'argent, *pognon* est ressenti comme plus familier que *fric* – il porterait même une coloration vulgaire, donc plus agressive que *fric*. *Le pognon* garde quelque chose d'un tout petit peu méprisable, sans doute, et la phrase « Moi, j'ai pas assez de pognon pour acheter une Mercedes » est plus brutale que la même avec le mot *fric*. Ce sont là des nuances subtiles que seul un usage prolongé permet de saisir.

> ***Ce gros dégueulasse il est plein de pognon, tu crois qu'il te filerait 10 francs ?...***
>
> ***Garde-le ton pognon ! Hé, peigne-cul !***
>
> ***J'ai perdu tout mon pognon dans une affaire d'import-export.***

REMARQUE On peut avoir les mêmes phrases avec *fric*, mais *pognon* leur rajoute de la rudesse. Cela est probablement dû au fait que le mot est plus « gros », plus sourd en bouche, que *fric* qui est une syllabe claquante et aérienne.

ORIGINE Milieu 19e siècle dans l'argot. *Pognon*, dans la vallée du Rhône, est un diminutif de *pogne*, l'appellation de la galette en pâte brisée (ou, dans d'autres régions, sorte de brioche ou pain brioché), qui fait les délices de tout un chacun. Il semble difficile d'écarter cette origine, variante de *galette* à une époque où celle-ci est devenue un désignant de l'argent.

le blé Toujours très usuel et à peine familier. S'emploie surtout au sens général de « richesses », de « fortune » :

Les Lareine-Leroy c'est une famille qui a toujours eu beaucoup de blé.

Tu crois qu'il se fait beaucoup de blé dans son commerce... Ça m'étonnerait.

ORIGINE Image déjà courante au 16ᵉ siècle. De *bled* à cause de la couleur jaune qui est celle de l'or. J.-J. Rousseau emploie la métaphore dans une lettre.

la thune (ou **tune)** Ce mot est employé constamment dans les jeunes générations actuelles pour dire *fric*, *pognon* ou *blé*, alors qu'il était presque sorti de l'usage des argotiers il y a vingt-cinq ans.

Vincent ? T'as de la thune pour acheter des croissants ?

Lui, son père, il lui donne plein de thune.

ORIGINE En 1628 (argot réformé) et en 1725 en argot de Cartouche, *la thune* signifie « l'aumône ». De là au 19ᵉ siècle il désigne la pièce de 5 francs – au pluriel : « Tu as des thunes ? » Les jeunes ont adopté *la thune* ou *des thunes* au cours des années 1970-80.

des ronds Des « sous » en général. Encore très usuel.

Ah ! si j'avais des ronds, je m'achèterais un appartement.

Il a fait faillite, il a plus un rond.

ORIGINE Attesté dès le 15ᵉ siècle, pour *sou*, *sol*, le vingtième de la livre, et plus tard la pièce de 5 centimes – parce que le sou, rond de forme, était de très loin la pièce la plus usuelle et la seule connue des pauvres.

le pèze L'argent. Le terme est doté aujourd'hui d'une coloration très familière ou argotique. Très usuel dans la première moitié du 20e siècle, son emploi a régressé à mesure que *le fric* prenait de l'extension. Par plaisanterie et parodie d'argot (films des années 1930) :

Mon album est en panne faute de pèze.
(Jehan Rictus, Lettres à Annie, *1923)*

Aboule ton pèze !
(allez, paye ! – dans un café, par exemple)

ORIGINE Début 19e siècle ; obscure.

le flous (**ou **flouze) L'argent, en terme familier amusant :

Il ne pense qu'à gagner du flous.

ORIGINE Pendant la guerre de 14-18. De l'arabe *el flouss*, « l'argent », diffusé parmi les combattants.

des pezètes De l'argent. Toujours au pluriel.

Daniel, il avait des pezètes, il pouvait s'offrir un voyage au Canada !

ORIGINE Années 1920; mal élucidée. « Nous voyons dans le mot un diminutif de *pèze*, "pois", et également "argent" », dit J. Cellard. Le rapprochement avec les *pesetas*, monnaie espagnole, a pu favoriser ce diminutif, mais surtout l'assonance avec les *pépètes*, plus ancien.

un radis Seulement dans l'expression *plus un radis*, « absolument sans le sou ». À un quémandeur :

> ***Désolé ! Je n'ai plus un radis.***

l'oseille L'argent en général, mais plutôt avec l'idée réjouissante d'une grande quantité. Le mot semble être resté en usage à cause de l'image amusante des feuilles d'oseille figurant des billets de banque. Pour une forte somme on dira *un paquet d'oseille* :

> ***Une fois Jean-Marc a gagné au loto, il a touché un sacré paquet d'oseille.***

ORIGINE 1876. Le mot était en usage courant dès le début du 20e siècle dans la langue familière (et non dans l'argot). Hector France commente : «*Argent :* il fond dans la main comme l'oseille dans la casserole » (1907). La métaphore est probablement due à une suffixation burlesque de *-os* (voir ci-dessous « En complément »).

la galette L'argent, la fortune. Devenu rare avec l'extension de *fric* et de son propre « rejeton » *pognon*.

> ***Vrai, j'aimerais un peu moins de gloire et un peu plus de galette.***
> *(Jehan Rictus,* Lettres à Annie, *1922)*

> ***Ce sont des gens qui ont hérité d'une très grosse galette à la mort de leur oncle.***

ORIGINE Dès le milieu du 19e siècle. La *galette* (faite de *blé*) est une bonne chose qui « alimente ».

des picaillons De l'argent. Le mot n'est plus très fréquent et plutôt humoristique.

> ***Le vieux, il avait mis à gauche pas mal de picaillons.***

ORIGINE Fin 18e siècle. D'une monnaie savoyarde.

des pépètes De l'argent. Terme humoristique, peu fréquent de nos jours.

> ***Ils en avaient gagné des pépètes avec le marché noir !***

ORIGINE Milieu 19e siècle ; mal établie.

de la ferraille De la menue monnaie en pièces diverses :

> ***Si ça vous ennuie pas, je vous donne toute ma ferraille, ça me troue les poches !***

ORIGINE Après 1950. Les petites pièces n'ont guère de valeur.

LES SOMMES

balle Désigne le franc, ne s'emploie qu'au pluriel : 20 balles, 50 balles (20 francs, 50 francs). Très usuel et à peine familier, surtout pour des chiffres ronds (on dit 90 balles, mais rarement 83 balles). Très employé.

> ***T'as pas un billet de 100 balles plutôt que toute cette ferraille ?***

ORIGINE Au 17e siècle déjà pour désigner la *livre*. Le mot a suivi par la suite les avatars monétaires : le franc, puis le nouveau franc.

sac Somme de 10 francs ou 1 000 centimes. L'hésitation, disons même la confusion, entre les anciens francs auxquels *sac* était attaché depuis l'origine (devenus des centimes) et les nouveaux francs, a considérablement réduit l'usage de ce terme familier devenu imprécis. « Ça lui a coûté 100 sacs » se comprend comme 1 000 francs actuels.

ORIGINE 1846, argot des malfaiteurs (G. Esnault). Le mot était passé dans un registre élargi vers 1900 : « Le jeune Levêque avait des ambitions ; il voulait faire fortune, aller courir l'aventure au Venezuela. Mais pour cela il lui fallait 10 sacs, 10 000 francs » (*L'Assassinat du père Florent*, 1905). « La Banque de France emploie à partir de 1805, pour ses transports de fonds, un sac de toile forte scellé contenant 1 000 francs en pièces d'or ou d'argent » (J. Cellard, *DFNC*).

une brique 1 million de centimes actuels (ou d'anciens francs). Le mot est demeuré usuel après un temps d'hésitation sur sa valeur supposée, mais il a supporté le passage aux nouveaux francs en restant accroché à sa valeur initiale exprimée en centimes et non au chiffre numéraire ; cela fait que *vingt briques* (« 20 millions de centimes ») désignent aujourd'hui une somme de 200 000 francs. En résumé, la *brique* actuelle est de « 10 000 francs ». S'emploie dans les prix élevés :

Pour 50 briques, à l'heure actuelle t'as pas grand-chose. Un petit appartement correct à Paris, c'est 100 à 120 briques facile !
(50 briques = 500 000 francs ; 100 à 120 briques = 1 000 000 à 1 200 000 francs)

REMARQUE On dit aussi très usuellement *un bâton* :

Je peux pas mettre 20 bâtons sur une bagnole !

Depuis peu (1995), *une patate* se répand dans le langage des jeunes, sous l'influence d'une émission de télévision, « Les Guignols de l'info », qui prête le mot à ses personnages :

Ahmed, sa sœur, elle touche 5 patates par mois, dis ! J'te jure, sans déc' !
(la sœur d'Ahmed gagne 50 000 francs par mois)

ORIGINE Les années 1920. La liasse de billets de 1 000 francs avait alors la forme d'une brique.

En complément La langue familière a également connu *de l'os* pour « de l'argent » (1851). Hector France commente ainsi le mot, avec vraisemblance : « Ce terme vient évidemment des maisons de jeu où la mise des joueurs est représentée par des jetons en os. "Je n'ai plus d'os", c'est-à-dire : je n'ai plus de jetons, et par conséquent d'argent. » *Osier* (1935, mais aujourd'hui désuet) semble avoir fait partie de la série « os, oseille, osier ». *Les sous, des sous*, pour l'argent, de l'argent (« Il a beaucoup de sous – il n'a plus de sous », etc.), n'appartiennent pas véritablement au registre familier, mais à la langue conventionnelle.

armes

un pétard Un revolver, un pistolet. Le mot est du familier courant, affectionné par les auteurs de romans policiers :

Ils sont arrivés à la caisse, ils ont sorti un pétard et réclamé le montant de la recette.

REMARQUE On dit aussi, dans un registre plus argotique, *un feu*, *un calibre*, *un flingue*.

ORIGINE Milieu 19e siècle. Par allusion au bruit.

un flingue Un revolver, mais aussi un fusil, une carabine :

> ***Il a toujours un flingue dans sa bagnole pour le cas où il ferait de mauvaises rencontres.***

DÉRIVÉS **flinguer**, **se flinguer** Tuer, se tuer :

> ***Il s'est fait flinguer par les flics un soir dans la banlieue.***

ORIGINE Fin 19e siècle. Abréviation de *flingot*, fusil militaire du fantassin ; origine obscure.

un schlass Un couteau, en général d'une certaine taille, pouvant servir à tout. Usuel.

> ***Passe-moi ton schlass une minute que je coupe cette branche.***

ORIGINE 1932 pour un couteau à cran d'arrêt (G. Esnault), tout couteau par la suite. Étymologie obscure.

un surin Un couteau, en tant qu'arme blanche ; un poignard. Le mot est désuet, mais encore compris.

> ***Il lui a filé un coup de surin entre les épaules.***

DÉRIVÉ **suriner** Tuer à coups de couteau.

ORIGINE Milieu 19e siècle.

arrestation

embarquer Arrêter, avec le sens d'emmener à bord d'un véhicule de police. Terme courant.

> ***Il était soûl, il faisait du pétard, les flics l'ont embarqué.***

ORIGINE Fin 19e siècle. Par métaphore de « monter sur un bateau ».

se faire pincer Se faire attraper, surprendre par la police dans une action délictueuse. Expression banale.

> ***Il en a fait des coups, Léon, mais il a fini par se faire pincer.***

ORIGINE Fin 19e siècle. Cf. H. France : « Le voleur se fait pincer par le gendarme » (1907).

se faire coffrer Se faire mettre en prison. Terme courant.

> ***Le député affairiste B. Moket a fini par se faire coffrer.***

ORIGINE Milieu 16e siècle. Par analogie avec mettre dans un « coffre ».

alpaguer Arrêter. Terme d'argot courant devenu humoristique et surtout littéraire (romans policiers). L'idée est « arrêter par surprise » :

Les flics l'ont alpagué au moment où il montait en avion.

ORIGINE Vers 1930 ; obscure.

tomber Être arrêté et condamné à la prison. Ce verbe argotique, affectionné par les auteurs de polars, est peu usuel en dehors du milieu de la délinquance :

Polo est tombé sur un casse. Il en a pris pour trois ans.
(il a été condamné à trois ans de prison à la suite d'un cambriolage)

ORIGINE Début 19e siècle. Métaphore sur « tomber malade », ou peut-être « tomber au trou ».

plonger Même chose que *tomber*, avec une coloration argotique identique :

Polo a plongé pour deux ans.
(il est en prison pour deux ans)

ORIGINE Vers 1930. Issu probablement du vocabulaire du monde carcéral, où *plonger* signifiait descendre au cachot disciplinaire situé dans les sous-sols de la prison – au *mitard*.

arriver

se pointer Mot très usuel signifiant « arriver en un lieu défini, se montrer », mais pas forcément au bon moment – on dira moins facilement « je me suis pointé à l'heure » que :

Le salaud, il s'est pointé avec trois heures de retard.

L'arrivée inclut une idée de surprise :

Je me suis pointé chez eux à 8 heures, tout le monde dormait.

Se présenter :

Si le contrôleur se pointe, tu vas aux toilettes.

ORIGINE Vers 1950. Le contrôle des entrées à l'atelier, en usine, à l'aide d'une carte qui indique l'heure d'arrivée, s'appelle *le pointage*.

se radiner Arriver, généralement avec empressement si l'on parle de quelqu'un d'autre :

Je l'ai appelé, il s'est radiné dare-dare.

Avec une certaine nonchalance si l'on parle de soi :

Je me suis radiné sur le coup de 5 heures, peinard.

S'emploie aussi activement :

Tiens, voilà les flics qui radinent !

ORIGINE Vers 1920 à la forme pronominale. Au 19e siècle et au début du 20e, le verbe s'employait uniquement à la forme active : « radiner à la piaule », rentrer chez soi (diminutif d'un vieux verbe *rader*, « marcher »).

rappliquer Même chose que *radiner*, mais avec un plus vif empressement : « Voilà les flics qui rappliquent » suppose une menace plus précise, une plus grande agitation aussi. Souvent dans une succession d'actions, avec une nuance de répétition :

Le père s'en va, dix minutes après voilà le fils qui rapplique.

ORIGINE Milieu 19e siècle au sens plus précis de « revenir » (encore au début 20e siècle). « Déformation de *rapiquer au vent,* revenir au vent, en parlant d'un navire » (J. Cellard, *DFNC*).

débouler Arriver brusquement. S'emploie le plus souvent avec *à l'improviste* :

> ***Ils ont tous déboulé en pleine nuit, tu parles d'une surprise !***

Le verbe suppose une promptitude encore plus grande que *rappliquer* :

> ***Si les flics déboulent, vous vous planquez !***

ORIGINE Vers 1830 au sens actuel (déjà dans Eugène Sue, 1842). À partir de l'idée de « rouler ». *Débouler* semble avoir signifié « accoucher » en dialecte rémois au début du 20e siècle.

ramener sa fraise Arriver, avec la notion péjorative de ne pas être attendu ni souhaité :

> ***Voilà l'autre qui ramène sa fraise ! On n'a pas besoin de lui !***

REMARQUE Le plus souvent, cette expression signifie « intervenir dans une discussion, pour protester ou argumenter » – mettre son grain de sel en tout cas.

> ***Ah, l'imbécile ! Il a fallu qu'il ramène sa fraise au beau milieu de la conversation ! Pour dire une connerie !***

ORIGINE Début 20e siècle. *La fraise*, comme *la cerise* ou *la poire*, est un synonyme familier argotique de « visage ».

assez

barca ! Ça suffit ! arrêtons-nous là ! Usuel surtout parmi les populations immigrées d'Afrique du Nord. Le plus souvent en locution *et barca ! et puis barca !* :

> ***Écoute, mon frère il arrive demain, il achète le camion, et barca !***

> ***Je remplis encore une page, et barca !***
> *(j'arrête, ça suffit)*

REMARQUE Il existe une confusion de ce mot avec l'italien *basta*, « assez », employé de manière plus quotidienne que *barca* :

> ***Je remplis encore une page, et basta !***

ORIGINE Fin 19e siècle. De l'arabe *baraka khlass*, « assez ! ». Il est possible que la résonance du mot avec *barque*, *embarquer* – senti comme « on prend la barque », etc. – ait déterminé son succès.

c'est class Même sens, même origine, mais la locution est ressentie comme plus argotique que la précédente :

> ***On te demande pas d'explications, t'apportes ton pèze et c'est class.***
> *(tu apportes ton argent et c'est tout)*

La résonance avec *classé*, donc « terminé », a, là aussi, assuré la diffusion du mot.

REMARQUE Il y a souvent confusion avec la locution *c'est classe*, « c'est chic » (voir BEAU), probablement construite sur ce modèle.

ORIGINE 1901 chez les voyous (Esnault). De l'arabe *baraka khlass*, « assez ! ».

attendre

poireauter Attendre avec ennui et une certaine impatience :

> ***Elle m'a fait poireauter une heure devant le magasin.***

On dit aussi *faire le poireau*, qui est à l'origine du verbe :

> ***J'en ai marre de faire le poireau devant la gare, je rentre à la maison.***

ORIGINE Depuis fin 19e siècle. *Faire le poireau* (1877) : « C'est des bigots qui à leur crevaison [mort] ont fait Léon XIII héritier – dans l'espoir d'être admis au paradis sans faire le poireau » (*Le Père Peinard*, v. 1890). *Poireauter* (1883) : « Nous n'avons pas à poireauter pour voir le tableau » (*id.*, 1894).

moisir Séjourner, attendre longuement quelque part en vain :

> ***Je ne vais pas moisir ici, crois-moi !***

En complément La variante familière ancienne *faire le pied de grue* n'est plus que d'un emploi rare.

attraper

choper Attraper, saisir, prendre, s'emparer :

Toi, si je te chope, fais gaffe !

Si tu chopes le ballon dans les 22 mètres, tape en touche.

Hier j'ai chopé une contravention juste devant chez moi.
(j'ai attrapé une amende pour ma voiture)

Se faire choper par les flics est une occurrence fréquente. Se dit aussi pour « attraper une maladie » :

J'ai chopé un rhume en allant voir le match.

Si tu sors comme ça, à tous les coups tu vas choper la crève.

REMARQUE Les jeunes emploient le verlan de *choper (pécho)* dans la construction *se faire pécho* :

Je me suis fait pécho par un leur.
(je me suis fait choper par un contrôleur – appelé « leur » par les jeunes)

ORIGINE Fin 19e siècle au sens familier. Origine obscure.

✤ ***pogner*** (ou ***poigner)*** Attraper, prendre, au Québec. Très familier, à tendance vulgaire. Usuel.

J'ai pogné le rhume.

Pogne ton sac et viens-t'en !

DÉRIVÉ ***se faire pogner*** Se faire prendre, se faire surprendre. Usuel.

Le cambrioleur s'est fait pogner.

ORIGINE Du français familier dialectal *pogne*, « poing, poignet ». H. France relève : « *À pogne-main*, à pleine main, brutalement ; expression populaire » qui convient pour le sens à l'usage québécois.

avion

un zinc Le mot s'applique à un petit avion à hélices. Son emploi, autrefois fréquent, s'est raréfié.

Édouard a loué un zinc pour faire le repérage de son film.

ORIGINE Vers 1925, lorsque les avions sont devenus des monoplans entièrement métalliques. Cependant, on note *zinc*, « voix métallique », et *avoir du zinc*, « avoir un organe vocal bien timbré » (H. France, 1907), qui pourrait convenir au « chant » du moteur d'avion.

un coucou Un avion du type biplan des débuts de l'aviation, et par extension un vieil avion (de petite taille) d'aspect un peu délabré :

Qu'est-ce que c'est que ce vieux coucou ? Tu crois pas que je vais monter dedans ?

ORIGINE 1914. Le mot s'appliquait auparavant à une « voiture des environs de Paris où grisettes et commis se faisaient véhiculer à la campagne, le dimanche » (H. France).

b

bande

bavard

beau

beaucoup

bicyclette

bière

billet de banque

bistrot

bizarre

boire

boue

bouleverser

bouteille

bruit

brûler

bureau

bande

la smala Une famille relativement nombreuse ou un groupe de personnes qui « assiste » un personnage important ; surtout dans l'expression *toute la smala*. Le mot, assez péjoratif, est usuel, sauf chez les jeunes.

> ***Il avait amené toute sa smala à la fête foraine, ça finissait par lui coûter cher en tours de manège.***
>
> ***Le Président et sa smala voyagent dans un avion privé.***

ORIGINE Fin 19e siècle. De l'arabe *smalah* qui désigne « l'ensemble d'un campement, familles et troupeaux compris ».

♣ ***gang*** Une bande d'amis. Usuel familier au Québec.

> ***Il sort avec sa gang.***
>
> ***Amène pas ta gang si t'es venu pour me voir...*** *(une chanson de Beau Dommage)*

Groupe, équipe :

> ***On est venus en gang.***
>
> ***On était une grosse gang à travailler là.***

REMARQUE Le mot s'est employé en français continental dans les années 1930-50, mais au masculin, pour désigner une bande de malfaiteurs : cf. « le gang des tractions avant ».

ORIGINE L'anglais *gang*, « équipe ».

bavard

une pipelette Se dit familièrement d'une petite fille ou d'une femme qui bavarde à tous propos, et surtout pour colporter des nouvelles que l'on aimerait tenir secrètes :

> ***La femme de Bertrand c'est une vraie pipelette, méfie-toi de ce que tu lui racontes, elle répète tout à ses copines.***

ORIGINE Vers 1920 dans ce sens – parce que le mot signifie « concierge » (l'homme était un *pipelet* – voir aussi CONCIERGE) depuis le 19e siècle et que les concierges avaient une forte réputation de commérage.

beau

chouette Beau, agréable. Toujours usuel.

> ***Dis donc, c'est un chouette coin pour passer des vacances ici.***

S'emploie également au sens de « généreux et sympathique, moralement beau » :

> ***Tu sais, Luc, tu le connais pas bien, mais c'est un chouette mec, vraiment !***

La formule en antiphrase *nous voilà chouettes !* pour *nous voilà dans le pétrin* n'est plus guère en usage, sauf chez les gens d'un âge avancé.

ORIGINE Début 19e siècle. Vient apparemment de *faire la chouette*, tenir la banque en termes de tripot (probablement parce que celui qui « faisait la chouette » se plaçait dans l'angle d'une pièce, le dos au coin). La somme à jouer s'appelait aussi la *chouette*, d'où sans doute l'idée de « beauté ». Le mot *chouette* a joui d'une véritable gloire dans les dernières décennies du 19e siècle.

au poil Beau, bien, parfait. Familier très usuel, surtout dans l'expression *c'est au poil*, « c'est parfait, ça me convient tout à fait ».

> ***Si tu viens par le train de 8 h 30, c'est au poil.***
>
> ***Ah ! elle est au poil cette bagnole ! Elle marche au poil !***

Au sens de pratique, commode :

> ***Il habite un appartement au poil : juste à côté de la gare.***

ORIGINE Début 20e siècle. S'est surtout répandu après 14-18. J. Cellard pense qu'il s'agit d'une expression d'artistes peintres produisant des portraits ressemblants « au poil près ». Je crois plutôt que le mot vient du langage ouvrier où le *poil* est une mesure de précision symbolique : les deux pièces s'ajustent « au poil », c'est-à-dire parfaitement, on ne pourrait pas glisser un poil entre elles.

c'est classe ! C'est chic, élégant, de bon goût. Très employé par les jeunes.

Il est classe, ton pull ! Où tu l'as acheté ?

Se dit aussi au sens moral pour « franc, généreux », voire « grand seigneur » :

Joachim m'a donné son vélo. – Ouais, il est vachement classe, ce mec !

DÉRIVÉ **classieux** Adjectif de même sens. Ce néologisme est attribué au chanteur Serge Gainsbourg qui en faisait grand usage.

Ils avaient fait un arrangement musical très classieux.
(un arrangement qui avait beaucoup de grâce et de tenue)

ORIGINE Vers 1970. Par attraction probable et confusion de forme avec *c'est class*, « c'est assez » (voir ASSEZ). Reformulation de *avoir de la classe*, « avoir de hautes qualités, du style », d'abord appliqué à un cheval (1916 chez les éleveurs). Il s'agit précisément à l'origine d'un « cheval classé, qui a gagné un des quatre premiers prix » (Esnault).

nickel Joli, brillant, impeccable, surtout pour souligner la beauté d'un intérieur dans un langage populaire :

Marie, elle tient toujours sa cuisine nickel.

Oh ! mais dites donc, c'est nickel chez vous ! Des fauteuils en cuir ? Ma chère !…

ORIGINE Années 1920. D'après l'aspect étincelant du métal.

bath (se prononce « bat' ») Beau, superbe. Ce terme populaire, qui fut surtout usité au 19e siècle, et encore jusqu'aux années 1940, est très vieilli aujourd'hui – mais il peut être employé ironiquement :

Hou ! il est un peu bath, ton costard ! T'as dû le payer cher !

Origine Début 19e siècle ; mal établie. Peut-être l'abréviation de *batif*, « neuf », ou d'une exclamation admirative, *bath !*, et peut-être les deux à la fois ! (J. Cellard *DFNC*).

beaucoup

vachement Adverbe de tous les instants chez la plupart des Français « ordinaires » de moins de 60 ans dans leurs conversations communes. Une sorte de *très, très*, superlatif anodin au point que les gens n'ont nullement conscience d'un tel troupeau de « vachement ».

Il est vachement fort, mon père ! – Et le mien, il est vachement grand, et vachement sympa !

Vous venez vachement tard, on a fini de manger ! – C'est vrai qu'on est vachement à la bourre, y avait un carambolage sur l'autoroute. C'est vachement difficile d'arriver jusqu'ici, n'empêche...

Oh, elles sont vachement belles, vos fleurs !

C'est vachement gentil !

Origine 1930 chez les écoliers (G. Esnault). Le mot *vachement* est venu se superposer au mot *méchamment* chez les écoliers et lycéens facétieux, par l'égalité de *vache* et de *méchant*. Le surveillant est *vache*, c'est-à-dire « méchant » ; la version latine est *vachement difficile*, c'est-à-dire « méchamment difficile ». Après une vingtaine d'années de tenue à distance, l'adverbe passe-partout est entré dans la langue.

des masses Expression familière populaire uniquement à la forme négative, *pas des masses*, c'est-à-dire pas beaucoup, en petite quantité :

> ***Les champignons, on n'en a pas trouvé des masses. Trois cèpes seulement.***

> ***Il n'y avait pas des masses de monde à la réunion.***

Avec un verbe :

> ***Du café ? Oui, bien sûr, mais ça ne te fait pas boire des masses. Il vaudrait mieux un grand jus de fruit.***

Il est curieux de remarquer qu'à la forme affirmative le mot garde son sens concret d'accumulation et appartient à un registre de langue tout à fait conventionnel :

> ***Ils possèdent des masses de documents.***

ORIGINE Dès le début du 20e siècle. A peut-être pris naissance dans le langage militaire, en rapport avec la *masse* d'argent, « somme versée au compte du soldat », ce qui expliquerait la coloration triviale au négatif.

des tas Beaucoup, en grande quantité. Registre simplement familier, par une convention d'ailleurs abusive car la métaphore était utilisée à l'époque classique.

> ***Il y avait des tas de camions partout dans les rues.***

ORIGINE Fin 19e siècle pour *des tas*, au négatif, en variante de *des masses*, qui a conféré au mot une coloration familière : cf. « Tu n'as donc pas de confiance ?

– Pas des tas » (*Le Petit Journal*, vers 1895), rapporté dans le milieu des « snobs, cercleux, gommeux et théâtreuses ». À part cela, *un tas de* était très usuel au 16e siècle et plus tard : « un tas de gens » chez Montaigne, et « un tas de jeunesses folles » dans Du Bellay !

une chiée « Abondance, foule dans le sens injurieux » (1907). À cause de la grossièreté évidente du mot, la locution demeure vigoureusement vulgaire, mais très fréquente.

> ***Ils sont arrivés, toute une chiée de protestataires qui gueulaient comme des perdus : « Non à la corruption ! »***

Au pluriel : *des chiées*, « énormément, des kyrielles ». Il semble que le pluriel – aussi ancien que le singulier – soit davantage utilisé de nos jours :

> ***Y avait des chiées de bagnoles au péage.***

ORIGINE Au 19e siècle, assurément dans un contexte scatologique. « [L'année] débute par une chiée d'hypocrisies et de menteries » (*Le Père Peinard*, 1894). « Oui, mais c'est embêtant aussi d'avoir à ses trousses des chiées d'enfants » (Octave Mirbeau, 1900, cité par J. Cellard).

comme c'est pas possible Avec une grande intensité, à un degré extrême. Très usuel.

> ***Ce gamin est insolent comme c'est pas possible.***

> ***En ce moment les petites entreprises en chient comme c'est pas possible.***

> ***Alphonse est d'un drôle ! Il nous fait rire comme c'est pas possible...***

ORIGINE Vers 1920 – alors une tournure populaire qui s'est peu à peu généralisée à la langue commune.

un de ces... Formule d'exclamation pour indiquer l'importance de la chose citée. Très usuel.

J'ai une de ces faims !

Hou !... Elle a eu une de ces pétoches !

Ils ont fait un de ces pétards toute la nuit !

Il y avait un de ces fouillis dans le salon !

ORIGINE Formulation ancienne (18e siècle ?). Il s'agit d'une expression elliptique signifiant : « un de ces *x* exemplaires », « une de ces peurs *comme on en voit peu*».

je te dis pas ! Souligne par une exclamation l'intensité d'un phénomène. Expression très usuelle parmi les jeunes.

Il était beau, j'te dis pas !

Il était dans une de ces merdes, j'te dis pas !

ORIGINE Vers 1970. Ellipse de « je te dis pas *parce que tu peux imaginer*. C'est proprement indicible ».

c'est fou C'est énorme, c'est inimaginable, la quantité de... Très usuel, exclamatif et invariable.

C'est fou le monde qu'il y avait à la manif du 14 Juillet !

C'est fou ce qu'on s'amuse chez vous !
(on s'amuse énormément, mais la phrase est le plus souvent dite ironiquement en mauvaise part dans une occasion sinistre pour « c'est fou ce qu'on s'ennuie »)

La fauche qui se pratique dans les boutiques de disques, c'est fou !

ORIGINE La tournure doit dater, dans cet usage familier, du milieu du 19e siècle.

une paille Antiphrase pour dire « beaucoup, énormément ». Cette tournure s'emploie assez peu de nos jours sauf par les gens d'un certain âge.

Quel âge avait Joséphine lorsqu'elle a épousé Léon ? – 77 ans. – Ah ! une paille !

Il a fallu dégager 2 000 tonnes de terre pour aménager les fondations, une paille !

ORIGINE 1867 (Delvau). « Bagatelle ; le mot est employé dans un sens ironique, signifiant justement le contraire », précise Hector France (1907). Le mot fut très à la mode en français populaire de 1890 à 1940 : « Et vous savez le prix que coûte un livre à éditer à présent ? Entre les 18 à 20 000 francs. Une paille, comme vous voyez » (Jehan Rictus, *Lettres à Annie*, 1911).

en masse Beaucoup, en abondance. Familier usuel au Québec.

Y a du monde en masse icitte !
(il y a beaucoup de monde ici)

De l'argent ? Il en a en masse !

bicyclette

un vélo Terme alternatif très usuel ; plus fréquent que *bicyclette* dans la langue orale :

> ***On va enfourcher nos vélos pour faire un tour au village.***
>
> ***Vous y allez en vélo ? – Oui, c'est pas loin.***
>
> ***Faire du vélo c'est un vrai délassement quand il fait beau. Oui, je ferais bien un petit tour à vélo !***

REMARQUE La langue populaire dit « aller *en* vélo » sur le modèle « en auto ». Cet emploi est condamné par les puristes, mais la « faute » n'est pas très grande, et la question s'est posée dès le début en 1907 : « Doit-on dire *en vélo* ou *à vélo* ? » (H. France).

ORIGINE 1889 (G. Esnault). Abrègement de *vélocipède*.

une bécane Une bicyclette, une moto, une mobylette. Familier usuel.

> ***J'ai laissé ma bécane à l'hôtel, je la reprendrai ce soir.***

On dit toujours *en* avec *bécane* :

> ***Le facteur est passé en bécane il y a une demi-heure.***

REMARQUE Le mot *bécane* désigne également aujourd'hui un ordinateur :

Jojo s'est acheté une grosse bécane qui peut tout faire ! – Même le ménage ?

Origine 1890. Auparavant au sens de « machine à vapeur ». Mot d'origine obscure.

bière

une bibine Une bière. Désigne plutôt une bière en bouteille ou en boîte. Très usuel.

Tiens, passe-moi une bibine, s'il te plaît, j'ai soif.

Origine Vers 1960 dans cette acception généralisée. Le mot date du 19e siècle au sens de « petite bière dans certains départements de l'Est » (H. France, 1907), ainsi que « mauvaise boisson ». *Bibine* a d'abord désigné un cabaret de bas étage ; cf. Gabriel Macé, ancien chef de la sûreté à Paris : « L'entrée se trouve au bout d'un long couloir, précédant une cour boueuse et sombre. Sur une porte garnie de petites vitres recouvertes d'un rideau transparent aux couleurs indécises, on lit le mot *Bibine* » (*Un joli monde*, v. 1880). Étymologie mal établie.

une mousse Terme familier et désinvolte pour dire « une bière », qu'elle soit servie au comptoir à la pression ou en bouteille :

Une petite mousse, Polo ?... Allez, j'te l'offre. Garçon ! On va prendre une mousse, Polo et moi.

ORIGINE Vers 1970. Parce que la bière doit être servie avec sa collerette de mousse.

billet de banque

un bifton Un billet de banque. Mot d'un usage restreint aujourd'hui et surtout humoristique :

> ***Il faut en sortir des biftons quand on va dans les magasins !***
> *(ça revient cher)*

ORIGINE Fin 19e siècle. Par diminutif de *biffe*, « chiffon », d'où « billet » en général dans l'argot. Le mot était très prisé dans la langue populaire du temps où les pièces avaient encore beaucoup d'utilité et où le billet de banque représentait « la fortune » – *les gros biftons.*

un talbin Mot d'argot désuet pour « un billet de banque » ; connu mais rarement employé.

> ***La Banque de France a sorti un nouveau talbin de 500 balles.***

ORIGINE Fin 19e siècle ; obscure.

En complément Souvent un billet est désigné par son effigie – par exemple un billet de 500 francs était appelé *un Pascal.*

bistrot

un bistrot Le mot désigne le débit de boissons français par excellence depuis un siècle dans un registre à peine familier :

> ***Je me suis arrêté dans un petit bistrot pour déjeuner.***

ORIGINE Début 20e siècle. Ce n'est que depuis les années 1920 que *le bistrot* désigne le *local* où l'on boit. Il désignait à l'origine (dès 1885) le marchand de vin lui-même, le tenancier, et toutes les attestations d'emploi de ce mot avant 1920 se trouvent sous la forme *chez le bistrot*. « Chez le bistrot te saouleras / Avec maints mauvais garnements » (*Commandement de Blédort*, v. 1895). C'est la construction populaire qui modifie *aller chez le coiffeur* en *aller au coiffeur*, *aller chez le dentiste* en *aller au dentiste*, etc., qui a fait dire *aller au bistrot* au lieu d'*aller chez le bistrot*, faisant ainsi passer le nom de l'homme en nom de lieu. Le marchand de vin, *bistrot*, a vraisemblablement pris lui-même l'appellation de son commis, *bistaud*, attesté à Paris au sens de « jeune apprenti de commerce » (aussi à Lyon : « petit garçon de courses » dans le langage des ouvriers de la soie, les « canuts »). Il convient de souligner que des plaisantins, ayant remarqué la coïncidence du mot avec le russe *bystro* (ou *bystra*), qui veut dire « vite », ont imaginé que des cavaliers russes ayant envahi Paris s'accoudaient aux comptoirs en toute hâte en criant : « Bistro ! bistro ! »... L'anecdote – qui n'est pas trop regardante quant aux dates : c'est en 1815 que les Cosaques étaient à Paris et non en 1880 – a fait son chemin parce qu'elle est amusante, et on l'entend souvent raconter avec crédulité.

un troquet Un bistrot. Mot très courant, car ressenti aujourd'hui comme un diminutif affectueux de *bistrot*.

Faut qu'on trouve un troquet pour écrire nos cartes postales.

DÉRIVÉS :

un trocson (dans les années 1960) Un bistrot. Peu usuel.

Ils se sont restés dans un trocson à boire des demis.

Et par abréviation : ***un troc*** (dans les années 1980) Très usuel.

J'ai attendu deux heures dans un troc, elle est pas venue !

ORIGINE Fin 19e siècle. Abrègement de *mastroquet* (en 1873), « cabaretier », puis, selon la même métonymie que pour *bistrot*, *chez le troquet* (encore en 1900) est devenu le *troquet*.

bizarre

loufoque Absurde, excentrique. On parle surtout d'une « histoire loufoque », qui est totalement extravagante :

Paul a raconté aux flics une histoire complètement loufoque.

REMARQUE Ce mot a été très à la mode à la fin du 19e siècle et au début du 20e en tant que substantif (*un loufoque*, un fou, un cinglé) au point qu'il en a perdu sa connotation argotique pour devenir du français commun ordinaire.

DÉRIVÉ **une loufoquerie** Une folie, une bizarrerie.

ORIGINE Fin 19e siècle. Il s'agit de *louf*, mot d'argot *largonji* pour *fou*, auquel on a ajouté la suffixation -*oque*. (Le largonji, à la mode dans la seconde partie du 19e siècle chez les ouvriers, remplace la première lettre d'un mot par « l » et reporte la lettre enlevée à la fin du mot : bougie, *lougibé* ; jargon, *largonji* ; fou, *louf*.)

glauque D'une étrangeté de mauvais aloi, où l'on peut supposer n'importe quelle embrouille. Un « type glauque » est quelqu'un qu'on peut soupçonner des pires turpitudes : obsédé sexuel, ou drogué, ou tout simplement pas franc, hypocrite :

J'aime pas trop Sophie, je la trouve glauque comme fille.
(on dit aussi : pas nette)

Y avait un type très glauque qui attendait devant le Monoprix.

Un « endroit glauque » est un lieu qui inspire de la méfiance pour différentes raisons – ce que l'on désignait autrefois comme un endroit *louche* :

C'est là que tu vas ? Dis donc, il est vachement glauque ton bistrot !

(Selon le contexte, cela peut vouloir dire simplement qu'il est sombre, que l'atmosphère y est peu sympathique, ou bien qu'on a l'air d'y vendre de la drogue, ou encore que c'est un repaire de malfaiteurs.)

ORIGINE Début des années 1970. Le mot s'est diffusé très rapidement dans la jeunesse à Paris à partir de 1973 ; il est devenu brusquement à la mode en 1975.

boire

Note préliminaire Il n'existe pas de verbe alternatif signifiant « boire » de manière neutre. Tous les termes familiers indiquent le « plaisir de boire », abondamment, voire de s'enivrer.

picoler Boire abondamment, du vin ou des boissons fortes (on ne peut pas « picoler » de l'eau ou du sirop) :

> ***Ils ont picolé toute la nuit. Ils étaient dans un état lamentable.***
> *(ils ont passé la nuit à boire et à s'enivrer)*

Absolument, « être alcoolique » :

> ***Gérard picole, c'est affreux. Un jour il va lui arriver un truc !***
> *(il va avoir un accident ou une maladie grave)*

ORIGINE Début 20e siècle, de *piquette*, « mauvais vin », italianisé par plaisanterie en *picolo*.

siffler (quelque chose) Boire abondamment et goulûment :

Il s'est sifflé un litre de rouge au casse-croûte.

ORIGINE 19e siècle. Peut-être du geste de boire à la bouteille : « La bouteille est assimilée à un sifflet » (J. Cellard). Cependant, l'image de « flûter » et du joueur de flûte assoiffé est très ancienne.

écluser « Boire comme un trou » (image usuelle) :

On a éclusé cinq bouteilles dans la soirée.

ORIGINE 19e ou peut-être 18e siècle. Sur l'image de l'écluse d'un canal qui « absorbe » l'eau pour se remplir.

biberonner Boire régulièrement, en alcoolique :

Vous avez vu la tête qu'il a ? Il biberonne pas mal.

ORIGINE Peut-être début 20e siècle pour le verbe, mais l'image du *biberon*, renforcée sans doute par le geste évident de boire à la bouteille, s'est greffée sur une phraséologie plus ancienne : *un biberon* est un homme qui boit. On trouve en 1665 une chanson à boire ainsi présentée : « Air bachique à la gloire des bons biberons. »

s'en jeter un (derrière la cravate) Abréviation humoristique de *se jeter un verre (de vin) derrière la cravate*, c'est-à-dire *dans le gosier*, qui est placé derrière cet ornement vestimentaire. L'expression, le plus souvent abrégée, est demeurée très courante, pour dire « boire un verre en vitesse » ; normalement au comptoir d'un bistrot.

On va s'en jeter un ?... D'accord !

ORIGINE Début 20e siècle.

En complément D'autres verbes, jadis usuels, tels que *pinter*, *licher* ou *lichtronner* sont pratiquement tombés en désuétude.

boue

la gadoue Mot désignant la boue, particulièrement la boue molle dans laquelle on marche dans un chemin, ou dans la rue à la fonte de la neige :

Ne marche pas dans la gadoue avec tes souliers !

REMARQUE Le mot est du français traditionnel, nullement argotique ; il est cependant ressenti comme « familier » par la plupart des Français simplement parce qu'il est plus expressif que *boue*.

ORIGINE Vieux mot du 16e siècle toujours resté dans l'usage.

bouleverser

chambouler Mettre tout sens dessus dessous, faire du désordre :

J'ai tout chamboulé dans la maison pour trouver mes clés.

On ne trouve plus rien dans cet Uniprix, les nouveaux gérants ont chamboulé tous les rayons.

S'emploie aussi au sens métaphorique pour les sentiments :

D'avoir vu cet accident, je me sentais toute chamboulée.

ORIGINE Vers 1920. Mot régional de Lorraine venu en usage pendant la guerre de 14-18.

chambarder Créer un profond désordre, de manière brutale et bruyante :

L'explosion a complètement chambardé l'appartement.

ORIGINE Milieu 19e siècle. Vers 1900, signifiait « tout casser ».

bouteille

une boutanche Spécialement une bouteille de vin, souvent aujourd'hui une bouteille de 75 centilitres ordinaire – car le mot sous-entend « une bonne bouteille ». D'emploi uniquement fantaisiste, et même un peu aviné :

On a descendu six boutanches à nous quatre. Pas mal !

ORIGINE 1889, mais le substantif *boutanche* était établi depuis le 17e siècle en argot pour désigner une « boutique ».

un litron Un litre, spécialement rempli de vin :

On se boirait bien un petit litron, qu'est-ce t'en dis ? – Pochtron, va !

ORIGINE Relevé par Delvau en 1867, mais le *litron* était déjà une mesure de capacité pour les matières sèches sous l'Ancien Régime, qui valait la seizième partie du boisseau.

un cadavre Une bouteille qui vient d'être vidée. Les *cadavres* n'existent qu'en relation avec ce qui a été bu dans la soirée, pendant la libation en cours ; le surlendemain, ce ne sont plus des cadavres mais de simples bouteilles vides, que l'on jette.

Regardez-moi tous ces cadavres... Vous n'avez pas honte !

ORIGINE Fin 19e siècle. Les cadavres, bouteilles vides, souvent couchées, sont les victimes du crime d'ivrognerie !

bruit

le pétard Le bruit, le tapage :

Il y a eu un pétard effroyable dans la rue pendant toute la nuit.

Faire du pétard s'emploie aussi au sens métaphorique pour « protester violemment » :

Si mon chèque n'arrive pas demain je vais aller faire du pétard !

ORIGINE Milieu 19e siècle. De *pétard*, « petite bombe qui explose en faisant du bruit ».

du ramdam Un bruit énorme :

Qu'est-ce que c'est que tout ce ramdam ? Vous avez pas fini de taper sur les bidons ? Vous êtes fous ou quoi ?

S'emploie également au sens métaphorique pour « une protestation bruyante » :

Les agriculteurs sont allés faire du ramdam à la préfecture.

ORIGINE Fin 19e siècle, mais usuel seulement après 1920. Introduit par les armées françaises d'Afrique du Nord : « De *ramadam*, à cause des réjouissances particulièrement bruyantes qui célèbrent la fin du jeûne de trente jours du ramadan » (J. Cellard, *DFNC*).

du barouf Tapage, chahut, grand bruit :

Le tonnerre faisait un barouf extraordinaire sous les voûtes du pont.

S'emploie dans le même sens métaphorique que les précédents. Plus rare.

Si j'ai pas mes indemnités je vais faire du barouf, crois-moi, je me laisserai pas faire !

ORIGINE Milieu 19e siècle, mais peu usuel avant 1914. Vieux mot méditerranéen : *baroufa*, « bruit ».

le chambard À la fois le désordre et le bruit. Peut s'employer pour le bruit venant d'une agitation. À des gens qui font la fête bruyamment :

> ***Vous en faites un chambard là-dedans, on vous entend dans tout l'immeuble !***

ORIGINE Fin 19e siècle. Étymologie obscure.

brûler

cramer Brûler, particulièrement sans produire de flammes :

> ***Le gâteau est tout cramé par en dessus***

... ou bien se consumer en noircissant :

> ***Dans l'incendie de forêt tous les pins ont cramé.***

ORIGINE 19e siècle. Mot usuel en occitan : *cramar* (du latin *cremere*).

bureau

le burlingue Le bureau où l'on travaille, surtout dans l'expression *aller au burlingue*.

> ***Il était dans son burlingue, j'ai pas osé le déranger.***

ORIGINE Début 20e siècle. Resuffixation parodique de *bureau* à consonance faussement anglo-saxonne. Cf. Hector France (1907) : « *Burlingo* ou *burlingue*, bureau. » Le mot reprenait un autre terme : *burlin*, dans l'argot des voyous du 19e siècle.

la boîte L'établissement, l'entreprise où l'on travaille :

> ***Il bosse dans une boîte d'électronique, il paraît qu'elle va fermer.***

ORIGINE Fin 19e siècle. Le mot était très usuel en 1900 : « Ce terme est employé pour désigner l'endroit où l'on travaille : pour l'ouvrier, son atelier ou son usine est une boîte ; pour l'employé c'est son magasin ou son bureau ; pour le domestique c'est la maison de ses maîtres ; pour l'écolier c'est la pension, le collège ou l'école » (H. France).

C

cacher
cadavre
café
caleçon
cambriolage
camion
campagne
caresses
chambre
chance
chapeau
chat
chaussure
chemise
cher
cheval
cheveux
chien
cigarette
cinéma
cœur
colère
colique
complaisance
comprendre
concierge
continûment
contrariant
contravention
correct
costume
cou
coups
courir
couverture
crachat
crédit
cuisine
cuisinier

cacher

planquer Cacher, dissimuler quelque chose ou quelqu'un, avec l'idée de les protéger. Très courant.

> ***Ils ont planqué tout leur pognon en Suisse, ils ne risquent rien !***
> *(mis leur argent à l'abri des enquêtes ou des dévaluations)*

> ***Georges a été déporté pour avoir planqué des juifs pendant la guerre.***

Plus ordinairement « placer », « ranger », « fourrer » :

> ***Où tu as planqué ton imperméable ? Je le trouve pas.***

■ **être planqué** Au sens propre, « être caché » :

> ***Il est planqué derrière l'arbre, regarde y a son pied qui dépasse.***

Métaphoriquement, être dans une position confortable, oisive et lucrative, alors que d'autres sont en train de trimer :

> ***Georges est planqué, il touche à rien dans son boulot sauf à sa paye !***

REMARQUE Pendant la guerre de 14-18, *les planqués* étaient les soldats occupés « à l'arrière » qui ne montaient pas au front.

■ ***se planquer*** Se cacher. Fonctionne de la même façon :

> ***Quand les flics sont arrivés, les filles se sont planquées.***

DÉRIVÉ ***une planque*** Soit une cachette…

> ***Il a trouvé une planque à Biarritz, personne n'ira le chercher là-bas.***

… soit une situation de rêve, une sinécure :

> ***Georges a trouvé une bonne planque : il va au bureau deux fois par semaine !***

ORIGINE Fin 19e siècle – mais déjà en 1790 : « se débarrasser d'un objet volé en le cachant ». Le verbe *planquer* serait un croisement de *planter* (dans l'expression *planter là*) et de *plaquer* (voir QUITTER).

cadavre

un macchabée Un cadavre. Très usuel en euphémisme pour éviter le dramatique *un mort* :

> ***Les concierges ont trouvé trois macchabées dans la chambre.***

REMARQUE Le mot fait partie du vocabulaire carabin (des étudiants en médecine) et il a été énormément diffusé par une chanson d'étudiant : « Dans un amphithéâtre *(bis)* Y avait un macchabée », etc.

DÉRIVÉ ***un macab*** Par abréviation. Mot favori des auteurs de romans policiers :

> ***Y avait un macab dans l'escalier de l'immeuble.***

ORIGINE Milieu 19e siècle, spécialement chez les mariniers : le corps d'un noyé. Le mot *macchabée* a conservé ce sens particulier jusqu'au début du 20e siècle : « spécialement cadavre de noyé » chez H. France (1907).

café

un caoua Appellation ordinaire de la boisson dans une intention volontaire de familiarité. À un garçon de café que l'on connaît bien :

Tu me sers un caoua, Daniel ?

À un ami :

Après le déjeuner il me faut mon petit caoua.

ORIGINE 19e siècle dans les troupes cantonnées au Maghreb. De l'arabe *guahwa*, « café ».

un jus Vieille désignation du café (la boisson), naguère très usuelle en milieu populaire. Semble en régression.

On prend un jus ? – Allez, paye-moi un jus, tiens !

REMARQUE La vie de caserne au début du siècle et la guerre de 14-18 ont beaucoup propagé ce mot ; la sonnerie du réveil était assimilée à l'exclamation du caporal : *au jus, là-dedans !*

ORIGINE Fin 19e siècle. Abréviation de *jus de chique*, c'est-à-dire la salive de celui qui mâche une chique de tabac (habitude fréquente au 19e siècle) dont la couleur brune est identique à celle du café. Les anciennes cafetières étaient munies d'un filtre en coton appelé

« chaussette » par analogie de forme, et l'on dit aussi *jus de chaussette* pour un café, souvent mêlé de chicorée, moins fort que le café des percolateurs.

caleçon

un calcif Un caleçon. Familier, assez usuel sauf chez les jeunes, qui ne l'emploient pas :

> ***Antoine vendait des calcifs et des chaussettes sur les marchés.***

Par une métaphore grossière et sexuelle :

> ***Il n'a rien dans le calcif.***
> *(il est lâche, « dégonflé », il manque de virilité)*

ORIGINE Guerre de 14-18. Par resuffixation fantaisiste de *caleçon*.

un calbar Un caleçon. Plus agressif que *calcif* dans les mêmes emplois :

> ***Enlève ton calbar ! On va pas te bouffer !***

DÉRIVÉ **un calbute** Terme employé par les jeunes. Resuffixation de *calbar*. Depuis 1990.

> ***Il a pété son pantalon, on voit son calbute.***

ORIGINE Années 1940. Par resuffixation argotique de *calcif*.

une bobette Un caleçon, au Québec. Usuel familier, utilisé depuis seulement trente ans environ :

J'ai sonné, il m'a ouvert en bobettes !

ORIGINE De l'anglais *to bob*, « couper court, écourter ». *Bobbed* aurait donné *bobettes* qui signifie quelque chose d'écourté. Donc, *une paire de bobettes* désigne un sous-vêtement masculin ou féminin coupé très court (*Oxford English Dictionary*, vol. I, p. 959).

cambriolage

un casse Terme usuel pour désigner un cambriolage, mais aussi une attaque à main armée :

Il y a eu un casse l'autre jour à la Caisse d'épargne, en plein après-midi.

Le mot est utilisé par les casseurs eux-mêmes, du moins dans les films et les romans policiers :

Polo, il prépare un casse, faut pas le distraire...

DÉRIVÉ **un casseur** Un voyou quelconque, aussi bien parmi les professionnels de l'attaque que chez les manifestants qui cassent les vitrines des magasins et mettent le feu aux voitures. Le mot est employé au journal télévisé :

La police a arrêté une dizaine de casseurs au cours de la manifestation.

ORIGINE Vers 1930 à Paris. Mot d'origine lyonnaise

(1899 dans G. Esnault), apocope de *cassement*. Le parler lyonnais est friand de mots en *-ment* : un *mangement* est un bon repas, un « gueuleton ».

camion

un gros-cul Un poids lourd quelconque. Le mot fait allusion à son encombrement. Très usuel.

> ***Avec tous les gros-culs sur la route, impossible de doubler, on a mis une heure de plus que prévu.***

ORIGINE Vers 1950. Par allusion transparente à la forme des camions quand on les suit !

un bahut Un gros camion de transport fermé, semi-remorque ou non. Terme des conducteurs routiers.

> ***J'ai garé mon bahut sur le parking pour aller casser une croûte.***
>
> ***Comme le dimanche ils n'ont pas le droit de rouler, le lundi t'as tous les bahuts sur les routes !***
>
> ***Si les routiers se mettent en grève, ils bloquent l'accès des villes avec leurs bahuts.***

ORIGINE Vers 1930 ou peut-être antérieurement pour des voitures de livraison à cheval. G. Esnault relève *marcher aux bahuts*, « voler des livraisons » en 1897 chez les voyous.

une semie (prononcé « s'mi » par les chauffeurs) Une semi-remorque, composée d'un « tracteur » à quatre roues, surmonté de la « cabine », et d'une remorque articulée, à deux ou trois essieux :

Quand je vais à Bordeaux j'y vais avec la semie.

Avec ma semie je charge 40 tonnes facile !

REMARQUE Les chauffeurs routiers entretiennent avec leur *semie* des rapports semblables à ceux des marins anglais avec leur navire – ils la mettent au féminin. Le public dira plutôt *un grand semi-remorque* (sous-entendu « camion ») – les routiers ont choisi de conserver le genre d'*une remorque*.

ORIGINE Vers 1950, avec la généralisation de ce genre de véhicule.

campagne

la cambrousse La campagne en tant qu'endroit perdu, ou un lieu habité malcommode et vaguement hostile. Le mot est toujours péjoratif :

Ils habitent en pleine cambrousse, loin de partout.

Comme symbole d'une mentalité ignorante et arriérée :

Lui, il est jamais sorti de sa cambrousse.
(il ne connaît rien du monde et de ses finesses, c'est un rustre, un abruti)

ORIGINE Fin 19e siècle. Auparavant (17e s.), le mot *cambrousse* désignait une « servante provinciale ». L'évolution est mal expliquée, mais le mot est ressenti comme un croisement de *campagne* et de *brousse*, peut-être par attirance de ce dernier.

caresses

peloter Caresser une fille, et plus particulièrement ses seins :

> ***Nathalie, elle se fait peloter par tout le monde !***

ORIGINE Un sens ancien vient du jeu de paume. Le verbe a succédé à *patiner*, de même sens, vers le milieu du 19e siècle.

les câlins Les caresses. Le mot, très usuel dans son emploi actuel, est d'ailleurs ambigu car il sert à désigner toutes sortes de câlins :

Ceux d'un bébé avec sa maman…

> ***Ce matin Titi a fait un gros câlin avec ses parents dans leur lit.***

… ainsi que les « câlins » plus érotiques échangés par des amants :

> ***Ce soir… on se fait un câlin ? Tu veux bien ?…***

ORIGINE Vers 1960 dans cette acception élargie.

chambre

une piaule Une chambre dans un appartement, ou une chambre indépendante dans un immeuble, mais avec l'idée d'un « logis ». Bien qu'extrêmement usuel, le mot reste à coloration très familière.

Je vais lire dans ma piaule, appelez-moi quand il y aura le film à la télé.

Jérémie loue une piaule du côté de Montparnasse.

ORIGINE Déjà en 1628, l'argot réformé connaît *piolle* au sens de « taverne », ainsi qu'en 1725 l'argot de Cartouche : « cabaret, taverne ». Le sens de « chambre » apparaît chez Vidocq en 1836. En 1900 le mot était qualifié d'« argot populacier » par H. France.

une crèche Une chambre, un domicile. Le mot semble d'un emploi moins usuel depuis le développement des *crèches* d'enfants où l'on accueille les bébés durant la journée.

J'ai envie de changer de crèche, mais c'est cher.

DÉRIVÉ ***crécher*** Habiter :

Où est-ce que tu crèches, toi ?

ORIGINE Début 20e siècle. Le mot n'a guère été en usage avant 1920 dans le monde ouvrier, où il s'est répandu.

En complément Des mots d'argot en usage dans le monde ouvrier citadin jusqu'aux années 1940 ou 50 – *la carrée*, *la cambuse* au sens de « logement » – ne semblent plus être employés.

chance

le pot La chance, dans l'expression très usuelle *avoir du pot* :

> ***Dis donc, on a eu du pot de partir avant l'orage ! Quelle averse !***
> *(ou bien : « On a eu le pot de partir avant l'orage »)*

> ***François n'a jamais de pot, il tombe toujours sur des filles complètement cinglées.***

Dans la locution *manque de pot*, « pas de chance » :

> ***Je devais partir ce matin en vacances, manque de pot ma voiture est en panne.***

Origine Années 1920. Métaphore scatologique, *le pot* étant « l'anus », mais cette origine n'est pas consciente chez les locuteurs qui ignorent ce sens pour la plupart.

le bol La chance, dans l'expression aussi très usuelle *avoir du bol*, calquée sur *avoir du pot*. Dans tous les exemples ci-dessus on peut remplacer *pot* par *bol* sans changer aucune nuance de sens.

Origine Années 1950. Le fait que *bol* soit synonyme de *pot* au sens d'anus ne semble pas avoir été déterminant dans l'étrange popularité de ce mot – c'est plutôt la plaisanterie changeant un pot (de fleurs) en bol (à déjeuner) qui paraissait drôle aux locuteurs français, ignorant dans leur quasi-totalité le sémantisme argotique « anus ».

chapeau

un galurin Un chapeau, plus particulièrement un chapeau de feutre à larges bords, ou un chapeau melon (on ne dira pas un « galurin de paille ») :

> ***Depuis qu'il a perdu ses cheveux il s'est mis à porter un galurin.***

DÉRIVÉ **un galure** Abréviation déjà courante à la fin du 19e siècle.

> ***Dis donc il te va bien, ce galure ! Où est-ce que tu l'as dégotté ?***

ORIGINE Vieux mot français demeuré en marge du parler officiel.

un bibi Un petit chapeau de femme. Le mot est peu employé, comme la chose, mais encore en usage dans un langage féminin :

> ***Et si je mets un bibi, comme ça, tu aimes ?***

ORIGINE 19e siècle. « On appelait, vers 1830, un certain petit chapeau de femme un bibi » (H. France). Le plus curieux c'est qu'en 1930 le terme était aussi très à la mode.

un bitos (prononcer «-os'») Mot humoristique pour « chapeau », presque tombé en désuétude, mais encore compris :

> ***Il a l'air con ce type avec son bitos sur les yeux.***

ORIGINE Les années 1920. Formation obscure.

chat

un greffier Un chat, dans le langage populaire. N'est plus beaucoup usité.

> ***Dis donc, il faut surveiller ton greffier, il a failli bouffer mon canari.***

REMARQUE L'image du chat a changé dans le monde actuel où il est devenu un animal de compagnie gavé de nourriture et de caresses. *Le greffier* était le chat traditionnel : voleur par nature, rôdeur, affamé, chargé de puces, dont il faut se méfier.

ORIGINE Début 19e siècle. Le rapprochement entre *le greffe* d'un tribunal, avec son *greffier*, et les griffes du chat est favorisé par l'image du juge présenté comme un « chat-fourré » (cf. La Fontaine).

chaussure

Note préliminaire Dans un monde où les gens pauvres marchaient toujours à pied, les chaussures – les souliers en particulier – ont fait l'objet d'une attention particulière, ce qui explique la variété de leurs appellations familières. À l'époque actuelle, le changement radical des habitudes et des techniques de la chaussure – l'omniprésence du type « basket » – fait que les termes familiers effacent les mots traditionnels dans le vocabulaire des jeunes. Par exemple, le mot *soulier* tend à être ignoré des enfants – qui disent « chaussures, godasses » ou utilisent le nom des marques à la mode. Au point que la célèbre chanson adressée au Père Noël : « N'oublie pas mon petit soulier » n'est plus comprise par les plus jeunes ! Le soulier est en train de devenir pour eux, à la période de Noël, un mot de conte de fées, un peu comme la fameuse pantoufle de *vair* (fourrure), liée à Cendrillon, est réinterprétée « de verre ».

une godasse Une chaussure en général. Le mot est aussi usuel que la chose.

Où tu as mis mes godasses ?

Rends-moi ma godasse ! Hé déconne pas !

Il faut que je m'achète une paire de godasses, celles-ci sont foutues.

ORIGINE Fin 19e siècle. Par resuffixation de *godillot* (voir ci-après) mais le mot n'est devenu courant qu'après 1920.

les pompes (une pompe) Les souliers de manière plus précise ou les chaussures de sport. Le mot est plus marqué en usage familier que *godasse* :

> ***T'as de jolies pompes, où tu les as achetées ?***

REMARQUE L'expression dérivée *marcher à côté de ses pompes* fournit une image absurde et plaisante pour dire « être un peu dérangé, un peu hors de la réalité, dans un rêve permanent ».

ORIGINE 19e siècle : « les souliers en mauvais état, percés, aspirant et refoulant l'eau de la route comme une pompe » (J. Cellard). « On appelle encore un soulier troué *pompe aspirante*» (H. France, 1907).

les grolles Les chaussures en général. Le terme, moins employé que les précédents, évoque plutôt des chaussures usées, voire éculées, que des chaussures en bon état :

> ***Il me reste plus qu'une vieille paire de grolles, mais je suis bien dedans.***

ORIGINE Mot venu dans l'usage après les années 1910. Étymologie obscure.

les tatanes Les chaussures. Le mot a conservé une coloration plus argotique que les précédents :

> ***Il s'est fait faucher ses tatanes à la salle de gym !***

ORIGINE Durant la guerre de 14-18. Étymologie obscure.

les godillots De grosses chaussures de marche :

> ***Tu pourras jamais courir avec ces godillots ! Prends tes baskets.***

Aïe ! Il m'a marché sur le pied avec ses gros godillots !

ORIGINE Fin 19e siècle : les brodequins réglementaires des soldats – du nom d'Alexis Godillot, fournisseur de l'armée. Cf. « Moins de cirage aux godillots, plus de savon dans les chambrées » (Séverine, v. 1890).

des croquenots Des grosses chaussures. Synonyme un peu dépréciatif de *godillots*, et d'un emploi plus rare :

Il a laissé des traces de boue sur le plancher avec ses croquenots !

ORIGINE Milieu 19e siècle. Semble avoir désigné d'abord des « souliers neufs » (qui « craquent » ou « croquent ») de toutes catégories. Cf. *Le Père Peinard*, vers 1890, à propos de chaussures militaires : « Allez donc faire avaler à un jeune bougre qu'il doit cirer la semelle de ses croquenots. »

chemise

une liquette Une chemise, aujourd'hui plus particulièrement une chemise d'homme. Usuel, sauf chez les jeunes.

Change de liquette, celle-ci est sale.

J'ai plus une seule liquette de propre !

Marie, elle donnerait sa liquette pour une tablette de chocolat !

ORIGINE 1878 (G. Esnault, qui donne pour étymologie « apocope suffixée de *limace* »). Peut-être y a-t-il à l'origine l'idée de « liquide » des grandes sueurs qui font que la chemise est « à tordre ». Cf. *Le Père Peinard* : « Ce qu'on en sue des liquettes le long des sillons ! Ah ! malheur ! »

une limace Une chemise. Le mot est encore employé (quoique souvent confondu avec « cravate » par analogie de forme).

Faut que je mette une limace, je peux pas me rendre à la réception en maillot de corps !

ORIGINE 1723 dans l'argot de Cartouche : *limasse*, venu du vieil argot *lime*, « chemise » au 16e siècle.

cher

chérot Coûteux, et même trop cher ! Vieux mot familier très employé par les jeunes :

Dis donc, les vacances d'hiver au ski, ça revient chérot !

Le cinéma, si tu y vas souvent, ça finit par être chérot.

ORIGINE 1883 (G. Esnault). Le mot a été d'un usage constant depuis dans le monde ouvrier. Il revient rajeuni sur les lèvres d'une nouvelle génération.

coûter les yeux de la tête Expression qui remonte à l'époque de la Restauration, et qui n'a rien de particulièrement osé. Est-ce encore du français familier ? La locution italienne homologue semble tout à fait admise.

> ***Les truffes, sur le marché, coûtent les yeux de la tête.***

ORIGINE Début 19e siècle. Par une hyperbole facile à comprendre.

coûter la peau des fesses Coûter extrêmement cher, valoir un prix exorbitant. Il s'agit d'un superlatif « rude » de *coûter les yeux de la tête*. Très courant depuis les années 1970.

> ***À Paris, le moindre appartement coûte la peau des fesses.***

> ***Je suis allé en vacances sur la Côte d'Azur, ça m'a coûté la peau des fesses !***

REMARQUE Une variante plus grossière, mais très courante chez les jeunes, est *coûter la peau du cul*. Il est difficile de dire laquelle est venue en premier tant ces parties-là sont proches.

ORIGINE Vers 1950. Une forme d'hyperbole baroque désignant l'extrême sacrifice : il faut s'arracher la peau pour payer. C'est probablement l'adaptation d'un occitanisme *se levar la pel*, « s'arracher la peau », faire un effort énorme, qui a pu s'introduire en français par le biais du rugby.

c'est pas donné Litote très usuelle pour dire « c'est assez cher ». S'emploie généralement au sujet de produits que l'on achète de façon courante :

Au marché Saint-Quentin, ils ont des légumes frais, des fruits d'excellente qualité, mais c'est pas donné. Les melons en saison sont hors de prix !

ORIGINE 19e siècle – ou 18e.

douiller Uniquement dans l'expression *ça douille* (« ça coûte cher »). Autrefois très courante en milieu populaire et ouvrier. Assez peu employée de nos jours.

Quand tu vas au ski, maintenant ça douille !
(les frais engendrés par un séjour aux sports d'hiver sont énormes)

ORIGINE Vers 1920. D'après *douiller*, en argot du 19e siècle « donner de l'argent » (relevé par Lorédan Larchey dès 1858).

se faire allumer Payer beaucoup trop cher un produit ou un service :

Si tu vas dans ce restaurant tu es sûr de te faire allumer !

REMARQUE *Le coup de fusil* qui sert de racine à *allumer* ne s'emploie, lui, que dans le cadre d'un restaurant, ou d'un hôtel, outrageusement onéreux. Il existait à New York, au 74 East Street, jusque vers la fin des années 1980, un restaurant français très connu et fort coté qui avait pris pour enseigne *Le Coup de fusil* et qui, paraît-il, méritait bien son nom.

ORIGINE Vers 1950. À partir de l'idée du « coup de fusil » : se faire tirer dessus. Il s'agit probablement d'une francisation de l'occitan *alumar* au sens de « faire feu ».

cheval

un bourrin Terme familier général pour un cheval quelconque. (On ne dit pas aller ou monter « à bourrin ».)

> ***J'ai acheté un bourrin pour amuser les enfants.***
> *(ou, comme on dit dans le Sud de la France : « pour faire amuser les enfants »)*

Les bourrins s'emploient familièrement pour désigner les chevaux de course :

> ***J'ai joué trois bourrins.***

ORIGINE Attesté en 1903 par G. Esnault, le mot ne s'est répandu que pendant la guerre de 14-18. À partir d'une appellation dialectale de l'âne dans l'Est et le Nord-Ouest.

un canasson Un mauvais cheval, une rosse :

> ***Qu'est-ce que c'est que ce canasson ! Il n'a jamais gagné une course.***

> ***Ils sont allés faire une randonnée dans la forêt avec des canassons.***

ORIGINE Fin 19e siècle. Dans « l'argot des cochers et des troupiers » selon Hector France, qui signale aussi le sens de « vieillard » – *un vieux canasson*, un « vieil imbécile ».

un gail Un cheval. Peu usité en dehors des champs de courses, du milieu des turfistes et aussi des « romans noirs » :

> ***J'avais tout misé sur un gail qui s'est entravé sur l'obstacle.***
> *(j'avais placé tout mon argent sur un cheval qui n'a pas passé l'obstacle)*

ORIGINE 1821. Étymologie obscure.

cheveux

les tifs Terme très usuel pour les cheveux, surtout chez les jeunes :

> ***Arrête de me tirer les tifs, tu me fais mal !***
>
> ***Il s'est fait couper les tifs, ça lui va bien. Il a l'air plus jeune.***

ORIGINE Fin 19e siècle, d'un mot dialectal *tiffer*, « coiffer ».

les douilles Mot typique du langage populaire pour les cheveux. Ne s'emploie guère que dans l'expression *se faire couper les douilles*, avec une pointe d'humour :

> ***Tiens, je vais me faire couper les douilles. – Ce sera pas du luxe !***

ORIGINE Début 19e siècle en argot, probablement par abréviation, au 18e, des *douillets*, « cheveux » (parce que les petits cheveux font très mal quand on les tire).

chien

un clebs (le « s » final se prononce et l'on dit plutôt « clèpss ») Mot familier ordinaire pour un chien, mais vu défavorablement : on ne dira pas « oh ! le joli petit clebs », sinon par ironie.

> ***D'où il sort ce clebs ? Mets-le dehors, il fouille partout.***

> ***Ils ont deux grands clebs qui aboient tout le temps.***

DÉRIVÉ ***un clébard*** Forme aggravée de *clebs* par le suffixe péjoratif *-ard*. Très usuel.

> ***T'as vu le clébard ? Il a fauché le morceau de viande !***

ORIGINE Fin 19e siècle chez les soldats d'Afrique *(cleb)* ; usuel sous la forme *clebs* depuis les années 1950 environ. De l'arabe maghrébin *kleb*.

un toutou Terme familier affectueux pour un chien, généralement de petite taille (un doberman sera difficilement appelé « toutou » sauf par des vieilles dames inconsidérément cynophiles) :

> ***Oh le joli toutou à sa mémère !***

ORIGINE 17e siècle, mot enfantin.

un cabot Terme familier un peu vieilli pour un chien, et largement remplacé par *clebs*.

Ils ont une bande de cabots de toutes les tailles, ça fait un boucan terrible chez eux.

REMARQUE Un *cabot* s'applique aussi, sans référence au chien, à un acteur vaniteux qui ne songe qu'à se faire voir – et par extension à toute personne qui cherche à attirer l'attention sur elle par des effets de paroles :

Qu'est-ce qu'il peut être cabot, ton copain !

Il s'agit là d'une apocope de *cabotin*, « acteur ».

ORIGINE Milieu 19e siècle.

un cador Un chien, dans l'ancien langage populaire parisien. Aujourd'hui compris, mais désuet, sauf chez les gens d'un âge avancé :

Tiens ! un cador !... Donne-lui un su-sucre !

ORIGINE Début 20e siècle. Origine mal élucidée – pourrait être, comme le suggère J. Cellard, un croisement de *cabot* et de *Médor*, nom de chien autrefois très usuel.

cigarette

une clope Une cigarette. Terme le plus usuel.

T'as pas une clope ? File-moi une clope, allez !...

Faut que j'aille m'acheter des clopes. Attendez-moi un moment.

Gérard fume deux paquets de clopes par jour. – C'est beaucoup !

ORIGINE Vers 1960 au féminin. Au masculin, *un clope* désignait un « mégot » (début 20e siècle, étymologie mal élucidée). La société de consommation, qui a négligé les mégots jadis récupérés par les fumeurs, a laissé ce sens se perdre.

une sèche Une cigarette. Mot un peu vieilli.

Tu me passes une sèche ? Je te la rendrai...

J'ai plus de sèches. T'aurais pas un paquet de sèches ?

ORIGINE Fin 19e siècle. «À l'origine *cigarette de manufacture* par opposition à la cigarette roulée à la main », cette dernière étant mouillée par la salive (J. Cellard). «*Griller une sèche*, argot populaire » (H. France, 1907).

une tige Une cigarette « achetée » (autrement appelée « toute cousue »). Terme qui tend à sortir de l'usage, ou tout au moins qui a un aspect démodé.

Ah ! je crois que je vais fumer une tige !

ORIGINE Vers 1950. Par une image simple sur la forme.

une taffe Une bouffée de cigarette partagée à plusieurs. On dit aussi *une biffe*.

J'ai commencé à fumer en tirant des biffes sur les cigarettes de mon copain Besson. Aujourd'hui, quand on me file une taffe, je revois Clermont-Ferrand !

ORIGINE Vers 1960. Étymologie obscure. Le mot s'est surtout répandu avec l'habitude de fumer de la marijuana en commun.

En complément *Une pipe*, expression autrefois courante pour « une cigarette » (« je vais fumer une pipe »), est à présent désuet. Voir aussi DROGUE, *un joint*.

cinéma

le cinoche Le cinéma, familièrement parlant :

> ***On est allés au cinoche hier après-midi voir un film de Ken Loach.***

Ou par métaphore *se faire du cinoche*, se faire des illusions :

> ***Arthur, avec son profil de carrière, il arrête pas de se faire du cinoche.***
> *(il rêve, il s'y croit déjà)*

ORIGINE Années 1930. Resuffixation de *cinéma* (ou de son abréviation *ciné*, un peu désuète).

se payer une toile Expression qui signifie « aller voir un film, aller au cinéma » :

> ***Tiens, et si on se payait une toile ?***

ORIGINE Années 1950. La « toile » est celle qui servait souvent d'écran dans les petites salles mal équipées.

cœur

le palpitant Mot familier et amusant pour désigner le cœur, en tant qu'organe seulement :

> ***À force de courir j'ai le palpitant qui se fatigue.***
>
> ***Quand le type a braqué son arme sur moi, j'ai eu des sueurs : j'avais le palpitant qui faisait boum-boum !***

ORIGINE Début 19e siècle dans l'argot, par une image parlante.

colère

Note préliminaire On peut considérer qu'il y a la colère extériorisée, « parlante », qui se manifeste bruyamment, et la colère rentrée, ou froide, qui se manifeste par un emportement d'hostilité sans éclats.

LA COLÈRE RENTRÉE

avoir les boules Éprouver une vive contrariété, être en colère sans le montrer. Appartient au langage des jeunes. Très usuel.

> ***Quand il m'a annoncé que j'étais viré, j'ai eu les boules, je te le dis !***

Jojo, il a vachement les boules depuis que sa meuf l'a quitté.
(depuis que sa femme, ou sa copine, l'a quitté)

DÉRIVÉ ***foutre les boules*** Mettre en colère, contrarier, énerver :

Arrête tes conneries, tu me fous les boules !

REMARQUE *Avoir les boules* et plus encore *foutre les boules* peuvent être employés comme « avoir peur » et « faire peur ».

Moi, le tonnerre, quand ça pète très fort, ça me fout les boules.

ORIGINE Vers 1980. Par réfection d'*avoir les glandes*, peut-être à cause du geste qui accompagnait cette dernière expression : deux mains arrondies près du cou comme si elles tenaient chacune une « boule » de pétanque ! Il est probable que le sémantisme des « boules » (testicules) a dû influer à partir de formules elliptiques comme « Tu nous les gonfles ! ». Enfin, le croisement fortuit avec *se mettre en boule*, « se mettre en colère », explique peut-être que l'expression ait rapidement supplanté *avoir les glandes*.

avoir les glandes Même sens, devenu beaucoup moins fréquent dans l'usage des jeunes et des moins jeunes.

Cet enfoiré m'a bousillé ma voiture ! J'ai les glandes.

ORIGINE Vers 1970-75. Par symbolisme du cou qui « gonfle » sous l'effet de la colère, à l'image des ganglions enflés par certaines maladies, les oreillons par exemple. L'expression était toujours soulignée, à son origine, par un geste évocateur et explicatif (voir *avoir les boules*, origine). Probablement sous l'influence sémantique de *gonfler*.

gonfler D'indisposer à exaspérer, en passant par fatiguer, agacer, irriter, etc. Très usuel.

> ***Arrête de me gonfler ! Je vais me mettre en colère !***
> *(de m'agacer, de me titiller)*
>
> ***Sébastien, j'aime mieux pas le voir, il me gonfle !***
> *(il m'exaspère, ou il me fatigue)*
>
> ***J'ai pas terminé mon problème, ça me gonfle !***
> *(ça m'ennuie, me fatigue)*

REMARQUE Une variante *tu me les gonfles* fait une allusion aux testicules.

DÉRIVÉ **gonflant** Fatigant, exaspérant :

> ***Ton frère, il est gonflant comme c'est pas possible !***

Un sens « amusant, drôle », d'usage occasionnel dans les années 1930-40, est totalement ignoré de nos jours.

ORIGINE Vers 1950. La personne en colère semble « enfler », peut-être à l'image d'un animal qui signale sa colère par le « gonflement » de son pelage : chien qui horripile ses poils, chat qui fait le gros dos, coq qui attaque, etc. (voir *se mettre en boule*, ci-dessus, dans *avoir les boules*, origine).

faire la gueule Bouder, prendre un air maussade, renâcler, marquer silencieusement sa réprobation, son hostilité. Très fréquent, en particulier chez les jeunes.

Denise, si tu la préviens pas de ton arrivée, elle fait la gueule.

Réponds-moi ! Tu fais la gueule ou quoi ?

Depuis qu'il m'a abîmé mon vélo, je lui fais la gueule.

S'emploie aussi réciproquement pour « être en mauvais termes, ne pas se parler » :

Georges et Nathalie se font la gueule depuis trois mois.

REMARQUE On dit aussi, mais plus rarement, *tirer la gueule*, qui exprime l'apparence d'un visage contrarié, aux traits « tirés ».

ORIGINE Fin 19e siècle. Hector France définit le sens : « Prendre des airs importants ou simplement ne pas paraître satisfait » (1907).

tirer la tronche Même chose que *faire la gueule*, surtout dans le langage des jeunes :

Joséphine, elle tire une tronche pas possible !
(elle ne parle à personne, elle a l'air triste et contrariée)

Le prof il a tiré une de ces tronches quand je lui ai dit que je revenais pas !

ORIGINE Vers 1970. Par réfection de *faire la gueule*, ou *tirer la gueule*.

faire la tête Forme adoucie, « polie », de *faire la gueule*. Appartient plutôt au langage féminin (mais pas uniquement) dans la mesure où une femme voudrait éviter de prononcer le mot *gueule*, jugé vulgaire :

Rosine me fait la tête depuis ce matin !

ORIGINE Vers 1920. Euphémisme de *faire la gueule*, peut-être sous l'influence de *faire sa fête* (aujourd'hui : « avoir mauvais caractère, être buté »). Hector France donne *faire sa tête* : « Prendre des airs importants, faire le glorieux » (1907).

LA COLÈRE EXTÉRIORISÉE

être furax Forme familière très courante d'« être furieux, furieuse ». Il s'agit généralement d'une colère exprimée par des cris :

Personne n'avait rendu sa feuille, le prof était furax !

ORIGINE Début 20e siècle. Jacques Cellard suppose avec pertinence une origine dans l'argot latinisant des collèges : « Le latin *furax*, voleur, bandit, est sans rapport étymologique avec *furieux*. Mais les deux mots sont voisins, et la finale latine se prête bien à l'expression de la colère ou de la violence » (*DFNC*).

se mettre en pétard Se mettre (ou être) en colère, avec l'idée que l'on se fâche bruyamment :

Ah mon vieux ! Sa famille s'est mise en pétard, il n'a pas pu prendre le train !

ORIGINE Vers 1920. Sous l'influence du *pétard*, « bruit, vacarme ». G. Esnault relève une chanson d'août 1830 (faisant allusion aux barricades de juillet) : « [Raguse tremblait] *devant leur pétard* », qu'il traduit par « colère », mais le sens de « bruit » paraît dominant, comme dans la dispute (bruyante) qu'il relève en 1869. De fait, *être en pétard* pour « être en colère » ne paraît pas antérieur aux années 1920. H. France ne relève pas ce sens.

pousser une gueulante (ou ***beuglante)*** Se fâcher brusquement et fort. Variante moderne et à la mode de *pousser un coup de gueule* :

> ***Là, les mômes devenaient insupportables, j'ai été obligée de pousser une gueulante !***

> ***De temps en temps le directeur pousse une beuglante, et puis il se calme et on a la paix.***

ORIGINE Années 1930. De *gueuler*, par substantivation humoristique, comme la *parlante* pour un jeu de cartes où l'on a le droit de parler, etc.

être en maudit Être en colère. Usuel au Québec, familier à très familier.

> ***Il est en maudit contre moi !***

Il existe toutes sortes de déclinaisons plus ou moins grossières et plus ou moins usuelles : *être en fusil*, *en hostie*, *en sacrament*, *en tabarnac*, *en tabarouette*, *en calvaire*, *en crisse*, *en hérode*, *en torrieu*, *en mautadimme*, etc.

colique

la chiasse Terme grossier, mais d'un usage très courant dans un contexte familier, très employé par les jeunes :

> ***Mange pas trop de prunes, ça va te donner la chiasse.***

Dans un usage métaphorique, s'emploie pour un inconvénient, un ennui, une situation catastrophique :

C'est la chiasse !... J'ai oublié mon cahier de maths à la maison.

Quelle chiasse aujourd'hui avec la grève ! On a mis des heures à rentrer.

On dit aussi *chierie* dans cet emploi figuré.

ORIGINE Le mot désigne la diarrhée dans la langue populaire depuis le 18e siècle au moins.

la courante Euphémisme du précédent, encore très usuel, principalement dans le langage des femmes :

J'ai passé une mauvaise nuit, j'avais la courante.

ORIGINE Littré cite la *courante* au 14e siècle. « De courir, soit parce que la diarrhée “court” dans les intestins sans qu'on puisse l'arrêter, soit parce qu'elle fait courir le diarrhéique vers les lieux d'aisances » (J. Cellard, *DNFC*).

complaisance

faire de la lèche Se montrer d'une complaisance excessive à l'égard d'un supérieur afin d'obtenir une faveur, par des petites prévenances obséquieuses, ou des flatteries :

Elle a fait de la lèche au patron pour passer secrétaire de direction. Ça lui a réussi !

DÉRIVÉ ***un lèche-cul*** Une personne servile et flagorneuse :

> ***Benoît c'est un vrai lèche-cul, si tu le voyais dès que le patron arrive ! J'ai horreur de ce mec !***

ORIGINE Substantivation assez récente (vers 1950) de *lécher les pieds* ou *les bottes*, bien établi au 19e siècle. Cf. « Il n'est guère de candidat qui ne s'attache à lécher les bottes de ses électeurs et ne s'offre à leur lécher au besoin le derrière » (H. France, 1907).

un fayot Un personnage trop zélé qui cherche à attirer l'amitié d'un supérieur, particulièrement dans le milieu écolier ou étudiant :

> ***Lui, c'est un fayot, toujours au premier rang à sourire au prof.***

DÉRIVÉ **fayoter** Se montrer trop complaisant :

> ***Le salaud, il fayote sans arrêt !***

ORIGINE *Fayot*, militaire trop zélé, lèche-cul. Fin 19e siècle.

putasser Se comporter avec une servilité révoltante. Sorte de superlatif vulgaire des précédents.

> ***Il est allé putasser auprès de la direction.***

ORIGINE Faire la pute, se prostituer.

comprendre

Note préliminaire Les verbes familiers signifiant « comprendre » ne s'emploient guère qu'à la forme négative. Ils ne servent, en fait, qu'à formuler l'incompréhension.

piger Comprendre, saisir intellectuellement. Familier très usuel.

> ***J'y pige que dalle à cette histoire. Explique-toi plus clairement...***
> *(je n'y comprends rien du tout)*

On dira aussi, par jeu :

> ***Est-ce que tu piges ? – Je pige !***

ORIGINE Fin 19e siècle en ce sens dans l'argot des voleurs. Cf. « Piges-tu ? Pas de braise : ceux qui ont du poignon dans les finettes [poches] peuvent décaniller » (Louise Michel, *in* H. France).

biter Argotisme de collégiens pour « piger », comprendre, surtout négativement : on ne dit pas « je bite bien » mais

> ***Je bite rien à ce problème !***

DÉRIVÉ ***imbitable*** Très usuel et familier pour « obscur, incompréhensible ».

> ***Cette prof, elle pose toujours des questions imbitables.***

ORIGINE Années 1930 chez les lycéens, par extension de *biter*, « prendre », aujourd'hui inconnu. Avec un jeu de mots salace sur *biter*, « coïter ».

entraver Comprendre. Emploi à coloration nettement argotique, mais fréquent au négatif :

> ***Je sais pas si vous comprenez ce qu'il veut dire, moi j'entrave que dalle !***

ORIGINE 18e siècle dans l'argot « classique » ; familier seulement depuis les années 1950-60. D'un vieux verbe *enterver*, « questionner ».

concierge

Note préliminaire Les concierges s'appellent aujourd'hui des gardiens et des gardiennes (d'immeuble) – les plaques ne portent plus que *Gardien*. Les intéressés eux-mêmes ressentent le mot *concierge* comme étant péjoratif, et corrigent souvent sans aménité ceux qui l'emploient devant eux. Les termes familiers traditionnels les désignant sont par conséquent en voie de disparition.

la pipelette La concierge traditionnelle, avec le sous-entendu qu'elle est une commère incorrigible, indiscrète et bavarde. Le mot est encore un peu en usage.

> ***Si tu cherches une piaule à louer dans le quartier, le mieux est que tu demandes à la pipelette : elle est au courant de tout.***

ORIGINE 1854. D'après le nom des portiers dans le roman à succès d'Eugène Sue : *Les Mystères de Paris* (1842).

la bignole La concierge, avec le sous-entendu qu'elle a l'œil à tout, qu'elle espionne. Le mot a conservé une coloration argotique :

> ***Dans certains quartiers de Paris on trouve encore quelques bignoles à l'ancienne, mais elles se font rares.***

ORIGINE Années 1920, de *bigner*, loucher, espionner.

continûment

sans débander Sans cesser, sans interrompre, en poursuivant un effort continu. Très usuel.

> ***Ils ont refait leur appartement en trois jours, mais il faut dire qu'ils ont bossé sans débander.***
> *(ils ont travaillé sans relâche)*

ORIGINE Vers 1940 au sens métaphorique. Malheureusement, l'origine de cette métaphore n'est pas convenable.

contrariant

chiant Embêtant ou extrêmement gênant. Très usuel et grossier, employé par les jeunes et les moins jeunes de tous milieux sociaux.

> ***C'est vraiment très chiant, on m'a supprimé mon permis de conduire !***
>
> ***Ta sœur, elle est chiante, elle m'a encore chouravé mon bouquin de maths !***
> *(elle m'a encore pris mon livre de mathématiques)*

ORIGINE Après 14-18, en milieu populaire.

chiatique Variante très usuelle de *chiant*, mais la suffixation « savante » en *-ique* lui ôte un peu de sa vulgarité en éloignant le vocable de la racine *chier*. L'adjectif sert de forme faible à *chiant* dans tous les cas, avec en outre le sens de malcommode, embarrassant, etc.

> ***Ces valises dans l'entrée, ça commence à devenir chiatique.***
>
> ***Elle est chiatique, ta frangine, dis-lui d'aller jouer ailleurs.***

ORIGINE Suffixation de *chiant*, vers 1950 en milieu étudiant.

c'est la chiotte Se dit d'une difficulté irritante, d'une corvée. Très usuel.

> ***Éplucher les pommes de terre, c'est la chiotte !***
>
> ***C'est la chiotte ton ordinateur, il marche quand il veut !***

ORIGINE Vers 1920, de *chiottes*, « les WC ». « Sans doute par l'intermédiaire de *la corvée de chiottes* militaire » (J. Cellard, *DFNC*). Peut-être une simple reformulation de *chiant*.

casse-couilles Exaspérant, extrêmement gênant. Forme vulgaire qui renforce le banal *casse-pieds*.

Il est casse-couilles, lui, avec sa télé à plein tube !
(le voisin m'exaspère avec sa télévision)

ORIGINE Vers 1930, et sans doute pendant 14-18.

c'est pas un cadeau Sorte de litote extrêmement usuelle voulant dire « c'est une chose ou un être indésirable, insupportable » :

Ah dis donc, le nouveau directeur, c'est pas un cadeau !
(c'est un individu au comportement difficile que personne n'est charmé de côtoyer – ou très stupide, etc.)

Ton chien c'est pas un cadeau, non plus ! Il a pissé sur mon pantalon.

ORIGINE Ne s'est diffusé que dans les années 1960.

contravention

une prune Une contravention sur une voiture, une amende relative à la circulation :

Regarde, elles t'ont mis une prune !
(à la vue du papillon sur le pare-brise)

Je roulais à 160 sur l'autoroute, y avait un radar, j'ai pris une prune.

Origine Vers 1970, probablement par extension de *prune*, « balle de pistolet », par l'intermédiaire de *se faire aligner* ; cf. *les flics l'ont aligné* : cette expression signifie aussi bien « ils lui ont tiré dessus » (avec des *prunes*, « des balles ») que, métaphoriquement, « ils lui ont collé une amende ».

se faire gauler Se faire attraper et récolter une contravention :

Si tu te gares devant l'école, à tous les coups tu vas te faire gauler par les flics.

Origine Vers 1970 dans ce sens précis. Spécialisation de *gauler*, « surprendre en faute », métaphore sur « cueillir des fruits ».

En complément Le mot *contredanse* qui désigne aussi une contravention donnée par la police pour une infraction à la circulation appartient au français à peu près conventionnel.

correct

réglo Correct, fiable, dépourvu de rouerie dans les affaires :

Fournier, il est réglo comme mec, avec lui t'auras pas d'emmerdes.
(il ne créera pas d'embûche, il tiendra ses promesses)

S'emploie aussi en abréviation de *réglementaire* :

> ***Ils m'ont fait payer une surtaxe, mais c'est pas réglo, ça !***

ORIGINE Vers 1940 dans ce sens, 14-18 dans le sens de « réglementaire » en milieu militaire. Le mot est senti comme un abrégé de *régulier*, « droit, loyal ».

costume

un costard Un costume de ville pour homme, veste et pantalon assortis, avec ou sans gilet :

> ***Il faut que je me paye un costard, j'ai absolument rien pour sortir.***

REMARQUE Le style *costard-cravate* désigne ce type de « tenue habillée » pour un homme, et par extension s'applique à des gens que leur profession d'employés ou de cadres oblige à porter des vêtements traditionnels.

> ***Dans les banques il n'y a que des costards-cravates.***

Voir aussi *tailler un costard* à DÉNIGRER.

ORIGINE Vers 1920. Resuffixation de *costume*.

cou

le kiki N'est guère employé que dans *serrer le kiki*, « étrangler », au sens crapuleux, ou par plaisanterie à propos d'un col très étroit qui serre. Le terme a aujourd'hui une consonance enfantine :

> ***Dis donc, ta chemise est trop petite pour moi, elle me serre le kiki...***

Origine 19e siècle. Peut-être « onomatopée évoquant le cri de l'oiseau qu'on étrangle » (J. Cellard, *DFNC*).

le colback Surtout employé dans *prendre au colback*, c'est-à-dire au collet – geste menaçant, ou synonyme d'arrestation. Dans ce sens :

> ***Les flics lui ont sauté sur le colback.***
> *(ils se sont emparés de lui très vite)*

Origine Fin 19e siècle. Suffixation de *col*, ou *collet*. Mais le mot a désigné, au milieu du 19e siècle, un bonnet à poil porté dans la cavalerie légère, puis un conscrit (Lorédan Larchey).

coups

Note préliminaire Sont donnés ici les « coups » en général, et les « coups de poing » plus particulièrement. Les gifles font l'objet d'une entrée distincte. Les coups de pied n'ont pas de « familiarité ».

une pêche Un coup de poing au visage. Terme familier très usuel, plus badin et moins agressif que *marron* ou que *châtaigne*, mais qui évoque tout de même une certaine vigueur :

> ***Il est allé droit sur le chauffeur de la voiture et il lui a foutu une pêche.***

REMARQUE Fait l'objet d'un verlan chez les jeunes : *ch'peu.*

ORIGINE Vers 1920. Probablement par changement de fruit, sur l'image de la châtaigne : la pêche, même avec son noyau, est moins dure que le marron !

un coup de boule Un coup de tête, sur le visage ou dans l'estomac – presque toujours employé avec le verbe *filer* :

> ***Il a filé un coup de boule au contrôleur et s'est sauvé en courant.***

un pain (ou **paing)** Le mot, usuel, désigne plutôt un coup de poing énorme et brutal donné par un homme puissant :

> ***Le routier est descendu de son camion, il lui a filé un pain sans dire un mot.***

ORIGINE Milieu 19e siècle. Probablement la « boule de pain » a donné l'image d'une grosse bosse (selon J. Cellard).

un gnon Généralement le résultat d'un coup – un « bleu », une ecchymose :

> ***J'ai un gnon sur la cuisse.***

Mais s'emploie couramment et sur un mode plaisant pour un coup de poing :

> ***Y avait des gnons qui pleuvaient partout !***

ORIGINE 1865 au sens de « coup » (Robert) – d'après le sens d'ecchymose, aphérèse d'*oignon* au 17e siècle. Le mot était très usuel à la fin du 19e siècle. Cf. « C'est 5 francs de commission que vous me devez. – Cinq gnons dans la gueule, tu veux dire » (Jean Richepin).

une châtaigne Un coup de poing. Très usuel.

> ***Il lui a filé une de ces châtaignes !***

ORIGINE Début 19e siècle. La couleur brune provoquée par l'impact d'un coup sur la figure, « œil au beurre noir », a peut-être créé l'image. Il est possible qu'il s'agisse d'une traduction de l'occitan *castanha*, de même sens – le Sud de la France est producteur de belles châtaignes.

un marron Un coup de poing. Très usuel.

> ***Si tu continues tu vas prendre un marron dans la gueule !***

ORIGINE Début 19e siècle. Il est impossible de savoir, du marron et de la châtaigne, lequel a précédé l'autre !

un coquart Résultat d'un coup de poing sur l'œil (l'œil au beurre noir) :

Tu as un beau coquart ! Ça tombe bien, la veille de ton mariage !

ORIGINE Fin 19e siècle, d'un verbe dialectal *coquer*, « donner un coup ».

une mandale Une gifle ou un coup quelconque particulièrement violent :

Fais gaffe, il va te foutre une mandale !

ORIGINE Milieu 19e siècle ; obscure.

un jeton Terme demeuré plus argotique et moins usuel que *marron* pour un coup de poing :

Marcel est amoché, il a pris quelques jetons dans la bagarre.

ORIGINE Fin 19e siècle. De *jeter*.

courir

cavaler Parmi les différentes valeurs de *cavaler* qui expriment la hâte, ou la fuite, il existe aussi le sens de courir, galoper :

Quand il a eu tourné le coin de sa rue, il s'est mis à cavaler, t'aurais dit qu'il avait le feu au cul !

REMARQUE *Cavaler* prend les valeurs métaphoriques de « courir » dans les emplois suivants : 1° avoir une vie sexuelle extraconjugale (« Marcel est un coureur » = « Marcel est un cavaleur ») ; 2° exaspérer, harceler quelqu'un (« Toi tu nous cours ! » devient « Toi tu nous cavales ! »).

ORIGINE 19e siècle. Probablement d'aller « comme un cheval », galoper.

droper Courir à toutes jambes, « piquer un sprint ». Le verbe ne paraît plus d'un usage fréquent.

Je suis fourbu ! J'ai dropé tout au long du chemin.

ORIGINE Début 20e siècle, tout à fait obscure.

couverture

une couvrante Une couverture de lit :

Qu'est-ce qu'il caille ! Il nous faudrait une autre couvrante. Décroche le rideau !

ORIGINE Début 20e siècle. Par une image limpide donnée par le verbe *couvrir*. Vers 1900, on appelait *couvrante* une casquette.

crachat

un mollard Un crachat, plutôt lourd et gros. Le mot est vulgaire et expressif, le plus souvent d'usage masculin :

> ***Il a lâché un mollard gros comme une soucoupe !***
>
> ***Beurk ! J'aime pas les huîtres, on dirait des mollards !***

DÉRIVÉ ***mollarder*** Cracher, couvrir de crachats :

> ***Les saligauds, ils ont mollardé partout sur la moquette !***

ORIGINE Milieu 19e siècle. De *mou*, « mol ». Encore peu en usage vers 1900.

un glaviot Un crachat ; quelquefois employé comme projectile – tout au moins en témoignage de haine et de mépris :

> ***Néness, pas dégonflé, il lui a filé un glaviot en pleine gueule !***

DÉRIVÉ ***glavioter***

> ***Le gros dégueulasse, il arrête pas de glavioter !***

ORIGINE Milieu 19e siècle. Le mot était usuel en 1900. Vient probablement de *claveau* (prononcé « claviau » en dialecte), nom de la maladie des moutons autrement appelée « la morve ».

crédit

une ardoise *Avoir une ardoise* : avoir un crédit dans un bar familier ou chez un commerçant. Par faute de paiement, le crédit devient dette : *on laisse une ardoise.*

> ***Frank Babylone avait toujours une ardoise dans tous les pubs d'Amsterdam. Il réglait, à la ronde, en fin de mois, quand il touchait sa paye.***

Par extension, une dette quelconque, généralement élevée :

> ***Quand l'usine a fait faillite, elle a laissé une ardoise de plusieurs millions chez les artisans de la ville.***

ORIGINE Milieu 19e siècle dans le débit de boissons – parce que les consommations à crédit étaient inscrites sur une ardoise. D'où l'expression *effacer une ardoise* : soit en payant la somme, soit en annulant la dette.

à croum À crédit. Peu usuel, le mot n'est connu, semble-t-il, que d'un nombre restreint de Français, mais il n'est pas complètement négligé.

> ***T'as pu te payer cette maison-là ? – À croum, mon vieux !***

ORIGINE Fin 19e siècle, d'un mot dialectal, *crôme.*

cuisine

Note préliminaire Il s'agit de la cuisine « que l'on mange », des « plats cuisinés », non de la nourriture en général ni du local où l'on prépare les repas (naguère appelé *la cambuse*, mais ce mot semble désuet). Naturellement, les termes qui désignent la CUISINE servent aussi plus ou moins à la NOURRITURE, et vice-versa.

la bouffe Voir NOURRITURE.

la tambouille Terme assez péjoratif, ou du moins plaisantin, pour la nourriture que l'on cuit :

> ***J'aime pas cette tambouille ! C'est pas salé, ça n'a aucun goût !***

Faire la tambouille pour « faire la cuisine » est usuel :

> ***À la maison c'est moi qui fais la tambouille tous les jours.***

> ***Je n'y vois pas très clair, je suis à l'étroit, je fais ma tambouille et je monte mon charbon !***
> *(Jehan Rictus,* Lettres à Annie, *1921)*

ORIGINE Milieu 19e siècle ; obscure. Cf. « Si en faisant la tambouille le pauvre loupiot avait laissé brûler les fayots, c'était la mode de lui faire bouffer la ration de tout le monde » (*La Sociale*, vers 1905).

le fricot Le repas préparé. Le mot évoque un plat bien mitonné :

Ce soir on a un bon fricot. – C'est quoi ? – Un ragoût d'agneau.

REMARQUE L'apocope de *fricot* a donné *le fric*, « l'argent ».

ORIGINE Milieu 19e siècle. Apocope de *fricoter,* « faire bombance » (1767, Esnault).

le frichti Mot pittoresque et usuel.

Je vous ai fait un petit frichti des familles. À table, tout le monde !

ORIGINE Début 19e siècle. Viendrait de l'allemand *Frühstück,* « petit déjeuner », par l'intermédiaire de la prononciation alsacienne du mot : « fristick ».

la tortore Mot devenu rare pour « la nourriture », avec une connotation argotique nette :

Alors ça vient la tortore ?... Qu'est-ce que tu fous, je crève la dalle !
(tu nous sers, oui ou non ?)

ORIGINE Milieu 19e siècle. Mot occitan.

le rata Terme péjoratif des casernes désignant une nourriture peu raffinée ou carrément mauvaise. Le mot évoque un ragoût, un plat en sauce :

Germaine nous a servi un rata qui n'avait aucun goût.

Le mot eut naguère une célébrité soldatesque avec ce quatrain chantonné sur le rythme de l'appel « à la soupe » (joué au clairon dans les casernes) :

C'est pas de la soupe
C'est du rata,
C'est pas d'la merde
Mais ça viendra !

ORIGINE Début 19e siècle. Abréviation de *ratatouille*, qui désigne un mélange de légumes cuits ensemble, ou un ragoût.

cuisinier

un cuistot Un cuisinier professionnel, particulièrement dans une cuisine de collectivité :

À la colonie de vacances le cuistot s'appelait Vladimir.

L'hôtel du Quercy cherche un cuistot, t'es pas libre ?

REMARQUE Le féminin *cuistote* semble inusité sauf par plaisanterie :

Je vais dire un mot à la cuistote.

ORIGINE Début 20e siècle. Par resuffixation de *cuistance*, « cuisine » à la même époque.

d

dangereux
danser
se débarrasser
se débrouiller
décision
décontracté
dénigrer
dénoncer
dent
désordre
détail
détester

difficulté
disparaître
donner
dormir
drogue

dangereux

casse-gueule Très courant dans le monde du travail pour « dangereux, plein de risques » :

Soit au sens concret :

> ***Fais gaffe, cet escalier est très casse-gueule !***
> *(il est dangereux, on risque de tomber, de se « casser la gueule »)*

Soit métaphoriquement :

> ***Tu devrais te méfier, les projets sur CD-Rom en ce moment c'est plutôt casse-gueule…***
> *(on risque de s'y ruiner)*

ORIGINE Vers 1970 pour ce sens métaphorique, vers 1940 pour le sens concret. D'après *se casser la gueule*, « tomber », courant après la guerre de 14-18.

craignos Néologisme des jeunes à la mode des années 1980 pour signifier qu'une chose comporte des risques (ou qu'elle est complètement démodée), c'est-à-dire qu'*elle craint* :

> ***Rouler les phares éteints sous la pluie en pleine nuit, c'est un peu craignos, non ?***
> *(litote pour « c'est follement dangereux »)*

> ***De toute façon ta caisse, elle est vachement craignos si tu veux mon avis…***
> *(ta voiture n'est pas très sûre)*

DÉRIVÉ ***ça craint*** C'est moche, vulgaire, bête, vieux, démodé, peu sûr, etc. Une vraie calamité : « Ça craint, la critique, l'examen ou l'analyse. » Locution des jeunes des années 1970, dont *craignos* est en fait le dérivé.

Être CRS, en 1972, ça craint !
(ce n'est pas une profession très populaire)

ORIGINE Vers 1975. Par une resuffixation argotique en *-os* de *craindre*.

danser

Note préliminaire Le fait que la jeunesse danse beaucoup moins qu'autrefois rend les termes familiers présentés ci-après d'un usage peu fréquent – les bals traditionnels se sont raréfiés.

guincher Danser. Le mot fait allusion aux bals populaires :

Le dimanche on allait guincher, à la Graffouillère.

DÉRIVÉ **un guinche** Un bal musette.

ORIGINE 19e siècle ; obscure.

gambiller Danser, se trémousser. Mot vieilli, presque désuet.

Elle est jeune, elle aime gambiller.

ORIGINE 19e siècle. Dérivé, au 17e siècle, de l'espagnol ou italien *gamba*, « jambe », au sens de secouer les jambes.

se débarrasser

bazarder Se débarrasser d'une chose qui encombre ou qui est inutile, soit en la vendant à un vil prix, soit en la jetant :

J'ai bazardé ma bagnole, je m'en servais presque pas.

Tu n'as qu'à bazarder tous ces vieux bouquins, ça te fera de la place.

ORIGINE Milieu 19e siècle au sens de « vendre à bas prix, se défaire en hâte ». Cf. « Elle vendit, bazarda d'urgence, sans pitié, fermes et domaines » (A. Cim, *Demoiselles à marier*, 1894). L'idée est de vendre au prix des bazars des choses sans grande valeur.

fourguer Se débarrasser d'un objet indésirable en persuadant quelqu'un de l'acheter :

Paul a réussi à fourguer son vieux violoncelle.
(il a réussi à le revendre à quelqu'un pour un prix modique)

Il n'a pas réussi à me fourguer son calendrier !

ORIGINE Vers 1920 (guerre de 14-18) pour ce sens dérivé de l'argot *fourguer*, vendre un objet volé à un receleur (1835).

se débrouiller

se démerder Se débrouiller, s'arranger, trouver une solution à une affaire compliquée, à une situation précisément « emmerdante », avec l'aide des amis ou sans l'aide de personne. Extrêmement usuel dans toutes les couches de la société, car aucun verbe seul en français conventionnel ne traduit ces divers emplois avec assez d'énergie. *Se débrouiller* est faible et tient lieu d'euphémisme dans la conversation familière. La connotation ordurière (« se sortir de la merde ») est présente, mais à l'arrière-plan, effacée par l'usage de tout le monde – encore que le mot soit plus employé par les hommes que par les femmes.

Si c'est comme ça, démerde-toi tout seul, moi je m'en vais !

Bon, j'irai voir la banque, j'irai voir mon oncle qui est plein de fric... Je vais bien me démerder, t'en fais pas !

Regarde-moi ce chien s'il est intelligent : j'ai fermé la porte, il s'est quand même démerdé pour sortir !

Superbe équipe ! Ils avaient tout contre eux : le vent, le public, un joueur blessé... Ils se sont démerdés pour gagner !

DÉRIVÉS :

un démerdard Un débrouillard, une personne habile à trouver des solutions à tout :

Olivier, c'est un démerdard, il finira bien par s'en sortir.

▪ ***la démerde*** Le mot est très légèrement péjoratif pour désigner l'ensemble des tactiques, des « combines » qui permettent à un individu de venir à bout des ses projets – mais *la démerde* inclut la fraude ou même le vol pur et simple :

> ***Comment tu as eu ce whisky écossais, on en trouve pas en France ? – Ah ! mon vieux, c'est la démerde !***
> *(Sens variable selon la classe sociale du démerdard : la phrase étant prononcée par un évêque – dans le privé ! – on songera à des voies ecclésiastiques et préférentielles d'approvisionnement; prononcée par un petit loubard de banlieue, il est à peu près certain qu'il a volé la bouteille !)*

ORIGINE Fin 19e siècle pour *se démerder* et pour *démerdard* – encore que ces mots ne soient situés dans l'usage familier qu'après 1920. La *démerde* est un déverbal inventé vers 1930. Une formule en usage quotidien pendant la période d'occupation 1940-44 – et pendant une dizaine d'années ensuite – ce fut *le système D*, en relation avec les approvisionnements difficiles. C'était l'abréviation polie de *système démerde*.

trouver une combine Trouver un truc, une solution à une difficulté, pratiquer un agencement particulier pour faire fonctionner un appareil, etc.

> ***Je voudrais bien trouver une combine pour gagner de l'argent sans rien faire !***
>
> ***Il faut que je trouve une combine pour réparer mon moulin à café qui est en panne.***
>
> ***À une époque, nous avions une combine pour téléphoner sans payer. Ça consistait à taper sur l'interrupteur autant de coups que l'indiquaient les***

chiffres du numéro. On obtenait la communication mais les compteurs ne l'enregistraient pas. C'était une fameuse combine ! – Oui, c'était du vol, quoi !

ORIGINE 1906 chez les voyous (G. Esnault). Par abrègement de *combinaison* ; étant donné la « profession » des utilisateurs, il s'agit probablement de la combinaison des coffres-forts, c'est-à-dire le chiffre permettant de les ouvrir !

décision

oui ou merde ? Il s'agit d'une variante un peu brutale de *oui ou non ?* lorsqu'on s'adresse à une personne indécise ou qui lambine :

Alors tu viens, oui ou merde ?

ORIGINE Probablement dans l'usage grossier dès le 19e siècle.

décontracté

peinard Tranquille, calme, sans souci. Très usuel.

Dis donc t'es peinard ici ! Personne pour t'emmerder ! Ça fait longtemps que tu habites là ?

Moi, le samedi soir, je reste chez moi, peinard ! Pas la peine d'aller me foutre dans les embouteillages.

ORIGINE Le mot est vieux (17e s.) et son sens a beaucoup fluctué. L'usage actuel date à peu près de la fin du 19e siècle, en concurrence avec d'autres emplois.

tranquillos Tranquille, sans précipitation ni inquiétude :

Le gros Joe, il s'emmerde pas, il arrive au bureau avec une heure de retard, tranquillos, personne lui dit rien !

ORIGINE Vers 1980, avec la mode des suffixations en *-os*.

pépère Tranquille, de tout repos – avec la notion d'être à l'abri, planqué, rangé des voitures :

Le vieux René, il a un boulot pépère maintenant : il enregistre les départs et les arrivées des camions.

Ah dis donc, Chantal, vous êtes rudement pépère dans cette villa !

ORIGINE Vers 1910 ; le mot s'est diffusé pendant la guerre, pourtant fort agitée, de 14-18. « Un secteur pépère », un secteur tranquille (1914 chez G. Esnault).

dénigrer

débiner Dire du mal de quelqu'un dans son dos, sans qu'il le sache :

> ***Martin n'a l'air de rien comme ça, n'empêche qu'il débine les copains au bistrot.***

ORIGINE Fin 19e siècle ; obscure. Le verbe était très employé dans le monde ouvrier avant 1950. Cf. « Elle nous débine toutes auprès de vous, et vous la croyez, vous la soutenez ! » (A. Cim, *Demoiselles à marier*, 1894).

tailler un costard Dire énormément de mal de quelqu'un en une seule fois, commenter tous ses défauts et ses travers :

> ***Dis donc, le pauvre Marcel, on lui a taillé un de ces costards, hier soir ! Les oreilles ont dû lui siffler.***

REMARQUE L'expression s'emploie aussi parfois avec le mot *costume*.

ORIGINE Vers 1950. Par métaphore de « faire un portrait », mais l'expression reprend par antiphrase une vieille locution de théâtre, *faire un costume*, qui signifiait « applaudir un artiste dès qu'il paraît sur la scène » (H. France, 1907).

dénoncer

cafter Dénoncer, rapporter une information qui devait être tenue secrète. Très fréquent en termes d'écolier :

> ***Ce con, il est allé cafter au prof. Il nous a filé une heure de colle.***
>
> ***Qui c'est qui a cafté ?***

DÉRIVÉ **un cafteur** Celui qui dénonce une bêtise au professeur. Les élèves scandent :

> ***Cafteur !... Cafteur !...***

ORIGINE 1900, *cafeter*, dans l'argot des écoliers. Réfection probable de *cafarder*.

cafarder Dénoncer, moucharder. Terme d'écoliers le plus fréquent jusqu'aux années 1970 où son homologue *cafter* a pris le dessus.

> ***Méfie-toi de Ginette, elle cafarde !***
> *(elle rapporte tout ce qu'on dit à la maîtresse)*

ORIGINE Milieu 19e siècle. De *cafard*, « mouchard, délateur » : « Le délateur, ou le simple indiscret qui s'intéresse trop à la conduite d'autrui, est dit "fouille-merde", d'un des noms populaires du *cafard*, insecte bousier » (G. Esnault).

moucharder Dénoncer. Le terme le plus fréquent jusqu'aux années 1940-50. Il semble en nette régression au profit des deux autres.

Quand les voisins ont appris que Paulot se cachait dans le garage, ils sont allés moucharder à la gendarmerie.

ORIGINE Milieu 19e siècle dans cet emploi. D'un vieux mot, *mouche*, « espion, traître », dès le 16e siècle.

dent

les quenottes Terme enfantin d'usage courant pour les dents :

Oh, il a une quenotte qui pousse !

Fais voir tes petites quenottes...

ORIGINE Milieu 17e siècle. Mot du dialecte normand passé dans la langue commune.

les ratiches D'usage peu fréquent, mais le mot, d'un emploi toujours ironique, ou plaisantin, est connu de tout le monde :

T'as vu le mec, il lui manque trois ou quatre ratiches devant, quand il sourit c'est Frankenstein !

ORIGINE Milieu 20e siècle ; obscure.

En complément Les dents gâtées ou les morceaux de dents brisées qui restent sur la mâchoire s'appellent des *chicots*. Le mot n'est pas familier en lui-même.

désordre

Note préliminaire La notion de désordre, de pagaille, est extrêmement productrice de termes familiers, tous péjoratifs, et tous très usuels, dont la fréquence dépend surtout des habitudes et des préférences de chacun.

le bordel Le désordre le plus inextricable. Terme d'une certaine verdeur.

> ***Vous avez foutu un bordel incroyable dans la cuisine, tout est sens dessus dessous.***
>
> ***Plus personne veut rien foutre dans l'entreprise, tout le monde s'engueule, c'est le bordel intégral.***

DÉRIVÉ ***bordélique*** Désordonné. Se dit d'une personne mal organisée, ou qui n'a aucun sens du rangement :

> ***Philippe est assez bordélique, mais il s'en sort tout de même très bien.***

Le mot, créé dans les années 1950, est une parodie des adjectifs savants en *-ique*.

ORIGINE Vers 1910 au sens de « désordre ». Extension du sens conventionnel « maison de prostitution ».

le foutoir Exprime une idée de « fouillis » dont le mot semble s'inspirer :

> ***C'est incroyable le foutoir que c'est sa chambre ! Une truie n'y retrouverait pas ses petits...***

ORIGINE Vers 1950. De l'équivalence *foutoir* = *bordel*, mais le mot a été ressenti à l'origine comme une resuffixation de *fouillis*.

le merdier Une situation inextricable et déplaisante. Terme assez grossier.

> ***Si Natacha n'arrive pas assez tôt pour le mariage, nous serons dans un beau merdier.***
>
> ***J'ai perdu les clefs de l'appartement et la concierge est en vacances, c'est le merdier total !***

Au sens de pagaille épouvantable :

> ***Vous allez me ranger tout ce merdier dans votre chambre tout de suite !***

DÉRIVÉ ***merdique*** Sous l'influence de *bordélique*, variante à consonance « savante » dans les années 1960 de *merdeux* : minable, laid, sans réel intérêt.

> ***On a vu un film merdique, hier soir :*** **Western...**
>
> ***Georges a un boulot merdique qu'il veut essayer de quitter.***

ORIGINE Vers 1930 (G. Esnault ne l'enregistre qu'en 1951). Variation sur *être dans la merde*, dans une mauvaise posture.

le boxon Le désordre :

> ***Qu'est-ce que vous foutez dans cette classe ? C'est le boxon ici.***

ORIGINE Années 1940. De l'équivalence avec *bordel* au sens propre.

le bazar La pagaille. Le mot est ressenti comme un euphémisme de *bordel*. Il est d'un usage féminin très courant.

Vous allez ranger tout ce bazar dans vos placards !

Origine Vers 1920. Par équivalence de *bordel*, renforcée par l'idée d'un magasin où l'on vend de tout.

le souk La pagaille. Usuel.

La chatte m'a foutu le souk dans mes affaires.

Origine Vers 1960. Par variation « arabisante » de *bazar* et allusion au désordre apparent d'un *souk*, « marché » en Afrique du Nord.

le bin's La pagaille. Le mot est ressenti comme un euphémisme de *bordel* et il est employé comme tel par les femmes ou les gens qui répugnent à prononcer des mots grossiers :

Excusez le désordre, les enfants ont mis le bin's dans le salon.

Origine Vers 1960 dans ce sens. L'histoire de ce vocable est curieuse. Créé dans l'armée comme une parodie d'anglicisme vers 1880 (G. Esnault le relève chez les artilleurs en 1893), il désignait les latrines, par troncation drolatique de « ca*bin*ets ». On retrouve *bin's* dans les années 1950 chez les élèves officiers au sens de « travail pénible, merdier ».

détail

pinailler S'arrêter à des détails infimes et inutiles. Le verbe est d'un usage très fréquent.

Qu'est-ce que tu pinailles ! On va pas compter les clous de la porte !

Se complaire à des arguties, « ergoter sur des vétilles » :

On va pas pinailler à 10 francs près : mettons 500 francs et c'est marre !

Dans ce sens, *pinailler* a pris la place de *chicaner* jadis usuel dans le langage populaire.

DÉRIVÉS :

- ***le pinaillage*** Le fait de pinailler :

  Tout ça c'est du pinaillage !
  (ce sont des futilités, des arguments oiseux)

- ***un pinailleur*** Un tatillon, un argumentateur :

  Paul est un pinailleur, il discuterait toute la nuit pour trois fois rien !

ORIGINE Années 1930 dans un registre vulgaire, voire grossier, où le sens premier et sexuel (« baisouiller »), ainsi que la racine *pine* (sexe masculin), étaient présents et conscients. Le mot s'est édulcoré en devenant usuel dans un public plus large à partir des années 1950, jusqu'à avoir perdu tout du souvenir de ses origines grivoises.

détester

ne pas pouvoir sentir Détester franchement, éprouver une aversion instinctive et irraisonnée, avoir horreur. Très usuel.

> ***Je ne peux pas sentir ma belle-sœur, c'est une vraie peste !***

S'emploie aussi bien à l'égard des animaux que des choses :

> ***Ma sœur ne peut pas sentir les chats, elle est carrément allergique.***

> ***Je peux pas sentir la choucroute, j'en ai horreur !***

ORIGINE Très ancienne, peut-être 17e siècle. De l'aversion élémentaire que peut induire une odeur.

ne pas pouvoir sacquer Détester, éprouver une aversion épidermique à l'égard de quelqu'un. Très usuel chez les jeunes.

> ***Moi, je peux pas sacquer ce prof ! T'as vu sa tête ?***

> ***La mère de Michel, elle peut pas me sacquer. Chaque fois que je vais chez lui j'ai droit à des réflexions, genre : « Tiens, tu reviens déjà !... » Sympa !***

S'emploie aussi à l'égard des choses :

> ***Moi, c'est simple, je peux pas sacquer le riz !***

ORIGINE 1919 (G. Esnault écrit *saquer* : « Le paysan meusien [saturé de troupes depuis quatre ans] peut plus nous saquer » – propos de soldat). La métaphore est : « mettre dans son sac ».

ne pas pouvoir blairer Ne pas pouvoir « sentir », en version argotique. Usuel.

Georges, il peut pas me blairer, chaque fois qu'il me voit il m'engueule.

Dans un registre plus nettement argotique, avec le verbe seul – plus rare également :

J'blaire pas les escargots !

REMARQUE Il semble que la tournure soit inusitée à la première personne : « Nous ne pouvons pas blairer... » paraît incongru.

ORIGINE 1914 chez G. Esnault. De *blair*, « le nez » (fin 19e s.), apocope de *blaireau*, même sens, 1832 (le blaireau a un long nez). Hector France relève *avoir dans le blair* : « Il y a longtemps que je t'ai dans le blair » (1907).

ne pas pouvoir piffer (on entend aussi ***piffrer***) Même sens que les précédents dans un registre équivalent. Très usuel.

Le chef d'équipe pouvait pas le piffer, il a fini par le renvoyer.

REMARQUE On dit aussi, dans un registre légèrement plus « vulgaire » : *avoir quelqu'un dans le pif* (forme argotique d'*avoir quelqu'un dans le nez*).

Le sergent nous avait méchamment dans le pif, il arrêtait pas de nous filer des corvées.

ORIGINE G. Esnault relève *avoir dans le pif*, « détester », chez les bagnards en 1821. Cependant, *piffer* ne semble pas être passé dans le registre familier-populaire avant la période de la guerre de 14-18.

ne pas pouvoir encadrer Ne pas supporter. Surtout dans un langage de femmes qui évite les autres formules plus grossières.

> ***Ah ! Rossignol, m'en parle pas ! Lui, je peux pas l'encadrer !***

REMARQUE L'expression à peine familière *je ne peux pas le voir en peinture* (c'est-à-dire : « même son portrait m'indisposerait au plus haut point ») est toujours usitée, et signale une haine irréductible.

> ***N'invite surtout pas Odile, ma cousine peut pas la voir en peinture !***

ORIGINE Vers 1920. Hector France relève : « *Bon à encadrer*, se dit ironiquement d'une personne ridicule que l'on considère comme devant être exposée aux passants pour les faire rire » (1907). *Ne pas pouvoir encadrer* en constituerait un superlatif dans l'aversion, avec l'influence de *ne pas pouvoir voir en peinture*, « éprouver une véritable répulsion ».

ne pas pouvoir encaisser Ne pas supporter. Formulation fréquente pour une aversion tenace. *Encaisser* est l'équivalent d'*encadrer*, mais en un peu plus vigoureux, et plus fréquent de nos jours.

> ***Ta tante, elle m'emmerde ! C'est bien simple, moi je peux pas l'encaisser !***

ORIGINE Vers 1920. À partir du sens d'*encaisser*, « supporter, avaler » (fin 19e s.). Cf. H. France :

« *Encaisser un soufflet*, recevoir une gifle sans la rendre » (1907).

débecter Surtout dans la formule *ça me débecte* (« ça me dégoûte »), autrefois courante, moins usitée aujourd'hui. Le mot a conservé de son origine une connotation de dégoût :

> ***Moi je vote plus ! Toutes leurs salades politiques et leurs promesses en l'air, ça me débecte !***
> *(ça m'écœure, ça me dégoûte)*

Se dit également d'une personne :

> ***Lulu, c'est un combinard, un profiteur, et en plus faux-cul ! Il me débecte.***

ORIGINE Vers 1920. À partir du sens concret de *débecter* : « vomir » (fin 19e s.) – sortir du bec.

à gerber À vomir. Locution moderne omniprésente chez les jeunes où elle tend à remplacer toutes les autres :

> ***Ouais, il est à gerber, c'mec !***
> *(ce garçon me dégoûte totalement, je n'aime pas du tout ses manières)*

> ***La façon qu'il parle, comment il bouffe et tout – c'est à gerber !***
> *(il a des manières haïssables)*

ORIGINE Vers 1980. À partir de *ça m'fout la gerbe*, « ça m'écœure complètement » – de *gerber*, « vomir », devenu usuel chez les jeunes dans les années 1970.

difficulté

une salade Une situation embrouillée, compliquée, déplaisante. Terme usuel dans tous les milieux, à peine familier.

> ***Dis à ta sœur d'arrêter ses salades, sans quoi je ne viens plus vous voir !***

ORIGINE Milieu 20ᵉ siècle. Probablement de *brouiller les cartes*, les battre pour empêcher que le jeu ne soit truqué, ce qui se disait vers 1905 *salader*. L'idée du « mélange » est dominante.

la galère (ou ***les galères)*** Désigne les difficultés de toutes sortes. C'est le mot vedette de la jeunesse depuis les années 1980 :

> **Côté boulot, Sandrine, elle est dans les galères.**
> *(elle passe d'un travail mal payé à un autre – ou bien elle n'arrive pas à trouver du travail)*

On dit *c'est la galère* à propos de n'importe quoi, action ou situation difficile ou pénible. S'emploie également en adjectif : *c'est galère* – également à tout propos.

> ***Les cours de maths c'est galère.***

> ***Je veux pas travailler à la Poste, c'est trop galère.***

REMARQUE Il est assez remarquable, sociologiquement parlant, que ce mot qui symbolise la condition la plus dure et la plus cruelle à laquelle les hommes aient été soumis – celle du galérien – soit venu en usage précisément au moment où les conditions de vie matérielle et de travail ont été les plus douces et les plus bénignes de toute l'histoire de l'humanité. Comme si tant d'aimables conditions offertes provoquaient une énorme frustration de lutte dans la jeunesse française, qui lui fait adopter, au plan symbolique, le mot de la plus extrême dureté pour la moindre vétille.

DÉRIVÉ **galérer** Ce verbe nouveau s'emploie lui aussi à toutes les sauces depuis 1985 environ :

> ***Maintenant, avec la nouvelle organisation de sa boîte, Gérard galère vachement.***
> *(il a davantage de travail, de soucis, etc.)*

> ***Géraldine, elle galère comme une malade avec son mec.***

ORIGINE Vers 1982. Usage rénové par une mode soudaine du vieux mot conventionnel, *la galère des forçats*. L'exclamation familière tirée des *Fourberies de Scapin*, de Molière, et rabâchée dans les classes de français : « Qu'allait-il faire dans cette galère ? » a pu prendre tout à coup une expansion imprévue chez les jeunes.

bataille r Devoir surmonter des difficultés importantes pour arriver au but :

> ***J'ai bataillé pour ouvrir la fenêtre, elle était coincée.***
> *(j'ai eu beaucoup de mal à l'ouvrir)*

Le mot est moins usuel de nos jours que naguère car les jeunes générations utilisent *galérer* dans le même sens.

> ***Il faut batailler pour gagner sa vie !***

Origine Le 19e siècle au moins dans un registre populaire. Le mot s'emploie également en occitan : *batalhar*. Il s'agit probablement d'une extension d'un emploi maritime : « Batailler, lutter contre le vent, contre la mer ou le courant » (Littré).

tomber sur un os Rencontrer une difficulté imprévue et souvent insurmontable :

> ***Georges croyait pouvoir acheter la maison du retraité pour un prix ridicule, mais il est tombé sur un os.***

On dit couramment *il y a un os* :

> ***Je voulais partir ce matin mais il y a un os : ma voiture n'est pas prête !***

Origine Début 20e siècle. Probablement du dîneur qui rencontre un os dans sa viande. H. France cite un dicton en usage vers 1900 : « *Pas de viande sans os*, point de joie sans mélange. »

être dans la merde Être dans des difficultés énormes, en particulier financières. Expression grossière mais très courante.

> ***S'il n'arrive pas à retrouver du travail, il est dans la merde.***

Un augmentatif usuel est *être dans une merde noire* :

> ***J'ai plus de boulot, plus d'appartement, je suis dans une merde noire.***

Origine 19e siècle. Métaphore scatologique évidente.

une chierie Un sérieux ennui, une situation embrouillée et qui n'en finit pas. S'emploie sous forme exclamative. Peu usuel.

Quelle chierie ! J'en ai marre de ce boulot de merde !

Lorsqu'il survient une complication imprévue au cours d'un travail, d'un voyage, etc. :

C'est la chierie complète ! Ils me disent que mon billet n'est plus valable, je sais plus ce que j'ai foutu de ma valise, bref c'est la merde !

ORIGINE Milieu 19e siècle dans ce contexte ordurier – quelque chose qui « fait chier ».

un sac de nœuds Une situation complexe, créée par plusieurs difficultés cachées qu'il va falloir démêler une à une :

Quand Jacques a racheté cette entreprise de vitrerie, il s'est aperçu que c'était un vrai sac de nœuds.

ORIGINE Années 1940. Probablement sur l'image de ficelles ou de cordages emmêlés, qui « font des nœuds ».

une couille Une difficulté soudaine, imprévue et mal identifiée ; surtout dans la locution *il y a une couille.* Du registre grossier mais très usuel.

La télé ne marche pas, il doit y avoir une couille dans l'antenne.

Se dit aussi d'une erreur :

J'ai fait une couille dans mon addition.

ORIGINE Milieu 20e siècle dans ce sens. Il s'agit peut-être de l'évolution du sens « chose misérable et sans valeur » qui apparaît à la fin du 19e siècle. On relève chez *Le Père Peinard*, en 1894 : *c'est de la couille en bâton* – qui est une parodie sarcastique de *c'est de l'or en barre*. La teneur obscène (les *couilles* sont les testicules) a longtemps écarté le mot de l'écrit, ce qui rend son étude malaisée; cependant une hypothèse amusante est que l'acception particulière d'« erreur » ait pris naissance chez les typographes où une *coquille* est une erreur typographique – or si la lettre « q » vient à manquer dans le mot, cela donne une *couille*.

duraille Difficile, compliqué. Mot à consonance argotique passé dans le registre familier courant :

> ***Ce problème d'algèbre, il est vachement duraille !***
>
> ***Pour sortir avant l'heure, ça va être duraille, c'est moi qui te le dis !***

ORIGINE Début 19e siècle. En 1900, une *duraille* est une pierre. De *dur*, avec suffixation.

coton Surtout dans l'expression *c'est coton*, « c'est difficile » :

> ***Traduire du français en estonien, c'est assez coton, mais l'inverse aussi !***

ORIGINE Fin 19e siècle. H. France donne vers 1905 : « *Avoir du coton*, avoir fort à faire, travailler dur. »

un pépin Un ennui quelconque, mais particulièrement mécanique.

> ***Ils ont eu un pépin avec leur voiture en venant.***
> *(une panne, généralement légère)*

ORIGINE Années 1920. G. Esnault signale *pépin* pour « avarie survenant à une machine » chez les marins en 1897, mais le mot n'était pas en usage courant avant 14-18.

une embrouille Une difficulté, une situation confuse qui gêne la réalisation d'un projet quelconque. Très usuel.

> ***Charles, partout où il passe, il crée des embrouilles.***

On dit aussi *un sac d'embrouilles*, « une affaire indémêlable ».

REMARQUE Les jeunes emploient également ce mot dans le sens de « querelle », de « brouille ».

ORIGINE Milieu 20e siècle. Au 19e siècle, et encore dans la première moitié du 20e, une expression courante était : *Ni vu ni connu, j't'embrouille !*

la mélasse *Être dans la mélasse*, « se trouver dans une situation embarrassante », est un euphémisme courant pour *être dans la merde* :

> ***Ah là là ! Si ça continue on va se retrouver dans la mélasse.***

ORIGINE Vers 1880 au sens de « misère », vers 1920 pour les difficultés. H. France fait cette distinction en 1907 : « Dans la mélasse on est englué, dans la panade on est affadi, dans la limonade on est noyé. »

tomber sur un bec Rencontrer une difficulté ou une déception importante. Jadis très usuelle, l'expression est moins courante aujourd'hui, remplacée par *tomber sur un os* :

Ils sont arrivés tout contents à Libourne, mais ils sont tombés sur un bec : l'hôtel était fermé depuis huit jours.

ORIGINE Vers 1920. Par abréviation de *tomber sur un bec de gaz*, un « agent de police » en argot (fin 19e s.).

c'est pas de la tarte Par litote : « c'est très difficile, dangereux », etc.

Rentrer dans un appartement par la fenêtre du quatrième étage, je t'assure que c'est pas de la tarte !

ORIGINE Vers 1960. Négation de *c'est de la tarte*, « se dit d'une chose agréable, d'une affaire fructueuse et facile – malfaiteurs 1950» (Esnault).

disparaître

passer à l'as Se dit d'une chose qui disparaît alors qu'elle était là – qui a été subtilisée :

J'avais quelques économies, mais avec mon accident elles ont vite passé à l'as !
(elles se sont envolées, elles ont fondu)

Ou d'une chose attendue, promise :

Mon cadeau est passé à l'as !
(il ne m'a pas été donné)

ORIGINE Fin 19e siècle; obscure. On peut penser à l'as d'un jeu de cartes, mais ce n'est pas entièrement probant. H. France donne vers 1905 «*passer à l'as*, être pris », qui semble plus pertinent, mais ne fait que repousser le problème.

passer au bleu Se dit d'une chose qu'on attendait, qu'on espérait, et qui ne s'est pas réalisée :

> ***Le gouvernement avait promis d'augmenter les fonctionnaires, mais leur augmentation est passée au bleu...***
> *(il n'en a plus été question)*

ORIGINE Fin 19e siècle ; obscure. Peut-être une allusion au « bleu » utilisé jadis dans l'eau de rinçage d'une lessive pour faire disparaître les dernières taches.

donner

filer Donner quelque chose. Mot très usuel mais typiquement du registre familier.

> ***File-moi mon chapeau. File-moi les clés de la bagnole. File-lui 100 balles, etc.***

> ***Jean-Jacques m'a filé un coup de pied !***

ORIGINE Années 1920 au sens familier. Auparavant, le verbe appartenait à l'argot caractérisé, par évolution de « lâcher avec méthode » (G. Esnault) au 18e siècle (*on file un câble*, « on le dévide méthodiquement »). Cf. *filer une raclée*, « rosser quelqu'un ».

refiler Donner, passer, transmettre :

Il m'a refilé son rhume !

Tu pourrais pas nous refiler ton vélo puisque tu t'en sers plus ?

ORIGINE La même que pour *filer.* Au début du 20e siècle, le mot était encore très argotique.

dormir

pioncer D'usage fréquent pour « dormir » ; n'a plus aujourd'hui de coloration argotique ; « le mot a eu sa vague bourgeoise » (Cellard) dans le sillage de la Première Guerre mondiale – on le trouve notamment chez Proust.

Ah tu te fous de moi !… Je lui avais recommandé d'arriver à l'heure, et monsieur pionce !

ORIGINE Au 19e siècle, probablement dérivé, comme *pieu*, de *piausser*, ou dormir dans des *piaux* (peaux, fourrures).

roupiller Terme familier le plus ordinaire pour « dormir ». Le mot suggère l'idée d'un sommeil long et profond :

Ah qu'est-ce que j'ai pu roupiller ! Il est 10 heures.

DÉRIVÉ **un roupillon** Un somme, une sieste, dans l'usage « faire un petit roupillon » :

Tiens, en attendant, je vais faire un petit roupillon !

ORIGINE Déjà dans l'usage populaire à Paris au milieu du 18e siècle. Pourrait venir de la *roupille* ou cape de style espagnol dont les cochers, les soldats, s'enveloppaient pour « piquer un somme » – mais cette origine n'est pas certaine.

en écraser Appartient au registre familier burlesque, fréquent pour évoquer une personne profondément endormie, que rien ne saurait déranger, et qui généralement – mais pas obligatoirement – ronfle très fort :

> ***Écoutez-moi ça : qu'est-ce qu'il en écrase, Bernard ! Il y va de bon cœur.***

ORIGINE Au 20e siècle, probablement l'image d'un moulin qui broie quelque chose, qui moud du grain, évoqué par le ronflement – cf. *ronfler comme une toupie* – mais cette explication demeure hypothétique.

drogue

Note préliminaire Les termes désignant de manière plus ou moins secrète et spécialisée les différentes drogues sont infiniment nombreux ; nous n'avons pas à les passer en revue ici, d'autant que ces mots changent parfois très vite. Contentons-nous de quelques termes que tout le monde connaît et qui appartiennent au registre familier courant.

l'herbe Désigne le cannabis (haschisch ou marijuana) :

> ***Ils ont commencé à fumer de l'herbe à quinze ans !***

Origine Vers 1960, par euphémisme. Il s'agit en effet d'une herbe qui pourrait être « médicinale ».

un joint Une cigarette de haschisch :

> ***Viens, on va se fumer un joint, tranquille.***
>
> ***Ils passaient leur temps à fumer des joints dans leur chambre.***

Origine Vers 1966-68 en France. C'est le mot anglais *joint*, de même sens.

un pétard Une cigarette de haschisch. Plus usuel chez les jeunes que *joint* qui appartient à la génération précédente.

> ***Hier soir on s'est fumé un pétard d'enfer !***

Origine Vers 1975. Par une métaphore mal définie. « Allumer un pétard » chez des jeunes de 15 ans faisait-il l'effet d'une « bombe » ? L'emploi de *s'éclater*, « s'amuser follement », semble être venu en même temps que l'usage du *pétard*.

e

eau
échec
effet
effort
effronté
emprisonner
enceinte
enfant
engager
s'ennuyer
erreur
estomac

exagérer
exaspérer
exclamation
exclure
excréments

eau

la flotte Le plus ordinaire des termes familiers pour désigner l'eau, et par extension la pluie. Mot très courant dans toutes les couches de la société.

> ***Je boirais bien un verre de flotte.***
>
> ***Il est tombé beaucoup de flotte cette nuit.***

Se dit aussi d'un liquide fade, ou faiblement dosé en alcool :

> ***Qu'est-ce que c'est que cette sauce ? Mais c'est de la flotte !***
>
> ***Je sais pas d'où sort ce whisky, on dirait de la flotte.***

DÉRIVÉ ***flotter*** Pleuvoir :

> ***Prends ton imper, Ginette, il risque de flotter cet après-midi.***

ORIGINE Vient probablement d'un vieux mot, *flottes*, désignant une inondation (17e s.), et semble sans rapport avec son homonyme *flotte*, « réunion de navires ». D'abord « étendue d'eau » – identifié dans ce sens vers 1880 – le mot ne s'est répandu qu'après 1910 dans le langage quotidien.

la baille Mot plus rare et plus spécialisé : il s'agit uniquement de l'eau dans laquelle on se baigne ou on tombe : la mer, la rivière, la piscine – on ne peut pas boire un « verre de baille », le mot serait incompris d'un Français dans ce contexte.

> ***Viens, Polo, on va à la baille.***

Ils ont dérapé dans un virage et se sont foutus à la baille.

ORIGINE Un mot maritime désignant un seau – sur les anciens navires, la *baille* était un baquet servant à nettoyer le pont. Par métonymie, a désigné la mer elle-même (1767, G. Esnault), puis toute étendue d'eau.

saucer Pleuvoir. *La sauce* désigne parfois une forte pluie.

Il va saucer cet après-midi !
(il va pleuvoir à verse)

Je reviens du marché, je me suis fait saucer !
(je suis entièrement trempé par l'averse)

En complément Le vieux mot d'argot classique *lance*, pour l'eau (dès 1725 chez Cartouche, et encore dans Céline en 1937), n'est plus employé ni même compris de nos jours. Il avait donné *lancequiner*, pleuvoir, également obsolète, et *chaude-lance*, qui désignait une maladie vénérienne, la « blennorragie ».

échec

Note préliminaire Cette entrée comprend la notion d'échec et l'idée de « rater » quelque chose, qui sont indissociables.

c'est foutu La chose est manquée, elle ne se réalisera pas. *Foutu* est un mot polyvalent d'une extrême fréquence dans le langage familier.

Quand j'ai vu arriver François-Pierre j'ai senti que la soirée était foutue...
(la bonne ambiance n'allait pas durer, la soirée serait gâchée)

Regarde, mon blouson est foutu ; il l'a brûlé avec sa cigarette, l'autre connard !

ORIGINE 18e siècle. Le mot a appartenu pendant deux siècles au langage populaire grossier et violent. Du verbe *foutre* dans son acception obscène : « coïter » (qui n'est plus ressentie ou même connue aujourd'hui par l'ensemble des Français).

le bide L'échec complet, d'abord dans le domaine du spectacle :

Le dernier film de Machinberg a fait un bide retentissant.
(il a connu un échec surprenant, étonnant, alors qu'il avait suscité les plus grands espoirs)

Dans n'importe quel autre domaine par extension :

Je suis allé voir le directeur pour lui présenter mon projet : le bide intégral !
(ça ne l'a pas intéressé du tout)

ORIGINE Années 1950 dans le registre familier usuel, et plus tôt dans l'argot des comédiens. Évolution probable d'une locution du 19e siècle dans le même sens qui était *partir sur le ventre*. Cf. *ramasser un bidon*, « partir », en 1836 (voir PARTIR, « En complément »).

c'est râpé C'est un échec, c'est foutu. Emploi fréquent.

Dis donc, le voyage en Chine pour le mois d'octobre... Eh bien c'est râpé ! Les crédits ont été refusés.
(le projet « tombe à l'eau »)

ORIGINE Début 20e siècle. Il est probable qu'il s'agit d'un dérivé d'*une râpée*, « un coït » (attesté début 20e s.), dans le langage populaire, par l'équivalence de *c'est foutu / c'est râpé*. La proximité sonore de *râpé* et de *raté* a dû influer.

la tasse L'échec, dans un registre familier-argotique. Peu fréquent, en synonyme de *le bide*.

> ***J'ai tout essayé pour le dérider : la tasse !***
> *(j'ai tenté de l'égayer sans y parvenir)*

ORIGINE Années 1960. Par antiphrase de « bonheur, réussite » ; en effet, *la tasse* était probablement une variante de « pot, bol » au sens de « chance ».

IDÉE DE RATER

louper Manquer, rater. Très usuel et à peine familier.

> ***Jean-Jacques vient de téléphoner : il a loupé le train.***

> ***J'ai loupé l'émission sur les chiens à la télé.***

> ***Elle a loupé son examen.***
> *(elle l'a raté, elle n'a pas été reçue)*

ORIGINE Vers 1910. Probablement de *louper* en langage populaire vers 1900 : « Flâner, courir les cabarets, les bals publics, au lieu d'aller à l'atelier » (H. France).

foirer Manquer, rater – au sens concret d'une vis qui « foire », qui tourne dans le vide sans se bloquer. Au sens abstrait, on le dit d'un projet, d'une affaire, etc., qui échoue :

Nous avions préparé un échange avec une classe en Angleterre, mais ça a foiré pour des questions d'autorisation administrative.

DÉRIVÉ ***foireux*** Pas sûr, ambigu, pas net :

C'est foireux comme projet, j'y crois pas cinq minutes.

ORIGINE Années 1910 dans ce sens. Vient d'une longue évolution du sens premier « avoir la colique » au 16e siècle pour « avoir peur ».

chier dans la colle Faire échouer un projet par défection, maladresse, peur, etc.

Tout allait bien, et puis voilà que Bertrand a chié dans la colle !
(il a laissé tomber, ou il a commis une faute qui a tout fait rater)

ORIGINE Vers les années 1920. Par une variation probable sur l'idée de « foirer », avoir la colique : ça ne « colle » plus, ça ne va plus, ça ne s'arrange plus. Une variante polie de cette expression est *jouer un mauvais tour*, qui est antérieur.

merder Même chose que *foirer*, en plus grossier, mais en usage extrêmement courant chez les jeunes :

C'est pas la peine que tu fasses des projets de vacances, ils merdent toujours.

J'ai merdé dans ma dissertation, j'ai confondu Racine et Corneille ! C'est con !

DÉRIVÉ On dit aussi, comme par euphémisme, *merdoyer*, « aller de travers, mal fonctionner ». Cependant, ce dernier verbe est attesté avant *merder*.

ORIGINE Début 20e siècle.

effet

en jeter Faire de l'effet :

> ***Dis donc, ton blouson, ça en jette ! Tu vas te le faire taxer !***
> *(ton blouson est splendide, on va te le voler !)*

ORIGINE Vers 1920. Par contraction allusive de *jeter du jus* (1916, G. Esnault), se montrer plein d'élégance, de bon goût, de « chic », encore très en usage dans les années 1940. Cf. H. France (1907): « *Jus*, élégance, bon goût. "Cette fille a du jus", c'est-à-dire du chic. *Faire du jus*, faire de l'embarras. »

écœurant Fantastique. Usuel au Québec, très familier, tendance vulgaire. Utilisé surtout par les moins de 30 ans.

> ***Son nouveau disque ? Il est écœurant !***

effort

se défoncer Produire tout l'effort dont on est capable, sans retenue, se donner « à fond » :

> ***Je me suis défoncé à mort sur ce projet et voilà qu'au dernier moment tout est annulé !***

ORIGINE Années 1960. J. Cellard remarque : « *Se défoncer* est usuel dans le domaine des sports en parlant d'un athlète, d'un coureur, qui va à l'extrême limite de ses forces. » On peut signaler aussi que *se défoncer*, au jeu de cartes, c'est donner tous ses atouts ou ses cartes maîtresses, sens qui paraît également pertinent.

se casser le cul Travailler énormément, prendre beaucoup de peine. Registre grossier mais usuel.

> ***Tu crois que je vais me casser le cul pour t'envoyer en stage, alors que tu fous rien de ton côté !***

ORIGINE 19e siècle et probablement avant : cette formulation existe dans les dialectes et en occitan depuis un temps indéfini.

effronté

être gonflé Avoir une audace insolente. Très usuel pour décrire le comportement d'autrui le plus souvent en mauvaise part.

> ***T'as vu, il est gonflé ce mec, il m'a fait une queue de poisson !***
> *(il s'est rabattu brusquement devant moi avec sa voiture)*

> ***Jacques, tout de même, il est gonflé : il est allé demander de l'augmentation à la direction.***

> ***Dis donc, t'es un petit peu gonflé toi ! Je t'ai filé 50 balles avant-hier.***

Rapporté à soi, *gonflé* s'emploie surtout négativement :

Moi je suis pas assez gonflé pour parler à la fille.

REMARQUE Cet emploi n'est pas en rapport avec *gonfler quelqu'un*, « l'importuner au plus haut point ». Par contre, il représente l'inverse dans l'usuel *dégonflé*, « lâche ».

ORIGINE Vers 1920 sous la forme actuelle raccourcie, d'après *gonflé à bloc* (1910 chez les cyclistes selon G. Esnault). Il s'agit de l'image du pneu (de voiture ou de bicyclette) qui, lorsqu'il est « gonflé à bloc », peut affronter tous les accidents du terrain. Le sens péjoratif actuel n'est devenu d'un usage courant que vers les années 1940.

avoir du culot Avoir de l'aplomb, et même une certaine effronterie. Les emplois de *culot*, *culotté* sont pratiquement interchangeables avec *gonflé*.

Ta frangine elle a du culot, elle m'a demandé de lui prêter mon studio !

Toi, tu manques pas de culot : t'as bouffé tout mon chocolat !

DÉRIVÉ ***culotté***

Ah oui, ma frangine, elle est culottée de te demander ta piaule, mon pauvre vieux, après ce qu'elle t'a fait !

ORIGINE Début 20e siècle, le *culot* étant l'aplomb, ce qui donne du poids, de l'assurance. « Toupet, audace, dans l'argot des polytechniciens », dit Hector France (1907).

emprisonner

Note préliminaire Les termes désignant l'arrestation et la condamnation sont à l'évidence très nombreux dans l'argot. Nous ne relevons ici que ceux qui sont d'un usage familier très général à l'exclusion des autres.

se faire ramasser Se faire arrêter par la police et emmener au poste lors d'un contrôle. Usuel.

Gérard n'avait aucun papier sur lui l'autre soir, il s'est fait ramasser par les flics.

Se dit aussi très fréquemment pour attraper une amende :

Toi, t'as pas ta vignette, tu vas te faire ramasser un de ces jours...

(la vignette sur le pare-brise d'une voiture atteste le paiement d'une taxe annuelle sur les automobiles)

ORIGINE Vers 1900 dans ce sens familier. H. France donne « se faire arrêter ou se faire rappeler à l'ordre » (1907).

coffrer Arrêter et mettre en prison :

Les gendarmes l'ont coffré la semaine dernière.

La vieille dame a eu affaire à un escroc. Heureusement, il s'est fait coffrer quelques jours plus tard, avant d'avoir écoulé les bijoux.

ORIGINE *Coffrer* pour « incarcérer » était déjà en usage au 17e siècle. Et *un coffre* pour « un cachot » existe chez Villon.

enceinte

en cloque Expression familière usuelle pour « enceinte ». Une chanson de Renaud qui porte ce titre a notablement familiarisé ce mot dans les années 1980 alors qu'il était encore jugé très vulgaire dans les années 1960.

> ***Georges ne pourra pas venir avec nous, sa femme est en cloque.***

ORIGINE Fin 19e siècle. On attribue la métaphore à l'image charmante de la « cloque », la « bosse » que fait le ventre de la femme enceinte, mais il n'est pas sûr, étant donné la date d'apparition et la vulgarité ancienne de l'expression, que l'origine soit aussi innocente. Vers 1900, une *cloque* est un « pet », et un « pet à vingt ongles » est… un nouveau-né !

En complément L'expression imagée *avoir un polichinelle dans le tiroir* semble toujours être de quelque usage, malgré sa verdeur.

enfant

Note préliminaire Les termes désignant les enfants sont nombreux, tous anciens, mais ils ne traduisent pas forcément un sentiment affectueux à l'égard de la progéniture. Certains, nettement péjoratifs, sont le reflet de l'hostilité des milieux populaires urbains à l'enfance qui alourdissait leur misère au 19e siècle et jusqu'aux années 1940.

un gosse Un enfant en général, sans précision de genre ; le terme est affectivement neutre et très usuel :

> ***Ils sont mariés depuis dix ans mais ils n'ont pas encore de gosses.***
>
> ***On voit plein de gosses dans les rues.***

Il s'applique à soi :

> ***Quand j'étais gosse...***

REMARQUE Au féminin, *une gosse* désigne une jeune fille : « Josette c'est une belle gosse. » Dans les années 1920, le mot désignait même une maîtresse : « Gaby c'est ma gosse. » Cet emploi est aujourd'hui désuet. Le mot est à éviter au Québec pour parler des enfants car il a une signification obscène (testicules).

ORIGINE Début 19e siècle. Étymologie incertaine. Peut-être du provençal *gosso* apparenté au languedocien *gous*, « mâtin », selon J. Picoche.

un gamin (avec un féminin : ***une gamine***) Un enfant en général dans le même emploi que *gosse* –

cependant, le terme est plus usuel que *gosse* en milieu rural.

> ***Va chercher les gamins. Ils sortent à 4 heures.***

> ***Ces gens-là, ils ont une bande de gamins.***

Ce mot insiste sur l'aspect joueur des enfants :

> ***C'est un jeu de gamin.***

> ***Elle est encore gamine pour son âge.***

S'applique à soi :

> ***Quand j'étais gamin (gamine)...***

REMARQUE Une expression naguère très courante dans le langage populaire est encore connue :

> ***T'occupe pas du chapeau de la gamine !***

c'est-à-dire : « Ne te fais pas de soucis pour rien, ne cherche pas la petite bête. Fais ce que tu as à faire sans discuter. »

ORIGINE Milieu 19e siècle au sens actuel. Le mot, au 18e siècle, désignait « les petits déguenillés qui courent les rues de Paris » (H. France). Étymologie obscure.

un môme Un enfant. Même usage et même fréquence que les précédents, mais avec une coloration un peu plus argotique ou familière appuyée – cela est sensible si l'on remplace *gosse* et *gamin* par *môme* dans tous les exemples ci-dessus. S'applique aussi à soi :

> ***Quand j'étais môme...***

REMARQUE Au féminin, *une môme* peut s'entendre d'une adolescente ou d'une jeune fille dans un contexte amoureux ou érotique – « une jolie môme ». C'est une résonance de l'ancienne valeur argotique de « maîtresse » sensible jusqu'aux années 1950. Cf. en 1905 : « C'est ma môme, cette gironde, et ce qu'elle est bath au pieu ! » (H. France).

DÉRIVÉ ***un mômignard*** Sorte de diminutif péjoratif parfois employé par plaisanterie :

> ***Alors les mômignards, vous vous amusez bien ?***

ORIGINE Début 19e siècle ; obscure.

un mouflet (avec un féminin : **une mouflette**)

Un enfant jeune, plutôt avant 6 ou 7 ans dans l'usage courant. Le mot comporte une nuance affectueuse :

> ***Quand on a des mouflets on ne fait pas ce qu'on veut.***
>
> ***C'est beau à voir tous ces petits mouflets dans le parc.***
>
> ***T'as vu la jolie mouflette avec ses petites couettes ?*** *(ce qui suppose une fillette de 3 à 5 ans à peu près)*

Le mot peut, à la rigueur, s'appliquer à soi :

> ***Quand j'étais mouflet...***

ORIGINE Milieu 19e siècle. H. France dit en 1907 : « Enfant, jeune sot. » Étymologie obscure, peut-être en rapport avec un verbe dialectal *moufler*, « flairer, fourrer son nez partout, espionner » (H. France).

un morpion Un enfant plutôt agité et agaçant :

> ***Quand l'instituteur amène tous les morpions à la bibliothèque on ne s'entend plus !***
>
> ***Y avait une bande de morpions qui jouaient au foot dans la cour.***

S'emploie aussi au féminin **(une morpionne)** :

> ***Y a deux morpionnes qui font la quête pour l'école.***

Origine Milieu 19e siècle. Par métaphore des « morpions » qui sont les « poux de pubis » dont il est difficile de se défaire.

un loupiot Un petit enfant, avec une nuance affectueuse :

> ***Ça va mon loupiot ? Tu t'es amusé à l'école ?***

Le féminin est rare à cause de la rencontre avec *loupiote*, « lampe ».

Origine Fin 19e siècle. On peut y voir un diminutif « petit loup », mais H. France donne avec assurance : « De *pou*, déformé par le largonji », augmenté du suffixe *-iot*, ce qui paraît plausible – les enfants étaient le plus souvent pouilleux – par analogie et sous l'influence de *morpion*, également « pou ».

un moutard Un enfant en bas âge, plutôt un nourrisson. S'emploie toujours en mauvaise part :

> ***Quand une femme a trois ou quatre moutards elle n'a pas le temps de s'occuper d'elle.***
>
> ***Un moutard, ça gueule tout le temps !***

Origine Début 19e siècle ; étymologie obscure. Le lien que fait Littré avec la rue Mouffetard à Paris ne paraît pas probant. Vu la date d'apparition, 1827 chez G. Esnault, je proposerais plutôt la vieille locution : *les enfants vont à la moutarde*, c'est-à-dire se moquent, organisent des farces, lancent des lazzis, en un mot se rendent haïssables. La mention du féminin à la même époque («*moutarde*, petite fille, populaire Paris 1834», G. Esnault) appuie cette proposition.

un lardon Un jeune enfant, plus particulièrement un nourrisson, un bébé, de manière péjorative :

> ***Je veux bien me marier, mais je veux pas être emmerdé par des lardons.***

ORIGINE Fin 19e siècle. Métaphore sur la chair dodue, grassouillette des nourrissons, et peut-être aussi l'aspect « suintant » des lardons en cuisine. Usage du mot en 1900 : « La pauvresse était entourée d'une demi-douzaine de lardons plus sales et plus dépenaillés les uns que les autres » (*in* H. France).

un gniard (ou **gnard)** Un enfant, en mauvaise part :

> ***Qu'est-ce qu'ils ont à chialer tous ces gniards ? Je vais leur foutre des torgnoles, comme ça ils sauront pourquoi ils pleurent !***

REMARQUE L'expression *un drôle de gniard*, un individu louche, ou particulièrement astucieux, plaisant, était courante chez les combattants de 14-18.

ORIGINE Début 20e siècle. G. Esnault y voit l'aphérèse de *mômignard* (ou de *mignard*), mais peut-être y a-t-il un croisement avec « *niaulard*, enfant pleurnicheur, patois de l'Isère » (H. France). L'Isère est le pays des Savoyards qui ont peuplé Paris aux 18e et 19e siècles.

un flo Un enfant, au Québec. Familier usuel.

ORIGINE Contraction de l'anglais *fellow*.

En complément D'autres dénominatifs, plus grossiers, sont parfois employés : *un chiard*, pour un bébé, ainsi que *petit salé* qui évoque un morceau de viande gluant sorti de la saumure. Une tendance actuelle chez les jeunes est de dire *un nain* pour un enfant. (Il est intéressant de noter que dans le même temps le mot *nain* est remplacé officiellement, dans le discours « politiquement correct », par la périphrase *personne de très petite taille*. Ce qui n'est pas sans ironie.)

engager

embringuer Attirer, entraîner (quelqu'un). Très usuel.

> ***Il s'est laissé embringuer dans cette histoire de maison sans me demander mon avis. Maintenant il regrette.***

ORIGINE Milieu 20e siècle ; étymologie obscure.

s'ennuyer

s'emmerder S'ennuyer ferme. Appartient encore au vocabulaire grossier, très courant.

> ***Le film t'a plu ? – Non, je me suis emmerdé.***

S'emmerder à cent sous de l'heure est une expression usuelle, qui parodie « travailler à X francs de l'heure » :

J'étais un peu obligé d'assister à la conférence sur l'économie européenne, mais je me suis emmerdé à cent sous l'heure.

S'emmerder comme un rat mort, « s'ennuyer désespérément, intensément », est un renforcement très commun.

DÉRIVÉ ***emmerdant***

Il nous a fait un discours emmerdant au possible.
(tout ce qu'il y a de plus ennuyeux)

ORIGINE Dérivation scatologique du mot *merde*.

se faire chier Même chose que *s'emmerder*, mais dans un registre grossier encore plus marqué. Très usuel cependant.

Qu'est-ce que je me suis fait chier hier soir à ce match !

Antoine se fait chier à mort dans son bahut.

DÉRIVÉ ***chiant*** D'un ennui mortel, équivalent vigoureux d'*emmerdant* – avec le renforcement *chiant comme la pluie* :

Le type a fait un discours au début... Il n'en finissait pas, c'était chiant comme la pluie.

ORIGINE Utilisation métaphorique du verbe grossier *chier*, « déféquer ».

se barber Euphémisme un peu désuet et d'une familiarité de bon ton pour « s'ennuyer ». Une vieille dame dira :

Je me suis barbée à l'attendre devant le cinéma.

DÉRIVÉ ***barbant***

Ce livre est barbant !
(long, monotone, sans attrait)

On dit aussi, dans le même registre, *c'est rasoir* :

Toutes ces colonnes de chiffres, c'est rasoir.

ORIGINE Réfection probable, fin 19e siècle, de *se raser*, « s'ennuyer », devenu trop « bourgeois ».

erreur

une gaffe Une erreur, dans le sens de maladresse, bévue, sottise en paroles. Le mot est familier de bon ton :

J'ai fait une jolie gaffe en disant à François que j'avais vu sa femme à Dijon : elle était censée être à Lyon !

DÉRIVÉS :

- ***un gaffeur*** Quelqu'un qui est sujet à faire des gaffes, généralement par trop de sincérité ou d'étourderie :

Nicolas parle sans réfléchir, c'est un gaffeur incorrigible.

- ***gaffer*** Faire une gaffe :

Là, tu as gaffé : tu n'aurais pas dû lui demander ce qu'il fait dimanche.

REMARQUE *Faire gaffe*, « faire attention », n'a pas de rapport avec *la gaffe*, « l'erreur ».

ORIGINE Fin 19e siècle. *Gaffe* et *gaffeur* ont été des mots à la mode dans la bonne société parisienne de la « Belle Époque » (1890-1910) – ils n'en sont pas moins demeurés familiers. Cf. « Le terrible Gascon [...] semble un peu, s'il est permis d'employer cette expression très contemporaine, un entêté gaffeur » (P. Ginistry, *Causerie littéraire*, v. 1890). *Gaffer* (1883) ne semble être venu en usage courant que vers 1910. L'étymologie dialectale est mal établie, cf. Pierre Larousse : « Dans l'argot des marins *Faire une gaffe*, faire une sottise » (1872).

se gourer Se tromper. Le mot a conservé une petite coloration argotique. Usuel.

> ***Il s'est gouré : il se croyait samedi, et on est vendredi !***

DÉRIVÉ **une gourance** Une erreur, une bévue. Très familier.

> ***Attention à pas faire de gourance !***

ORIGINE Début 19e siècle. Mot de vieil argot (1628), lui-même issu de l'ancien français.

se planter Se tromper lamentablement. Appartient au langage des jeunes. Très courant.

> ***Je me suis complètement planté dans les opérations, sans quoi j'aurais eu tout juste !***

> ***Là, tu te plantes, j'ai jamais dit ça !***

ORIGINE Années 1960. Par extension de *se planter*, « avoir un accident en voiture ». Se planter dans un arbre.

estomac

le buffet L'estomac, considéré comme réceptacle à nourriture :

> ***Je me mettrais bien quelque chose dans le buffet.***
> *(je mangerais bien un morceau)*

ORIGINE Début 19e siècle. Métonymie du meuble garde-manger.

le coco Surtout dans l'expression *rien dans le coco* :

> ***Je n'ai rien dans le coco depuis hier.***
> *(je n'ai pas mangé depuis hier)*

ORIGINE Milieu 19e siècle. Probablement une image de la noix de coco, mais il semble que le mot ait plutôt désigné le gosier dans l'expression populaire *colle-toi ça dans le coco !* (avale ça !).

exagérer

charrier En français familier courant, ce mot signifie surtout « exagérer, demander trop » :

> ***Faut pas charrier, je t'ai déjà donné 2 000 balles, tu vas pas encore réclamer !***

Le patron a dit qu'il avait fait 300 couverts, mais je crois qu'il charriait un peu. S'il en a fait 200, c'est le bout du monde.

ORIGINE Vers 1920 dans ce sens. Ce mot a eu une longue histoire en argot au 19e siècle au sens de « blaguer, se moquer, duper pour voler »...

en faire un plat Donner une importance exagérée à une affaire. Très usuel.

D'accord, je suis en retard ! Tu ne vas pas nous en faire un plat !
(tu ne vas pas en parler pendant toute la soirée)

ORIGINE 19e siècle sous la forme actuelle. Au 17e siècle, on disait *en faire trois plats* (cf. Littré).

en faire un fromage Donner une trop grande importance à quelque chose :

Bon, si ton fils est parti, il reviendra. Y a pas de quoi en faire un fromage !
(ici : se tourmenter inconsidérément)

ORIGINE Années 1920. Il est possible que le *fromage* qui a suscité l'expression soit la métaphore des typographes : le rectangle laissé en blanc sur une affiche de spectacle pour y ajouter le nom de la vedette.

en faire des kilos, des tonnes Exagérer lourdement dans son comportement :

Elle avait sûrement un peu de chagrin, mais là elle en faisait des kilos, elle se roulait par terre, elle criait...

ORIGINE Années 1930. D'abord chez les comédiens : avoir un jeu très exagéré (« Il en fait trop ! Il est ridicule ! »).

faut pas pousser Il ne faut pas exagérer, faire des choses inacceptables ou dire des choses incroyables :

> ***Hé, faut pas pousser, il n'y a pas besoin d'une voiture pour faire 500 mètres !***

REMARQUE Une extension amusante parce qu'absurde est *faut pas pousser mémé dans les bégonias* (ou *les orties*)

ORIGINE Vers 1930. L'expression reprend l'exclamation indignée parmi les gens qui faisaient la queue (« Faut pas pousser ! ») à cause des bousculades fréquentes à l'époque.

attiger Exagérer, dépasser légèrement les bornes. Le mot, très usuel jusqu'aux années 1950, est presque tombé en désuétude.

> ***Dis donc, le boucher, il attige : 180 francs le kilo pour le foie de veau !***
>
> ***Ah dis donc, là tu attiges mon vieux !***
> *(on dit maintenant « tu charries »)*

ORIGINE Vers 1920 dans ce sens. Mot d'argot du début du 19e siècle signifiant « blesser, frapper » (encore en 1910).

exaspérer

AGACER, IRRITER

emmerder Agacer, gêner, irriter, tracasser quelqu'un. Le mot appartient au registre de la grossièreté, mais il est très fréquent. Son euphémisme habituel est *embêter*.

Cette visite que je dois faire au président du club m'emmerde !
(m'agace)

Lui, il m'emmerde avec son camion !
(il me gêne, et j'en suis irrité)

Ce retrait de permis m'emmerde énormément.
(cela me gêne et contrarie mes projets)

DÉRIVÉS **emmerdeur**, **emmerdeuse**

Ton frère est un bel emmerdeur !

ORIGINE Métaphore scatologique formée sur *merde*.

casser les couilles Expression très grossière mais très usuelle : fatiguer, exaspérer quelqu'un. S'emploie de la manière la plus naturelle chez les filles de la jeune génération :

Il nous casse les couilles avec ses lamentations.

REMARQUE Par ellipse, on dit aussi fréquemment : *il* (ou *elle*) *nous les casse* – avec parfois des variantes aggravantes : *il nous les brise*, et même : *il nous les brise menu.*

DÉRIVÉ ***casse-couilles*** Adjectif : difficile, embêtant. Se dit d'un inconvénient quelconque, de tout ce qui donne du tracas :

C'est très casse-couilles, cette affaire-là.

REMARQUE On dit aussi dans le même sens, par euphémisme croissant : *casser les noix*, *casser les bonbons*, qui sont également des allusions aux testicules.

ORIGINE Le mot désigne les testicules.

casser les burnes Même chose que le précédent, en moins agressif par la grâce de l'euphémisme *burnes*...

Fous le camp ! Tu me casses les burnes, tu comprends ça ?

faire chier Agacer quelqu'un, le contrarier, ou « lui en faire baver », selon le contexte. Très vulgaire.

Ça me fait chier que ton copain soit pas venu.
(ça me contrarie, ça m'ennuie)

Il me fait bien chier avec ses menaces.
(il me tourmente beaucoup)

S'emploie aussi pour la gêne :

Il me fait chier, l'autre, avec son camion en travers de la rue !

ORIGINE scatologique.

gonfler Agacer, exaspérer. Le terme, récent (années 1970-80), est employé par les jeunes dans toutes les situations, de l'agacement à la colère :

La prof, elle me gonfle.

Paul, il me gonfle avec son béret bleu.

Et toi, tu me gonfles avec tes questions !

DÉRIVÉ **gonflant** Agaçant :

Ces cérémonies, qu'est-ce que c'est gonflant !

ORIGINE Raccourci de la formule grossière complète *gonfler les couilles* apparue dans les années 1950, comme une variante de *casser les couilles*. On a dit par ellipse *les gonfler* : « Tu nous les gonfles. »

courir sur le haricot (ou bien ***l'haricot***) Formule populaire pour « exaspérer » :

Tire-toi de là, tu commences à me courir sur l'haricot !
(tu commences à m'agacer prodigieusement)

L'expression est devenue désuète chez les jeunes.

REMARQUE On dit aussi par abréviation *courir*... : « Il commence à me courir, lui ! » Également, dans le même sens, *taper sur le système*, formule enregistrée dès 1867 (Delvau), qui est une allusion au « système nerveux ».

ORIGINE incertaine, vers 1880. Une allusion aux organes sexuels n'est pas établie. Il se pourrait que l'expression soit une réfection populaire de *taper* (ou *courir*) *sur le système*, la représentation en planche anatomique du système nerveux faisant penser à un plan de haricot vert.

faire suer Euphémisme de bon ton pour *faire chier*. Fréquent chez les femmes qui évitent la vulgarité :

Ce bouquin me fait suer.
(il m'agace, ou m'ennuie)

Il me fait suer avec ses questions.

ORIGINE Fin 17e siècle.

ÊTRE EXCÉDÉ

en avoir ras le bol En avoir assez, ne plus pouvoir supporter quelqu'un ou une situation. D'usage constant et même lassant.

> ***J'en ai ras le bol de toi ! Tu fais que des conneries !***
>
> ***J'en ai ras le bol de ce foutu métier, vivement la retraite !***

REMARQUE L'expression s'est substantivée en *le ras-le-bol* :

> ***Le ras-le-bol des usagers se traduit par une hostilité grandissante à l'égard des contrôleurs de la SNCF.***

ORIGINE L'expression s'est répandue comme une traînée de poudre à partir de mai 68. S'il est vrai que c'est l'équivalence *bol* = *cul* qui a créé le syntagme en variante adoucie de *ras-le-cul* (J. Cellard, *DFNC*), celui-ci s'est néanmoins popularisé sur l'image immédiate et parlante de la « goutte d'eau qui fait déborder le vase ».

en avoir plein le dos Même sens que le précédent, et toujours usuel, aussi bien dans une situation concrète de travail physique épuisant que dans un emploi métaphorique :

> ***Vivement que la journée se termine, j'en ai plein le dos de transporter des caisses.***
>
> ***J'en ai plein le dos des gamins chahuteurs.***

ORIGINE ancienne (18e s.). Il est malaisé de savoir si

plein le dos est venu en euphémisme de *plein le cul* trop grossier pour être utilisé en dehors d'une société très vulgaire, ou si ce dernier sert de formule aggravante à *plein le dos*.

en avoir plein le casque (ou **son casque**) (souvent prononcé « casse ») Être exaspéré, être à bout de patience, au Québec :

J'en ai plein mon casque, comprends-tu ?

exclamation

putain ! Ce mot est tellement fréquent qu'il sert de ponctuation verbale et qu'il en a perdu sa grossièreté originelle. Il exprime généralement l'étonnement, mais aussi le mécontentement, l'admiration, etc. Langage très familier.

Putain qu'il est tard ! Oh putain que je suis fatigué !

Putain que c'est beau !

Les jeunes générations articulent seulement «'tain » :

'Tain, le mec ! Vise comme il est balaise.

ORIGINE vieille comme le monde – mais ce tic de langage populaire ne doit pas remonter au-delà du 19e siècle.

rebelote ! Exclamation qui signifie : « Et ça recommence ! »

> ***J'ai crevé une roue de ma bagnole. Je m'arrête, je mets la roue de secours, je repars, je fais trois kilomètres : rebelote !***

ORIGINE Années 1950. L'expression lexicalise l'exclamation des joueurs de belote (jeu de cartes très populaire) où l'on annonce *belote* et *rebelote* en abattant le roi et la dame d'atout – généralement en tapant du poing sur la table au second !

exclure

être sur la touche Être mis à l'écart, ne plus participer à une entreprise, ne plus avoir un rôle actif dans un groupe, ni d'influence, tout en continuant à faire partie de la société en question :

> ***Le général Multier n'est plus ministre de la Défense : il a été mis sur la touche.***

ORIGINE Années 1950. Langage du football employé métaphoriquement (le joueur qui est « sur la touche » au bord du terrain, en attente, ne participe pas au jeu).

excréments

Note préliminaire *Faire ses besoins* est la forme polie usuelle pour exprimer le soulagement du corps – elle se réfère aux « besoins naturels ». Après cela, les expressions courantes se rapportant à la production des excréments sont nombreuses et, on le devine, extrêmement grossières ; aussi il n'entre pas dans l'intention de l'auteur de les exposer ici. Du reste, l'étranger qui entend ces mots se trouve forcément dans une situation d'assez grande intimité avec les personnes qui les emploient pour leur demander directement ce qu'elles veulent dire. Nous nous contenterons de fournir les deux euphémismes de base, afin de parer au plus urgent de la communication.

faire pipi Terme enfantin pour « uriner », lorsqu'on s'adresse à un petit enfant :

> ***Attention, Clément, ne fais pas pipi dans ta culotte ! Si tu as envie, demande à papa...***
>
> ***Rémi a 5 ans, et il fait encore pipi au lit.***

Ou bien :

> ***Pourquoi tu sautilles ? Tu as envie de faire pipi ?***

Le mot est employé par les adultes en euphémisme, surtout dans un langage féminin :

> ***Attends-moi cinq minutes, je vais faire pipi.***
> *(c'est-à-dire : « je vais aux toilettes », et implicitement : « j'en ai pas pour longtemps ». Un homme dira plus rudement dans cette situation familière : « je vais pisser »)*

REMARQUE On dit aussi substantivement *du pipi* pour l'urine. *C'est du pipi de chat* signifie une chose sans importance, une quantité négligeable.

ORIGINE très lointaine, repéré au 17e siècle (1692 dans Robert). Redoublement de type enfantin de la première syllabe de *pisser*.

faire caca Terme enfantin homologue du précédent pour « déféquer » :

> ***Tu as envie de faire caca, Gabriel ?... Va faire caca dans le pot. Ne fais pas caca dans ta culotte !***

S'emploie comme nom :

> ***Il a fait un gros caca !***

Et aussi comme adjectif, par image, pour saleté, ordure :

> ***Ne touche pas ça, Félix, c'est caca !***
> *(c'est-à-dire « c'est sale »)*

ORIGINE très lointaine, repéré au 16e siècle (1534 dans Robert). Le mot semble issu directement du latin médiéval *cacare*, probablement dans un élan de bienséance des gens d'Église.

f

se fâcher

facile

faim

faire

famille

fatigué

faux

faveur

femme

fête

fort

fou

fraude

frère

froid

se fâcher

engueuler Se fâcher après quelqu'un, le réprimander vertement, sur un ton humiliant ou chargé de menace. Malgré son radical empreint de vulgarité *(gueule)*, ce verbe est d'un usage constant dans tous les milieux sociaux, aussi bien parmi les membres du gouvernement que dans la plus humble des familles françaises.

Si Robert n'est pas à l'heure, je vais l'engueuler.

Hier soir je me suis fait engueuler par ma mère parce que j'avais taché ma jupe.

T'as pas rendu ton devoir de maths, tu vas te faire engueuler par le prof.

Mais on peut dire indifféremment dans ces deux derniers cas : « Ma mère m'a engueulé, le prof va t'engueuler... » *S'engueuler* suppose une dispute d'un certain éclat et d'une certaine intensité :

Les voisins n'arrêtent pas de s'engueuler du matin au soir ! C'est pénible.

Les deux ministres se sont carrément engueulés à la télé.

On le dira, absolument, pour « ils sont brouillés, ils ne se voient plus » :

Claudine ne va plus chez Bertrand : ils se sont engueulés.

Il existe des augmentatifs traditionnels ; on disait autrefois *engueuler quelqu'un comme un pied*, on dit encore *comme du poisson pourri* :

Quand je suis sorti de la bagnole, il était furax. Il s'est mis à m'engueuler comme du poisson pourri.

REMARQUE On peut aussi engueuler quelqu'un par écrit, surtout par lettre, ou par fax :

Qu'est-ce qu'il t'écrit ton père ? – Il m'engueule !

DÉRIVÉ ***une engueulade***

Quand je suis rentré chez moi, j'ai pris une de ces engueulades, je te dis pas !

Si François continue à être toujours en retard, je vais lui passer une engueulade.

Mon père m'envoie une lettre d'engueulade.

REMARQUE On a dit également au début du siècle *engueulage* ou *engueulement* (les célèbres disputes entre cochers de fiacres au 19e siècle étaient des « engueulements »). Ces mots ont peu à peu disparu de l'usage, au profit de la seule *engueulade*.

ORIGINE Le verbe *engueuler* au sens de « disputer quelqu'un à haute voix » s'est développé dans le langage populaire des halles de Paris au milieu du 18e siècle. Le titre d'une comédie « poissarde » de 1754 est *Madame Engueule*. Cependant le mot, bien qu'employé, a conservé une connotation vulgaire largement jusqu'en 1920 ; la vulgarité s'est peu à peu affaiblie à cause de l'usage répété. Cf. Alphonse Allais vers 1900 : « Et puis je lui dirai aussi [à maman] que tu te sers de la détestable expression *engueuler*, laquelle est l'apanage exclusif de gens de basse culture mondaine. » Jacques Cellard explique pertinemment la vogue actuelle : « La très large diffusion du mot, aujourd'hui à peine familier, tient à ce que le français conventionnel ne dispose, pour exprimer cette notion, que de verbes faibles *(attraper)* ou isolés d'allure archaïque *(tancer*, *réprimander, morigéner)* ou de périphrases peu expressives » *(DFNC).*

incendier Abreuver quelqu'un d'injures dans un accès de vive colère :

> ***Quand monsieur Chafaut a vu qu'on lui avait éraflé sa voiture, il nous a incendiés.***

> ***Malheureux, va pas voir le directeur en ce moment, tu vas te faire incendier !***

ORIGINE Gaston Esnault donne une origine bretonne à ce verbe populaire : « Cancale 1905, Paris 1912», d'après *mettre le feu sur lui*, « incendier sa maison » (Bretagne 1734), d'où « l'insulter » (Brest 1905). La proposition de J. Cellard selon laquelle il s'agirait plutôt « des reproches qui font *rougir* l'intéressé, qui lui mettent *le feu aux joues* », paraît une remotivation très faible.

facile

fastoche Très facile ou trop facile, selon les cas. Il s'agit typiquement d'un mot de lycéens et d'étudiants prolongés dans la vie courante. Très usuel.

> ***T'as le sujet de dissert ? – Oui, c'est fastoche !***
> *(le sujet de la dissertation)*

> ***Laisse-moi faire, c'est fastoche ce truc.***

> ***Dis donc c'est pas fastoche pour arriver chez toi, je me suis perdu.***

ORIGINE Vers 1940 parmi les lycéens. Resuffixation de *facile* par la désinence affectueusement désinvolte -*oche* que l'on a dans « Bastille, Bastoche », « pétard, pétoche », etc.

ça baigne (ou ***tout baigne***) Tout va bien, ça roule, aucun problème. La locution est devenue à la mode au cours des années 1970, jusqu'à devenir très banale, en usage constant et polyvalent :

> ***Comment tu te sens, Jérémie ? – Ça baigne.***
>
> ***Et ton problème, tu t'en sors ? – Ça baigne.***
>
> ***Ça va Guillaume ? Tout baigne ? – Tout baigne !***
> *(entendu à la télévision, 19 décembre 1995)*

ORIGINE Années 1970. C'est l'abréviation d'une formule plus longue : *ça baigne dans l'huile*, datant des années 1920 et qui faisait référence au *bain d'huile* des moteurs où des pignons dentés tournaient aisément, sans risque de gripper. Morphologiquement, l'expression a dû être influencée par *baigne dans l'huile*, « souteneur, par allusion au maquereau que l'on fait cuire généralement dans du beurre », précise Hector France qui mélange les corps gras. Cette dernière expression est relevée par Delvau en 1867.

c'est du gâteau C'est très facile, ce n'est pas pénible :

> ***N'aie pas peur, les chiens diront rien. Avec l'échelle, monter sur le toit c'est du gâteau.***

ORIGINE Vers 1950, par une image évidente, avec l'alternative *c'est de la tarte*, même sens à la même époque, dont il n'est resté que la forme négative : *c'est pas de la tarte* (voir DIFFICULTÉ).

c'est du billard Ça ne présente aucune difficulté ou aspérité, comme une boule qui roule sur le billard ! Cette expression autrefois très usuelle semble aujourd'hui un peu vieillie, mais elle s'emploie toujours au sens concret :

On n'a pas mis beaucoup de temps pour venir, y avait personne sur la route, c'était du billard.

ORIGINE Vers 1914 selon G. Esnault, mais dans un sens de « chance heureuse », de réussite. La métaphore s'est probablement développée chez les coureurs cyclistes des années 1920.

les doigts dans le nez Avec beaucoup d'aisance, sans effort :

T'as eu du mal à rentrer dans Paris dimanche soir avec ta bagnole ? – Non, y avait personne, j'suis arrivé les doigts dans le nez.
(les bouchons sur les autoroutes les dimanches soirs sont célèbres)

ORIGINE 1912 chez G. Esnault dans le monde des courses de chevaux. Cette hyperbole symbolise la nonchalance du jockey qui « n'a rien à faire » pour pousser son cheval. La formule fut reprise par les cyclistes et les aviateurs.

faim

Note préliminaire Il est intéressant de noter que la plupart des expressions exprimant la faim, qui datent du 19e siècle, sont à peu près toutes tombées en désuétude dans le monde contemporain, sans doute par un effet de la suralimentation qui règne pour le moment.

avoir la dalle Avoir faim, très usuel chez les jeunes :

Paulette, amène-moi un sandwich, j'ai la dalle !

Quand est-ce qu'on mange ? J'ai une de ces dalles !

ORIGINE Années 1920 sous cette forme abrégée et au sens de « faim ». Vient d'*avoir la dalle en pente*, « être porté sur la boisson » (19ᵉ s.).

avoir un creux Avoir une petite sensation de faim. Très usuel.

On va déjeuner, Louise ? Je commence à avoir un creux.

J'emporte un biscuit dans mon sac au cas où j'aurais un petit creux vers 11 heures.

ORIGINE Années 1970. Ellipse d'*avoir un creux à l'estomac*, métaphore pour dire « avoir l'estomac vide ».

avoir les crocs Avoir très faim. Locution peu en usage de nos jours.

C'est pas tout ça, moi j'ai les crocs ! J'ai rien bouffé depuis hier soir !

ORIGINE Début 19ᵉ siècle. La tournure est devenue usuelle seulement après 14-18 dans le langage populaire.

En complément Des locutions telles que *avoir la dent*, *la sauter*, *avoir l'estomac dans les talons*, qui étaient très fréquentes jusqu'aux années 1950, sont à peu près complètement sorties de l'usage.

faire

foutre Ce verbe familier usuel s'emploie au sens de « faire » d'une manière générale et vague :

> ***Qu'est-ce que tu fous en ce moment ?***

Il vient spontanément au lieu de *faire* lorsque la situation implique une impatience, une irritation, une surprise :

> ***Mais qu'est-ce qu'il fout, Jean-Claude ?***
>
> ***Je ne sais pas ce que vous foutez, mais je vois que rien n'est prêt !***
>
> ***Tiens ! Qu'est-ce qu'ils foutent là ?***

Il ne s'emploie jamais pour désigner une tâche concrète ; on ne dira jamais « je fous mon travail » mais « je *fais* mon travail ».

REMARQUE *Foutre* s'emploie aussi au sens de « mettre, poser », avec une nuance d'agacement :

> ***Fous-moi ça en l'air !***
> *(jette-le !)*
>
> ***Où est-ce que je le fous, ton tire-bouchon ?***

Par contre, les emplois de « donner », usuels autrefois, sont désuets ; on ne dit plus « je lui ai foutu du pain » mais « je lui ai *donné* du pain » – il ne reste de cet usage que des emplois figés :

> ***Foutez-lui la paix !***
> *(laissez-le tranquille !)*
>
> ***Je vais te foutre une gifle !***

ORIGINE 19e siècle, mais le verbe ne s'est pas entièrement dégagé de son sens premier – *foutre*, « coïter » (du latin *futuere*, « faire l'acte sexuel ») – sens qui est inconnu des jeunes générations depuis les années 1950. Longtemps la coexistence des deux sens en a fait un terme très vulgaire, puis la notion de « coïter » s'est estompée jusqu'à l'oubli complet, au profit de *faire*. En 1907, Hector France notait les prémisses de cette évolution : « Ce verbe est employé si souvent même par les gens du meilleur ton et à tant de sauces différentes que, malgré le sens obscène qui s'y attache, il a sa place obligée dans ce dictionnaire. »

se *taper* Faire quelque chose, avec une idée de tâche pénible. Très usuel.

> ***Je me suis tapé la construction de ce mur à moi tout seul.***
> *(j'ai bâti ce mur de mes mains)*
>
> ***C'est Julie qui se tape tout le boulot dans la maison.***

Pour le temps et les distances à parcourir :

> ***Il s'est tapé trois heures d'attente à la mairie.***
>
> ***On s'est tapé huit kilomètres à pied pour arriver à la maison.***

ORIGINE Vers 1920, ces emplois s'étant développés pendant la guerre de 14-18, par antiphrase de *se taper la cloche*, « se taper la corvée », la faire jusqu'au dégoût. Cf. l'équivalence *se taper des kilomètres* et *bouffer des kilomètres*. Peut-être y a-t-il une influence de *s'appuyer* ?

se *farcir* Même emploi que *se taper*, avec une nuance de vulgarité supplémentaire, dans tous les emplois ci-dessus.

C'est moi qui me suis farci la vaisselle, bordel !

ORIGINE Années 1930. Variante de *se taper* (au sens alimentaire, ou sexuel) un peu plus agressive.

se coltiner Accomplir une tâche pénible, rebutante – au sens concret :

Je me suis coltiné des pierres tout l'après-midi pour aider Jean-Paul à construire son mur.

Au sens métaphorique, supporter une situation fatigante :

On s'est coltiné la grand-mère toute la journée : elle est sourde et elle n'arrête pas de parler.

ORIGINE Fin 19e siècle au sens concret. De *coltin*, sorte de licol qui équipait les épaules d'un commissionnaire (appelé *coltineur* en 1900) tirant une charrette à bras. La forme réflexive *se coltiner* ne semble être venue en usage qu'après 1910.

s'appuyer Même emploi que *se coltiner*, mais rare de nos jours :

Il a fallu s'appuyer tout le déménagement pendant le week-end, merci !

Le mot était très usuel dans le langage populaire des années 1920 et 1930 :

C'est encore moi qui vais m'appuyer le pieu et le balai !
(Jehan Rictus, Lettres à Annie, *1921)*

ORIGINE Entre 1900 et 1910. Probablement par réfection de *se coltiner* : la charge « appuie », pèse sur le coltin.

goupiller Verbe familier pour « fabriquer », arranger, combiner. Ce verbe est d'un emploi plus rare qu'autrefois.

> ***Alors, qu'est-ce que tu goupilles là ?***
> *(qu'est-ce que tu fabriques là ?)*

Au sens d'éléments qui s'arrangent ensemble :

> ***Il a bien goupillé son affaire, Charles.***
> *(il s'y est bien pris, il l'a bien combinée)*

> ***Finalement, ça s'est mal goupillé, cette histoire.***
> *(ça s'est mal passé, mal arrangé)*

ORIGINE Après 1910. Le mot fait allusion à des *goupilles* qui servent à fixer des pièces ensemble, mais en réalité il s'agit de la réfection du vieux verbe *goupiner*, « travailler » et « voler », encore usuel entre 1900 et 1910.

famille

un beauf « Un Français moyen d'âge mûr, petit-bourgeois et rétrograde, à tendances fascisantes » pour J. Cellard *(DFNC)*. Mais il peut y avoir de jeunes beaufs de 25 ou 30 ans.

> ***J'aime pas aller chez elle, son père est un beauf.***

ORIGINE Vers 1970 par la diffusion d'un personnage du dessinateur Cabu. Mais le mot existait déjà dans les années 1950 dans ce même sens dépréciatif. Cf. *Le Figaro littéraire* du 22 août 1996 (chronique « Le plaisir des mots »).

une belle-doche Très courant pour la belle-mère ; plus particulièrement « la mère de l'épouse » – une femme n'emploiera pas volontiers *belle-doche* pour désigner la mère de son mari, car le mot a une connotation assez misogyne.

> ***Tu parles de vacances ! Il va falloir se farcir la belle-doche tout le week-end, et elle est pas marrante !***

REMARQUE Se dit aussi d'une marâtre : la nouvelle femme du père.

ORIGINE 1935 (G. Esnault) par substitution de l'argot *doche*, « mère ».

fatigué

Note préliminaire La fatigue, sanction ordinaire du travail, occupe la vie des gens – en particulier ceux qui fournissent un travail physique important, et qui appartiennent par définition aux classes populaires, auxquels il faut ajouter les sportifs. Les deux groupes étant à forte invention langagière, il est naturel que l'expression de la fatigue ait fourni une riche phraséologie du registre familier. La notion hyperbolique d'« être mort » se trouve à la source de plusieurs d'entre eux.

être crevé Être très fatigué ; mot à mot : « être mort de fatigue ». Mais la locution s'emploie banalement quel que soit le degré de la fatigue :

Tu sors ce soir ? – Non, je suis crevé, je veux me coucher tôt.
(je suis un peu fatigué)

Quand j'avais fini, j'étais crevé et n'avais plus le goût ou la force d'écrire ou de dessiner…
(Jehan Rictus, Lettres à Annie, *1922)*

REMARQUE Le verlan de *crevé* est très employé chez les jeunes : *véquère*.

J'suis véquère !

ORIGINE Vers 1920 – la citation de Jehan Rictus doit être une première attestation. *Crevé*, au 19e siècle, avait le sens de « chanceux » ou de « gandin » (« un petit crevé ») ; le sens de « très fatigué » ne s'est probablement dégagé que dans la période 1910-18.

avoir un coup de barre Éprouver une fatigue brutale et soudaine pendant un effort physique :

Faut que je m'arrête, j'ai un coup de barre.

S'emploie aussi pour une lassitude générale soudaine qui vient après une concentration intense :

Je vais prendre un café là, j'ai un méchant coup de barre.

ORIGINE Vers 1920. Gaston Esnault relève l'expression en 1920 chez les Martiniquais et les sportifs. L'idée semble être celle d'une sensation proche de la défaillance, comme après avoir reçu un coup sur la tête (matraque, bâton…).

être claqué Éprouver une forte fatigue qui laisse sans mouvement – mais le mot s'emploie banalement. Très usuel :

J'en peux plus ! On a trop marché aujourd'hui, moi je suis claqué.

On dit aussi très couramment *je suis vidé*, dans le même sens, c'est-à-dire vidé de toutes ses forces.

ORIGINE Vers 1930. De *se claquer*, « dépasser ses forces » (G. Esnault, 1920). Mais le mot se greffe sur *en avoir sa claque*, « être épuisé », extrêmement usuel en milieu populaire dès la fin du 19e siècle, mais devenu rare de nos jours.

avoir un coup de pompe Même chose qu'*avoir un coup de barre* et d'un usage tout aussi fréquent – peut-être plus fréquent chez les jeunes. Le *coup de pompe* désigne une fatigue subite mais passagère.

Au 3 000 mètres j'ai eu un coup de pompe, et puis la pêche est revenue.

Il faut que je sorte m'aérer, j'ai un coup de pompe là…

DÉRIVÉ **être pompé** Être fatigué, épuisé. Très usuel.

Je repars en bagnole, tant pis ; je suis pompé, je veux pas me taper la côte.

ORIGINE 1922 chez les cyclistes, mais aussi les aviateurs (voir C. Duneton, *La Puce à l'oreille*). Les diverses explications de cette « pompe » incongrue peuvent probablement se ramener à une reformulation imagée de *pompé*, « épuisé par un effort », que Gaston Esnault relève dès 1913 chez les cyclistes.

être nase Être complètement épuisé, pour une personne – ou même « foutu », près de mourir, selon le contexte. Très usuel.

Je vais me pieuter, je suis complètement nase !

REMARQUE Se dit aussi pour un objet cassé, inutilisable :

Tu pourras acheter un autre moulin à café, celui-là est nase.
(il est en panne, et irréparable)

Ma bagnole est nase, je vais la mettre à la casse.
(elle est très usée, à bout)

DÉRIVÉ On dit aussi par amplification « je suis *nasebroque* », mais il s'agit d'une rencontre fortuite, car *nasebroque* existait dès 1925 au sens de « nez ».

ORIGINE Vers 1930 dans cet emploi familier. De *nasi*, « syphilitique » (fin 19e s.).

être hachesse À peu près la même chose qu'*être nase* : incapable d'aucun mouvement. Bien entendu, ces termes s'emploient hyperboliquement pour signaler une grande fatigue « ordinaire ».

Allez-y sans moi, les potes, j'ai fini mes examens hier, je suis hachesse !
(je ne vais pas avec vous, je suis épuisé[e] par mes examens)

REMARQUE *Hachesse* s'emploie également pour un état d'ivresse avancée :

Riton ne peut plus bouger, regarde il est hachesse.
(il est ivre mort)

ORIGINE Vers 1945. D'après le sigle « H.S. » pour *Hors Service*, « indication militaire pour un véhicule immobilisé, et par extension pour un homme mis hors combat, par l'alcool, la fatigue, etc. » (J. Cellard, *DFNC*).

être à ramasser à la petite cuillère

Expression imagée et amusante assez fréquente pour indiquer un état de fatigue extrême après un effort exceptionnel ou un choc émotif important. L'idée est « être sans réaction », complètement « liquéfié », ou « en bouillie », ce qui a conduit à l'image de la cuillère :

Après le tournoi d'hier, Paul était à ramasser à la petite cuillère. Il s'est endormi sans manger.

Je dois aller voir Sylvie cet après-midi. Son mari l'a quittée, la pauvre est à ramasser à la petite cuillère.

ORIGINE Vers 1930 au sens actuel – peut-être dans le milieu de la boxe où le champion met son adversaire « en bouillie » ou « en compote ». J. Cellard relève l'image chez Bruant en 1905 : « ramasser avec une cuillère… »

être brûlé Épuisé. Usuel familier au Québec.

Après ces trois jours de ski, j'étais brûlée !

En complément On notera que nombre d'expressions exprimant la fatigue sont apparues dans l'usage au cours des années 1920-30. Faut-il en conclure que les Français ont éprouvé des lassitudes nouvelles à partir de cette époque-là ? Je ne le pense pas. Par contre, cela correspond au développement des activités sportives dans les milieux populaires des villes, cyclisme, athlétisme, etc., qui génèrent à la fois des épuisements momentanés ainsi qu'une phraséologie abondante et prestigieuse.

faux

bidon Particulièrement dans la formulation courante *c'est bidon* ou *c'est du bidon* : ce n'est pas sérieux, c'est une fausse apparence, ça n'a pas de valeur, etc. Extrêmement usuel dans tous les milieux.

> ***Ce que tu me racontes là, c'est du bidon, je ne te crois pas.***
>
> ***Voilà un raisonnement bidon.***
> *(un raisonnement faux, qui « ne tient pas debout »)*
>
> ***Il nous a donné une excuse bidon.***
> *(une fausse excuse, il nous a raconté un mensonge)*
>
> ***Il essaie de présenter un projet bidon.***
> *(un projet qui ne présente aucune garantie de sérieux, de fiabilité)*
>
> ***Ce mec, il est bidon !***
> *(c'est un frimeur, un discoureur sans consistance)*

DÉRIVÉ ***bidonner*** Arranger, maquiller, pour tromper :

> ***Ils sont en train de bidonner une histoire pour présenter leur projet.***
> *(ils sont en train d'inventer, de fabriquer une histoire)*

Dans ce sens on dit aussi, par dérivation de sens, *bidouiller*.

ORIGINE Fin du 19e siècle dans l'argot spécial des camelots avec le sens de « fausse présentation d'étoffes » par les marchands forains, qui les pliaient de façon à les faire paraître deux fois plus volumineuses. Cela étant, le mot *bidon* dans le sens de « fausseté » est demeuré dans un cercle argotique restreint jusqu'aux années 1920 et n'est passé dans le langage général des Français qu'à partir des années 1960.

la frime Le semblant, le faux-semblant :

> ***Sa maladie d'estomac, c'est de la frime : quand il s'agit de faire la fête, il n'est plus malade !***

Souvent dans la locution *pour la frime* :

> ***Ils ont annoncé une réduction de charges sociales, mais c'est uniquement pour la frime !***

DÉRIVÉS :

■ ***frimer*** Se faire valoir par des dehors enviables, un comportement avantageux :

> ***Bertrand, depuis qu'il est allé aux Caraïbes, il frime à mort !***
> *(il fait le glorieux, l'important)*

> ***Ouah ! T'as vu Vincent comme il frime sur sa mobylette ?***
> *(il se donne en spectacle, il fait le beau, il se donne des airs pour attirer l'attention, et si possible se rendre intéressant aux yeux des copines)*

■ ***un frimeur*** Un individu qui tâche de donner une bonne apparence de lui-même, qui se conduit d'une manière ostentatoire : beaux habits, belle voiture… – généralement dans le but de séduire les filles :

> ***J'aime pas Jacky, c'est un frimeur !***

Le mot s'emploie également au féminin :

> ***Nathalie, je lui parle jamais, c'est une frimeuse.***

REMARQUE Au sens « propre », dans le domaine du cinéma, *frimer* signifie « faire de la figuration ». Les figurants s'appellent familièrement des *frimants*.

ORIGINE ancienne et complexe. De l'ancien français *frume*, « ruse, tromperie » ; dès la fin du 18e siècle, on trouve *pour la frime* (1789), « pour faire semblant ». L'usage paraît courant dès la fin du 19e siècle, mais le mot *frime* est devenu très à la mode depuis les années 1950 – sans doute sous l'influence de la « société du spectacle ».

du toc « Objets faux ou imités ; sans valeur » (J. Cellard). « Faux ; trompe-l'œil ; argot populaire » chez Hector France, qui donne aussi « *en toc*, faux bijoux, faux diamants ».

> ***Tu as perdu ta bague ? – Oui, mais c'est pas grave, c'était pas de l'or c'était du toc.***

ORIGINE 1835 chez G. Esnault. De nos jours, le mot a été largement supplanté par la vogue de *frime* et de *bidon*. « Le discours du ministre était complètement toc », offre une formulation de nos jours surannée ; on dira *bidon*.

faveur

une fleur Une faveur, une gentillesse ; sous la forme d'un avantage pécuniaire généreusement consenti :

> ***Le marchand m'a fait une fleur ; il m'a fait une***

remise de 30%, au lieu de 10% qu'il accorde d'habitude.

Se dit d'un passe-droit – entrer dans un lieu non autorisé :

Bon je vous fais une fleur : vous pouvez entrer dans les coulisses.

Remarque Se construit toujours avec *faire* – on ne dit pas « offrir » une fleur, qui serait le sens concret de la « fleur » offerte.

Origine Vers 1920. Par une métaphore évidente, encore que le verbe *faire* s'explique mal.

femme

Note préliminaire L'ancienne langue populaire, essentiellement masculine, a créé un bon nombre de termes pour désigner la femme, ou la fille, tous plus ou moins dépréciatifs, la plupart accusant la femme de mœurs faciles. Quelques-uns de ces mots, adoptés par les femmes elles-mêmes, sont devenus d'un familier anodin ; certains demeurent franchement insultants – mais toutes ces appellations sont teintées de machisme à un certain degré.

une gonzesse Une femme, en général assez jeune et considérée surtout comme une partenaire sexuelle possible :

Moi j'aime bien discuter avec les gonzesses.

> ***Et qu'un Poète romantique ou moderne ne se croit vraiment Poète que s'il chante les beautés de sa gonzesse, avec laquelle la plupart du temps il ne couche pas !***
> *(Jehan Rictus,* Lettres à Annie, *1911)*

REMARQUE S'emploie dans un milieu machiste pour désigner un homosexuel :

> ***Jean-François c'est une vraie gonzesse.***

ORIGINE Début 19e siècle. Féminin de *gonze*.

une nana Une fille en général. Terme cordial employé aussi par les femmes, sans connotation péjorative.

> ***J'ai rencontré Jean-Paul avec sa nana.***

> ***Au lycée y a des tas de nanas sympathiques.***

ORIGINE Vers 1950. Vraisemblablement une variante de *nénette*. Le prénom Anna, qui en est l'étymologie théorique, n'est pas senti ; cependant, le roman d'Émile Zola, *Nana*, connu des lycéens, a pu être à la source de l'appellation.

une nénette Une fille en général. Le mot alterne avec *nana* qui a pris une fréquence plus grande dans l'usage actuel.

> ***Tu la connais, toi, la nénette de Jean-Paul ?***

> ***Dans la salle des profs, cette année, il n'y a que des nénettes.***

ORIGINE Années 1930. *Nénette* est le diminutif ordinaire de Renée, un prénom qui fut très à la mode dans les milieux parisiens des années 1920-30 (et aussi Antoinette, Étiennette, etc.). Une chanson populaire serinait alors : « Oh dis, toi ma Nénette/Viens faire un tour sur les chevaux de bois. » Il en découla la locution *ma Nénette* puis, par généralisation progressive, *une nénette*.

une souris En principe une jolie fille assez délurée. Ce qualificatif est, selon la formule de J. Cellard, « intermédiaire entre le mépris, la méfiance et l'amusement ».

D'où elle sort, cette souris ? Tu la connais ?

Bon, dis-lui de fermer sa gueule à ta souris, parce qu'elle m'énerve !

ORIGINE Début 20e siècle. Probablement pour faire pendant à *mon minet*, petit surnom tendre que les femmes donnaient à leur amant. Un *minet* est un chat, il lui fallait une *souris*. Mais on disait en 1900 *faire une souris* pour « chatouiller légèrement », ce qui semble être une attitude assez féminine.

une poule Terme assez péjoratif, mais en nette régression, pour désigner une femme de mauvaise vie, voire une prostituée. Mot utilisé par les femmes.

Gabrielle se comporte comme une poule !

Terme un peu désuet pour dire une « maîtresse », très en usage jusqu'aux années 1960 avant la libéralisation des mœurs :

Ernest est venu nous voir avec sa poule.

ORIGINE Fin 19e siècle dans l'argot, début 20e siècle dans le langage commun. Un refrain célèbre de Maurice Chevalier fut dans les années 1920 : « Ah ! si vous connaissiez ma poule ! » Cependant, le mot servait de terme caressant et affectueux à l'égard d'une fille déjà au 17e siècle : « Ma poule », ma chérie, et Marie Treps l'a repéré dès le 13e siècle dans cet emploi. (cf. *Dico des mots-caresses*).

une pépée Le terme désigne une jeune fille, ou une jeune femme, particulièrement bien faite de sa personne, ce que l'on exprime un peu vulgairement par *bien roulée*. Le mot est évidemment d'usage plutôt masculin.

T'aurais dû venir au bal, y avait de ces pépées !

Daniel s'est trouvé une pépée, mon vieux : superbe !

REMARQUE On dit aussi *une poupée* dans ce sens.

ORIGINE Fin 19e siècle. Variante enfantine de *poupée*.

un boudin Appellation très péjorative d'une fille grosse et sans charme. Le mot sert d'insulte très fréquente parmi les jeunes, particulièrement dans un monde où l'idéal de maigreur cadavérique chez les adolescentes touche parfois au pathologique :

Ta sœur c'est un vrai boudin.

ORIGINE Années 1960. Peut-être par glissement du terme *boudin*, désignant préalablement une prostituée dans l'argot du « milieu », mais ce mot n'était pas connu du public qui voit dans l'appellation actuelle un dérivé de *boudiné*, « serré dans une robe ».

une pouffiasse Terme péjoratif insultant pour une femme supposée être de mœurs légères, et au demeurant vulgaire :

Vise la pouffiasse qui sort du magasin avec son caniche !

Le mot sert d'injure :

Fous le camp, espèce de pouffiasse !

ORIGINE Fin 19e siècle. *Una pofiassa* était en occitan une femme très corpulente. En 1900, on disait *une pouiffe*, « femme de mauvaise vie ».

une pétasse À peu près la même chose que *pouffiasse*, mais il s'y ajoute une idée de profonde bêtise et d'arrogance chez la personne :

Nathalie c'est une vraie pétasse ! Elle est con comme un balai, la pauvre !

Le mot est très prisé des femmes qui l'emploient pour désigner la maîtresse de leur mari ou de leur ami – surtout pendant les scènes de ménage :

Mon chéri, tu diras à ta pétasse qu'elle te recouse tes boutons de chemise. Moi, c'est fini !

ORIGINE Fin 19e siècle, au sens de « vieille femme » et aussi de « prostituée ». Voir aussi MINABLES.

une greluche Terme visant plutôt à la plaisanterie, qui s'emploie surtout au pluriel :

Où sont passées les greluches ?
(où sont allées les filles / les femmes ?)

Par légère provocation :

Alors, ça va, les greluches ?

ORIGINE Années 1930. Féminin de *greluchon*.

de la fesse Langage masculin d'une métonymie très cavalière, dans l'expression *il y a de la fesse*, « il y a beaucoup de filles, de femmes » en principe fort séduisantes et « tentantes ».

> ***T'aurais dû venir à la fête de Bruno l'autre jour, je t'assure qu'il y avait de la fesse !***

ORIGINE Début 19e siècle. H. France note en 1907 : « Ma fesse, ma femme. »

bobonne S'emploie ironiquement pour désigner une femme mariée, bonne ménagère, tout occupée de sa maison et de sa famille, et qui se contente d'une existence routinière :

> ***Fernand, tous les soirs, il regarde la télé avec bobonne.***

ORIGINE Vers 1950 dans ce sens ironique. *Bobonne* était au 19e siècle le mot enfantin désignant la « bonne d'enfant » ; puis le sens s'étendit, avec une coloration affectueuse, à l'épouse-mère, la « femme au foyer » ; le mot a pris une connotation un peu sarcastique en même temps que naissait la nouvelle image de la femme, libre et hostile aux tâches ménagères.

fête

faire la bombe Faire une fête centrée sur une débauche de nourriture et de boisson. D'un usage très courant dans les années 1920-50, l'expression est aujourd'hui un peu vieillie.

Tu as fait la bombe hier soir, et maintenant tu es fatigué !

ORIGINE Fin 19e siècle, mais le mot n'est devenu d'un usage familier courant qu'après 14-18. L'influence des poseurs de bombes anarchistes des années 1880 a dû agir par plaisanterie pour former une abréviation de *bombance*. Le bruit d'une bouteille de champagne qu'on débouche – qui pète – n'est peut-être pas étranger non plus à cette origine.

faire la bringue Même sens que le précédent, avec une notion d'ivresse plus accentuée, et de folie générale :

Jacquot, quand il était jeune, il aimait faire la bringue. Les dimanches, il rentrait jamais chez lui avant 4 heures du matin.

ORIGINE Vers 1920 ; obscure – peut-être sous l'influence de la vieille expression *être dans les brindezingues*, « être ivre », croisée avec *une bringue*, « une femme maigre, grande, débauchée » pour Hector France, qui donne également *mettre en bringue*, « briser » (1907).

s'éclater Dans le langage des jeunes, s'amuser, faire la fête, prendre du plaisir. Le mot est devenu d'un usage constant et passe-partout :

Hier soir, chez Julie, on s'est éclatés !
(cela signifie « on s'est bien amusés, la soirée était sympathique », sans autre précision)

lâcher son fou S'amuser follement, se défouler, faire des pitreries. Usuel familier au Québec.

Chaque samedi, il va lâcher son fou dans les clubs !

fort

costaud En adjectif : fort, solide, résistant. Très usuel en parlant d'une personne, homme ou femme :

> ***Mon frère est costaud, il va porter toutes les valises !***

> ***Sa femme est costaud. Elle travaille dans les champs.***

Ou bien plus rarement :

> ***Sa femme est costaude, elle a eu trois enfants coup sur coup.***

Se dit aussi des objets, pour « solide » :

> ***Ton piquet n'est pas bien costaud, je ne sais pas s'il va tenir.***

En substantif, se dit pour un homme, avec parfois une légère connotation ironique :

> ***Ma tante a épousé un costaud, elle doit faire attention aux baffes.***

ORIGINE Vers 1920 au sens général actuel. Le mot, écrit *costeau*, *costaud* ou *costo* jusqu'en 1910 environ, désignait au 19e siècle surtout un « souteneur » – avec également la forme *costel*. Étymologie inconnue.

balèse (ou **balaise)** Se dit d'un homme grand, carré et fort :

Les piliers, au rugby, sont toujours de grands balèses.

Se dit aussi pour de solides vertus intellectuelles :

Catherine, en maths, elle est vachement balèse.

ORIGINE mal définie. En usage depuis les années 1920.

une armoire à glace Se dit par image d'un homme de haute taille et de forte corpulence. Souvent abrégé en *armoire.*

Son beau-frère n'a peur de rien : c'est une armoire à glace.

ORIGINE La métaphore ne semble pas entrée dans l'usage avant les années 1920.

un malabar Un homme de forte carrure et d'une force physique au-dessus du commun :

Le déménageur de piano était un vrai malabar, il portait tout seul de son côté sans effort.

ORIGINE Vers 1910 dans ce sens. « Sans doute du nom propre Malabar : habitant de la côte indienne de Malabar » (J. Cellard, *DFNC*).

être baraqué Se dit d'un homme fortement charpenté, athlétique :

Pour jouer au rugby il faut des types baraqués, pas des gringalets comme ton frère !

ORIGINE Vers 1950; origine inconnue. Peut-être à partir des « baraques foraines » qui employaient des lutteurs aux carrures spectaculaires.

fortiche Fort intellectuellement, savant. Le mot est un peu vieilli.

> ***En anglais, Pierrot, il est rudement fortiche, c'est lui qui me fait mes traducs.***
> *(qui fait mes traductions)*

ORIGINE Vers 1920 dans ce sens. Le mot, avec la suffixation fantaisiste *-iche*, s'est d'abord appliqué à la force physique (fin 19e s.).

fou

Note préliminaire Le dérangement mental, réel ou supposé, est l'un des domaines privilégiés de la phraséologie familière. En effet, accuser l'autre de folie, de faiblesse d'esprit, c'est affirmer notre supériorité, en dehors de la supériorité physique et musculaire. Or, dominer l'autre, par la force, l'esprit, l'astuce, le vocabulaire ou l'argent, a toujours été la grande ambition de l'homme depuis que le monde est monde.

dingue Mot qui sert à tout pour dire « il est fou, il est malade », ou bien « c'est fou, c'est extraordinaire ». Très usuel.

> ***Il est dingue, ce type ! T'as vu il m'a bousculée !***
>
> ***C'est dingue le monde qu'il y avait à la foire aux livres de Brive !***
>
> ***Les gens sont dingues avec les bagnoles, ils polluent tellement que les villes deviennent irrespirables.***

Remarque Le dérivé *dingot* de même sens, qui était le plus courant dans le parler populaire jusque dans les années 1950, a régressé sous la propagation de *dingue*, ce dernier vocable ayant été adopté par la classe étudiante puis intellectuelle en général.

Origine Vers 1910. Sans doute de l'appellation de la fièvre du paludisme, dite *dingue* ou *dingue-dingue* (1890-1900).

cinglé Fou, dérangé psychologiquement, extravagant :

Gérard est complètement cinglé : il conduit sa voiture alors qu'il s'est fait retirer le permis !

Origine Vers 1920, le mot était alors à la mode dans le langage ouvrier parisien. À partir d'un sens *cinglé*, « ivre » (1882, G. Esnault).

barjo Extravagant, avec une dose d'imbécillité en plus :

Ton copain là, Yves, il est pas un peu barjo ? Il m'a téléphoné trois fois hier soir pour me demander la même chose.

Origine Vers 1930. C'est la version en verlan de *jobard*, « imbécile, niais ».

siphonné À la fois dérangé et imprévisible, qui est sujet aux sautes d'humeur :

Le proviseur du lycée est complètement siphonné : il nous convoque à 4 heures pour nous expliquer qu'il ne peut pas nous recevoir !

Origine 1937 (G. Esnault), chez les normaliens de Melun. *Siphonner*, au sens concret, c'est vider un récipient à l'aide d'un siphon (tuyau) par le principe des vases communicants.

maboul Fou, cinglé :

> ***Dans l'autobus il y avait une vieille femme un peu maboule qui chantait.***

ORIGINE Milieu 19e siècle. Influence arabe par l'intermédiaire des troupes militaires d'Afrique du Nord.

marcher à côté de ses pompes Expression hyperbolique qui indique le malaise psychologique, un comportement hors de la réalité :

> ***La mère à Titi, elle marche à côté de ses pompes. En ce moment elle reste enfermée chez elle toute la journée à regarder la télé.***
> *(elle ne va pas bien du tout, elle « ne tourne pas rond »)*

REMARQUE On dit aussi *être à côté de ses pompes*, mais souvent avec un contexte plus léger de simple étourderie :

> ***Je suis complètement à côté de mes pompes aujourd'hui : je cherche partout mes lunettes et je les ai sur le nez !***

ORIGINE Vers 1960. L'expression s'est répandue d'abord dans les milieux du sport à propos d'un joueur en très mauvaise forme, un footballeur qui tire « à côté » du but, qui « passe à côté » de toutes les occasions de marquer par manque de réflexe et maladresse momentanée. Elle s'oppose à *être bien dans ses pompes*, *bien dans ses baskets*, pour un joueur en grande forme.

déconner Faire n'importe quoi, dire des sottises. Le mot, extrêmement usuel, peut avoir des colorations très diverses :

Au sens de dire des fadaises pour rire :

Jean-Paul n'a pas arrêté de déconner toute la soirée. Il nous a bien fait rigoler.

Au contraire, faire des actions mal venues, pas sérieuses :

Son frère déconne sérieusement : il a vendu sa bagnole et il a bouffé tout l'argent en sortant en boîte.

Déconne pas ! Tu vas nous faire avoir un accident si tu continues à lâcher le volant.

À propos d'objets ou d'instruments qui fonctionnent mal :

Mon moteur déconne, je sais pas ce qu'il y a. Je vais faire changer les bougies.

Pour dire « sérieusement », on emploie *sans déconner* :

Sans déconner, tu viens me voir demain ?

DÉRIVÉS :

▪ **sans déc** Abréviation courante chez les jeunes depuis le début des années 1980 :

La prof est malade, sans déc, elle vient pas aujourd'hui.

▪ **une déconnante** Une séance amusante, une soirée passée à « déconner » :

L'autre soir on s'est payé une de ces déconnantes chez Marie-Paule ! C'était super sympa.

ORIGINE Vers 1910 au sens « dire des sottises, déraisonner », puis après 1950 aux sens élargis actuels. Le passage du sens obscène (18e s.) aux propos débiles s'est fait à travers l'idée du vieillissement. Cf. «*Déconner*, radoter. Mot à mot : devenir vieux, s'affaiblir » *(sic)* (H. France, 1907).

En complément De nombreux qualificatifs de la déraison sont devenus d'un usage restreint : *branque*, « un peu fou » ; *sinoque*, « cinglé » ; *folingue*, « fou » par suffixation argotique ; *louftingue*, *marteau*, *piqué*, *ravagé*, etc.

fraude

resquiller Se faufiler, entrer quelque part sans payer :

> ***Tony il arrête pas de resquiller au cinéma, je sais pas comment il fait, il se démerde toujours pour entrer sans payer.***
>
> ***Mon frangin s'est chopé une amende, il a essayé de resquiller dans le RER, manque de pot, il s'est fait repérer.***

REMARQUE L'opération consistant à resquiller dans un train en voyageant sans billet s'est appelée familièrement *brûler le dur* (vers 1920), le *dur* étant le train (le chemin de fer), parce que le *dur* désignait le « fer » en argot.

DÉRIVÉ ***un resquilleur*** Celui qui n'est pas en règle, qui essaie de frauder :

Les contrôleurs font la chasse aux resquilleurs.

ORIGINE 1910. De l'occitan *resquilhar*, « se glisser, se faufiler ».

gruger Frauder, resquiller. Très usuel dans le langage des jeunes :

Dans la queue de la cantine, si quelqu'un passe devant on se fait gruger.

Antoine a grugé son devoir de maths.
(il l'a copié sur son voisin)

ORIGINE Vers 1985 dans ce sens. Il s'agit du verbe rare *gruger* pris familièrement pour un mot d'argot par les jeunes, et traité en tant que tel. La sonorité un peu râpeuse du mot a dû favoriser son adoption.

faire de la perruque Travailler pour soi pendant son temps de travail – par exemple, dans un atelier, se confectionner un outil pour l'emporter chez soi avec les matériaux dont on dispose ; dans un bureau, écrire des lettres personnelles avec l'ordinateur qui sert au travail, etc. Cette vieille locution ouvrière est toujours en usage.

ORIGINE 1856 (G. Esnault), sous la forme *faire en perruque*. Par renouvellement de *faire le poil à quelqu'un*, « le gruger ». Hector France donne *faire en perruque*, « faire en fraude », et *faire la perruque*, « détourner chez un patron de menus objets » (1907).

frère

un frangin Un frère, dans le lien de parenté :

Mon frangin fait des études d'architecture.

S'emploie parfois avec les valeurs extrapolées de *frère* pour désigner des amis très chers :

Auguste, c'est vraiment un frangin.

ORIGINE Début 19e siècle. L'étymologie (où l'on sent la racine *fr*) est mal établie. La forme *fralin*, courante au 19e siècle, n'a disparu qu'à l'époque de la guerre de 14-18, où *frangin* l'a définitivement emporté.

froid

cailler Dans la formulation *ça caille*, « il fait très froid » :

Ah dis donc ! Ils l'avaient annoncé à la météo, mais aujourd'hui ça caille !

DÉRIVÉ ***se cailler*** Avoir très froid. Très usuel, et même banal pour un froid qui n'est pas très intense.

Je me caille dans ce couloir, je reste pas.
(j'ai trop froid, je m'en vais)

T'as pas pris ton manteau ? Tu vas te cailler les miches !
(avoir froid aux fesses, et ailleurs !)

ORIGINE Vraisemblablement durant la guerre de 14-18 où il a fait des froids intenses (le mot était employé par les anciens combattants dès 1920). Peut-être une remotivation de *se cailler le sang*, « rager » (1901 chez G. Esnault) à la fois par la mauvaise humeur que donne le froid et l'image de la glace (l'eau qui caille).

se les geler Avoir froid, éprouver de l'inconfort dû au froid :

Ferme la porte, Albert, on se les gèle !

En plein mois de février, sur un tracteur sans cabine, tu peux pas résister, tu te les gèles.

ORIGINE Vers 1910, en ellipse de l'expression grossière *se geler les couilles*.

peler Avoir très froid. Assez courant de nos jours pour un froid extrêmement vif. Le mot est ressenti comme un superlatif de *se cailler*.

On revient du stade, on pelait !
(nous étions morts de froid)

ORIGINE Entendu dans les années 1950 chez les amateurs de football et de rugby, mais le mot semble s'être diffusé surtout à partir des années 1970. Sans doute une reformulation d'après *un froid qui pèle* relevé par J. Cellard dès 1918. Peut-être faut-il entendre « un froid qui fait craquer l'écorce des arbres » ?

glaglater Avoir froid, se geler (l'idée est : « trembler de froid »). D'un emploi beaucoup plus rare, mais plus expressif et amusant, que *se cailler*.

> ***Le réfectoire n'est pas chauffé, on va glaglater là-dedans !***

ORIGINE Probablement créé durant la guerre de 14-18. Le mot était employé par certains anciens combattants, mais il est resté oral et sans réalité linguistique jusqu'aux années 1940. Il est formé à partir de l'exclamation *aglagla !* qui veut dire « il fait froid, ou j'ai très froid », qui imite le claquement de dents caractéristique.

frette (ou **fret**) Très froid. Familier usuel au Québec.

> ***Il fait donc frette aujourd'hui !***

ORIGINE Dérivé du saintongeais *freit*.

g

gains
gifles
gourmandise
grand
gratuit
guitare

gains

gagner sa croûte Gagner sa vie par un travail rémunéré. La locution est banale et d'un emploi général à peine familier. On commentera ainsi une profession d'une activité peu passionnante mais assez bien payée :

> ***Il faut bien gagner sa croûte !***

ORIGINE Début 20ᵉ siècle, et peut-être avant. Réfection de *gagner son pain*.

gagner son bifteck Gagner sa vie. L'expression comporte souvent une pointe de contentement et s'utilise par litote :

> ***À condition de bosser dur, dans le commerce on arrive encore à gagner son bifteck.***
> *(c'est-à-dire à faire de l'argent, à très bien gagner sa vie)*

ORIGINE Vers 1945 ? Il s'agit d'un raffinement effectif sur le « bœuf » qui, selon les termes de J. Cellard, « accompagne l'évolution du niveau de vie alimentaire de la classe ouvrière ».

gagner son bœuf Gagner sa vie. Familier peu fréquent, s'emploie par plaisanterie, en archaïsme :

> ***Ah il faut en faire des heures de boulot pour gagner son bœuf !***

ORIGINE Vers 1920. Déjà en 1900 *faire son bœuf*, « gagner sa journée ». Le morceau de bœuf bouilli était l'ordinaire de l'ouvrier au début du siècle.

gifles

une claque Une gifle sonore, qui claque. Le mot appartient à la langue commune.

> ***Des claques, c'est tout ce que tu mérites.***

une baffe Une grosse gifle. Très usuel avec *coller*, *foutre*, *mettre*, *prendre* :

> ***Le salaud ! Il m'a mis une baffe !***
>
> ***Si tu te dépêches pas un peu tu vas prendre des baffes.***

Se dit aussi métaphoriquement de revers, professionnels ou sentimentaux, durement ressentis :

> ***Elle a pris plein de baffes dans la gueule ces derniers temps.***
> *(elle a eu une série de « coups durs » épouvantables)*

Une grande baffe dans la gueule désigne ordinairement un choc affectif.

ORIGINE Milieu 18ᵉ siècle dans le parler populaire de Paris pour le sens concret de « gifle », milieu 20ᵉ siècle pour les « difficultés ».

une tarte Une gifle. Le mot est très usuel et à peine familier ; il s'applique de préférence aux enfants avec un brin d'humour :

> ***Si vous continuez je vais vous donner des tartes !***

ORIGINE Fin 19e siècle, sur la même image que *beigne* et probablement que *pain*.

une calotte Une petite gifle sur la joue. C'est le terme le plus gentil et le plus enfantin ; il appartient à la langue commune :

> ***Maman m'a donné une calotte.***

ORIGINE Fin du 17e siècle. « Tape » sur la *calotte* qui coiffe le sommet de la tête.

une beigne Une grosse gifle, à la limite du coup de poing :

> ***Tais-toi ou je te fous une beigne !***

ORIGINE Milieu 19e siècle. À partir des formes dialectales *bugne*, *beugne* qui désignaient des « beignets ».

une torgnole Une grosse gifle violente :

> ***Si vos enfants sont dissipés, donnez-leur des torgnoles !***

ORIGINE 18e siècle. Altération du dialectal *tourniole*, une gifle qui « tourne », donnée à la volée. On dit aussi *une retourne*.

une mornifle Une grosse baffe appuyée :

Tu vas te prendre une mornifle, tu l'auras bien cherchée !

ORIGINE Terme très ancien (16e s.) de la famille de *renifler*.

gourmandise

ne pas cracher dessus Cette tournure s'emploie en formule de contradiction, pour dire qu'une personne aime, en fait, quelque chose qu'elle est censée dédaigner, généralement un aliment ou une boisson raffinée :

Marri n'aime pas le vin ? – C'est possible, mais quand on lui propose du saint-émilion elle ne crache pas dessus !
(c'est-à-dire, par litote, elle en boit énormément, elle y prend un vif plaisir !)

Tu sais que ton petit frère, il crache pas sur les bonbons !
(façon de dire qu'il en mange des quantités !)

REMARQUE La formule peut s'employer pour un avantage particulier autre qu'une nourriture :

Oui, oui, Fernand, il fait le désintéressé comme ça, mais il n'a pas craché sur les primes l'année dernière.
(il a été très réjoui de toucher des primes – des sommes d'argent versées en supplément d'un salaire)

ORIGINE Au 19e siècle par litote populaire d'un temps où *cracher* figurait l'expression du refus et du souverain mépris. Cf. H. France : « Il ne crache ni sur la pipe, ni sur la jupe [les plaisirs vénériens] ni sur la bouteille » (1907).

ne pas en promettre De quelqu'un qui mange goulûment des quantités d'un plat, on dit qu'*il ne faut pas lui en promettre*, ce qui est une litote pour « il faut lui en donner beaucoup » :

> ***Le petit Henri n'aime pas beaucoup les légumes, mais la purée il faut pas lui en promettre !***

ORIGINE 19e siècle. Litote en plaisanterie.

grand

maous Grand, volumineux, impressionnant. Le mot est d'un usage moindre aujourd'hui, repoussé par les usages étendus de *balèse* au même sens (voir FORT).

> ***Dis donc, elle est maous ta bécane !***
> *(elle est énorme ta moto)*

> ***C'est ta maison, ça ? Oh la vache ! Elle est maous !***
> *(elle est vaste et impressionnante)*

ORIGINE Fin 19e siècle en Bretagne selon G. Esnault. Le mot a été d'un usage courant parmi les combattants de 14-18. Étymologie obscure, peut-être un mot breton.

gratuit

à l'œil Gratuitement, ou sans être payé. L'expression est d'un usage courant, chez tout le monde :

> ***J'ai un copain qui me fait entrer à l'œil au cinéma.***
>
> ***Il voulait me faire bosser à l'œil, tu parles, il est malin !***

ORIGINE Fin 19e siècle dans ce sens. L'expression a signifié « à crédit » durant tout le 19e siècle – c'est la notion de gratuité qui l'a emporté par une évolution mal expliquée.

à kroum Gratuitement, dans la région de Marseille :

> ***Karim m'a fait entrer à kroum au match.***

ORIGINE incertaine, probablement arabe.

guitare

une gratte Une guitare en langage de musiciens et de jeunes :

> ***Jean-Rémi avait apporté sa gratte, on s'est éclatés jusqu'à 4 heures du mat !***
>
> *(Jean-Rémi avait apporté sa guitare, on s'est amusés jusqu'à 4 heures du matin)*

ORIGINE Vers 1960. De « gratter » les cordes.

h

habile

se hâter

heure

homme

humeur

habile

toucher sa bille Être très compétent, fort en quelque chose, adroit, etc. Très usuel chez les jeunes.

> ***Bertrand, en maths, il touche sa bille !***
> *(il est fort en maths)*
>
> ***Moi, en mécanique, je touche pas ma bille…***
> *(je suis nul en mécanique)*

ORIGINE À partir de 1955-60 dans le milieu étudiant. Métaphore du jeu de billard où un joueur expérimenté sait, en effet, comment « toucher sa bille ».

ratoureux Espiègle, rusé, au Québec. Usuel familier en mauvaise part.

> ***Méfie-toi de lui, c'est un ratoureux !***

se hâter

se grouiller Se dépêcher, en langage familier de bonne compagnie. Très usuel.

> ***Il va falloir se grouiller si on veut pas se faire rincer par l'averse !***

Grouille-toi un peu, on va être en retard !

On dit aussi, absolument :

Allez, grouille !

ORIGINE 17e siècle. L'histoire de ce verbe est surprenante : employé par Molière – *La Comtesse d'Escarbagnas*, 1671, « Vous ne vous grouillez pas ? » et dans *Le Misanthrope*, 1666, « Elle grouille aussi peu qu'une pièce de bois » – il a été très vite considéré comme un provincialisme inacceptable dans la bonne société. L'édition de 1682, faite après la mort de Molière, crut bon de corriger le vers en « Qu'elle *s'émeut* autant qu'une pièce de bois ». Les éditeurs du 18e siècle transformèrent en « Vous ne grouillez pas ? » la forme pronominale dans *La Comtesse d'Escarbagnas*. Aujourd'hui encore, quoique souvent employé en littérature et dans la conversation, *se grouiller* est ressenti comme trop familier pour être admis, par exemple, dans une dissertation scolaire.

se magner Même sens et même emploi que *se grouiller*, mais dans un registre beaucoup plus « vulgaire » et presque argotique :

Il va falloir se magner, mon pote ! C'est pas l'tout de lambiner devant la télé !

Il est souvent renforcé par une allusion grossière au postérieur :

Allez, magne-toi l'cul, je te dis !

ORIGINE 1898 au sens de « se dépêcher ». Réfection d'un ancien verbe *se manier*, « se mouvoir avec rapidité », par l'effet d'une prononciation populaire.

faire fissa Faire vite, ne pas perdre de temps :

> ***Ben dis donc ! Vous avez fait fissa. J'ai à peine eu le temps de rentrer ma voiture.***

ORIGINE Fin 19e siècle. Emprunté à l'arabe par les soldats d'Afrique du Nord.

faire vinaigre Se hâter, faire aussi vite que l'on peut. Familier ordinaire.

> ***Si on veut pas rater l'autobus il va falloir faire vinaigre, t'as vu l'heure qu'il est ?***

ORIGINE Début 20e siècle. De l'expression datant du 19e siècle *du vinaigre !* « exclamation des petites filles qui sautent à la corde et veulent accélérer le mouvement » (H. France). Il y avait même le *grand vinaigre*, pour « très vite ». Il semble que pour le contraire, lentement, *huile !* ne soit venu en usage que plus tard chez les enfants, peut-être dans les années 1930, par allusion aux composants de la vinaigrette.

bomber Se dépêcher, aller vite. Le mot paraît aujourd'hui assez peu employé.

> ***Ah dis donc, vous avez dû bomber pour arriver à cette heure-ci !***

ORIGINE Vers 1930, sur l'image « aller à la vitesse d'une bombe » – on trouve dès 1900 : « Si ça se perd, calte comme bombe. » Cf. les coureurs cyclistes dès les années 1920.

cavaler Se presser, s'activer, courir tout le temps :

> ***Si tu veux faire tout ça dans la journée il va falloir cavaler dur.***

ORIGINE Vers 1940 dans ce sens. Du vieil argot *cavaler*, « s'enfuir » (1821).

se bouger les fesses Se dépêcher, cesser de lanterner. Très usuel.

> ***Si tu veux de la galette des rois, tu peux te bouger les fesses : y en a presque plus !***
> *(il est grand temps que tu te précipites)*

ORIGINE Vers 1950. Euphémisme, dans un contexte de politesse ordinaire, de la formule rude, elle aussi usuelle, *se bouger le cul.*

speeder (se prononce « spidé ») La même chose que *faire fissa*, mais cet anglicisme tend à être de plus en plus employé par les jeunes :

> ***J'ai speedé à mort sur ma chiotte.***
> *(je suis allé à toute allure sur ma mobylette)*

ORIGINE Les années 1980. De l'anglais *to speed.*

heure

une plombe Une heure. Ce terme d'origine argotique est devenu très courant en français familier.

> ***Qu'est-ce que tu foutais, Daniel ? Ça fait trois plombes qu'on t'attend !***
> *(Que faisais-tu, Daniel ? Nous t'attendons depuis trois heures)*

Souvent dans le sens d'une exagération de temps :

Je lui demande pas à lui, il va mettre une plombe à me répondre !
(un temps exagéré, une heure)

On va pas à Paris à cette heure-ci, avec les embouteillages ça va mettre des plombes !
(ça nous prendra trop de temps)

ORIGINE Début 19e siècle dans l'argot des voleurs. Cf. « Voilà six plombes et mèche qui crossent… Tu pionces encore ? » (Vidocq) : « Voilà six heures et demie qui sonnent. » À partir de *plomber*, « frapper », d'où « sonner l'heure ». Le mot s'est popularisé à partir des années 1960-70.

homme

un type Terme qui fut longtemps le plus courant pour désigner un homme, connu ou inconnu :

Qui est ce type ? – Je connais pas ce type-là.

Le mot est le support des expressions toutes faites courantes : *un brave type*, *un chic type*, quelqu'un de généreux, serviable, dévoué… Au contraire, *un sale type* est un individu louche, faux, menteur, libidineux, etc.

ORIGINE Fin 19e siècle. À partir de 1930, devient synonyme de *gars*. Pour une femme, *type* a signifié « amant ». « Ce soir je couche avec mon type » (H. France).

un mec Un individu. Le mot le plus courant sans doute actuellement.

> ***T'as vu le mec, là ? La barbouze qu'il se paye !***
> *(ce garçon a une barbe inimaginable)*

Il a remplacé *type* dans toutes ses acceptions figées : *un brave mec*, *un sale mec*, etc.

Les femmes, les filles, emploient *mec* à la place d'*amant*, de *mari* :

> ***Marguerite, elle a pas de mec en ce moment.***
> *(elle n'a pas d'ami, de « fiancé »)*

> ***Je demanderai à mon mec de venir me chercher.***
> *(je demanderai à mon mari)*

ORIGINE *Mec*, ou *meg*, désignait le « chef » au début du 19e siècle dans l'argot des bagnes, puis « homme, gars, type » vers 1880. Cependant, le mot est resté à coloration argotique vulgaire jusqu'aux années 1940. Il est totalement anodin et familier depuis les années 1960.

un gonze (ou **gonse)** Un type, un individu quelconque. Aujourd'hui simplement familier :

> ***Tu sais, Francis, dans les banlieues tu as des gonzes qui n'ont pas froid aux yeux !***
> *(il y a des types qui n'ont peur de rien)*

DÉRIVÉ **gonzesse** Ce féminin de *gonze* est devenu fréquent et banal pour dire une fille, une femme, sans coloration vraiment péjorative, tout en restant principalement dans un vocabulaire masculin :

> ***Naturellement vous amenez vos gonzesses, plus on est nombreux plus on s'amuse !***

> ***T'as vu la gonzesse comment elle est sapée !***

ORIGINE Vieux mot d'argot du 17e siècle (écrit *gonce*) qui a eu des fortunes diverses. À la fin du 19e siècle, il désignait, comme le féminin *gonzesse*, des individus mêlés au monde de la prostitution. Cf. « Il me semble que vous ne comprenez mot au langage des gonzes que nous visitons. – Des gonzes ? – Sans doute, des gonzes et des gonzesses. Les habitués des établissements que nous fréquentons se désignent eux-mêmes par ces mots harmonieux » (Louis Barron, *Paris étrange*, 1883).

un gus Un individu un peu étrange, un quidam qu'on ne connaît pas et auquel on accorde peu d'intérêt :

> ***Qu'est-ce que c'est que ce gus ? D'où il sort ?... T'as vu, il entre, il dit même pas bonjour !***

Il semble toujours exister une certaine méfiance à l'égard d'un *gus*, plus qu'à l'égard d'un *mec* :

> ***Tu le vois souvent ton voisin Ferdinand ? – Non, j'aime pas ce gus.***

ORIGINE Le mot semble s'être répandu après 1950, à partir d'une origine incertaine. De fait, il a dû y avoir une rencontre entre ce qui est ressenti comme un raccourci de *gugusse* et un mot *gus* circulant dans les dialectes – occitans en particulier. H. France relève : «*Gus*, gueux, fripon » (1907) qui concorde tout à fait avec la connotation défavorable actuelle. Il s'agit probablement d'un « mot-carrefour » qui résulte de la superposition de deux souches distinctes.

un gugusse Un clown, un farceur, quelqu'un de pas sérieux :

> ***Arrête de faire le gugusse, et dis-moi si tu veux venir au cinéma !***

ORIGINE Vers 1920. D'un nom de clown que l'on trouve dans la chansonnette : « C'est Gugusse avec son violon/Qui fait danser les filles/Et les garçons. »

un pékin Un personnage que l'on ne connaît pas, un passant. Terme encore dans l'usage mais peu fréquent.

> ***Tu vas pas demander au premier pékin venu s'il a des nouvelles de ta femme !***

ORIGINE 1807 dans le sens de « civil » pour les soldats. « Est pékin celui qui est du dehors », commente G. Esnault. Cet emploi a été très répandu au 19e siècle et au début du 20e. Cf. cette chanson qui date du Second Empire et du tirage au sort :

> *En vain l'on veut rester pékin*
> *Quand on a-z-eu la chance*
> *De s'fourrer dans le creux d'la main*
> *Un numéro de partance.*

un pèlerin Par plaisanterie, un individu que l'on ne connaît pas :

> ***Il n'y avait pas un seul pèlerin dans tout le village.***
> *(il n'y avait personne à qui demander notre route)*

ORIGINE Vieil emploi du 17e siècle (Molière l'utilise dans ce sens). H. France remarque : « Ce mot est employé généralement en mauvaise part : "Je connais le pèlerin", dit-on d'une personne dont on a eu à se plaindre » (1907).

un gazier Un type. Le mot est plutôt humoristique et d'un emploi rare de nos jours.

> ***T'as vu ce qu'il a fait ton gazier ? Il est parti en laissant la porte grande ouverte !***

Origine Vers 1945 dans les casernes. Vraisemblablement une suffixation plaisante de *gars* qui fait un jeu de mots avec *gazier*, « employé du gaz ». D'où la connotation « énergique » que relève G. Esnault : un *gazier*, « un gaillard ».

En complément Le féminin est peu nourri, comme si la notion « d'individu femelle quelconque » n'existait pas réellement – la femme serait toujours rattachée à quelque chose dans l'imaginaire collectif : famille, équipe, église ou maison close, mais elle ne saurait errer, seule et inconnue à l'aventure. *Typesse* est d'un emploi rare et péjoratif. Seul *gonzesse* est d'un usage d'autant plus large que *gonze* est seulement d'un emploi occasionnel. Les autres dénominations n'ont pas de féminin.

LES INCONNUS

Note préliminaire Plusieurs patronymes de fantaisie servent à désigner soit des personnes inconnues ou supposées, soit des gens dont on ne connaît pas ou ne se rappelle pas le nom.

Chose Ce terme suppose une certaine condescendance, car on ne prend pas la peine de retenir le nom de la personne :

> ***Il faut expliquer ça à Chose, là… Comment il s'appelle déjà ?***

Origine Déjà usuel au 17e siècle. Cf. « Parlons bas, Chose nous écoute » (*Comédie des proverbes*, 1640). Alphonse Daudet a écrit *Le Petit Chose*.

Machin Même sens. Souvent qualifié de « monsieur » lorsqu'on cherche le nom du personnage :

> ***Vous n'avez pas vu monsieur Machin... euh... le coiffeur ?***

> ***Je voulais inviter monsieur Machin, là... Attends, comment il s'appelle ?... Monsieur Fontaine !***

On combine parfois les deux faux noms en disant Machin-Chose :

> ***Tu donneras ce livre à monsieur Machin-Chose... Mais si ! Le conseiller d'éducation, je me souviens jamais de son nom...***

REMARQUE *Machin* peut se mettre au féminin :

> ***Tu n'as pas vu Machine aujourd'hui ?***

DÉRIVÉ **Machinchouette** Variante pittoresque et plaisantine de *Machin-Chose* :

> ***Je n'arrive pas à retrouver les coordonnées de Machinchouette, là... Tu sais bien : le type qu'on a rencontré à l'auberge du Mont-Noir l'autre jour...***

ORIGINE Déjà usuel au 19e siècle pour ce qui est de *Machin*. Charles Nisard prétendait que ce nom continuait l'ancien français *meschin*, « jeune homme, valet » – ce n'est ni prouvé, ni inimaginable. *Machinchouette* ne paraît pas antérieur à 1910.

Truc Même sens, mais moins fréquent (encore que les habitudes personnelles de chaque locuteur varient) :

> ***Y a Truc qui te demandait ce matin... – Quel Truc ? – Tu sais bien, Machin-Chose, celui qui livre le mazout...***

Origine 19e siècle. Le mot *truc* pour « ruse, combine » était déjà usuel au 18e siècle.

Tartempion Individu quelconque et supposé auquel on accorde peu d'estime :

> ***Que vous alliez chez moi ou chez Tartempion, cela revient au même : vous n'y trouverez pas de poule aux œufs d'or !***

Origine 19e siècle. Il s'agit d'un « personnage imaginaire et quelque peu ridicule qui revenait constamment dans les articles de *Charivari* entre 1840 et 1850» (Gustave Fustier). Le nom fut à la mode à la fin du 19e siècle. Un journaliste de *L'Aurore* écrivait vers 1900 à propos des députés : « Nous envoyons à la Chambre de déplorables Tartempion, des sous-vétérinaires dont les chevaux ne voudraient pas pour leur servir l'avoine » (cité par Hector France).

Untel S'utilise à l'écrit principalement à la place d'une personne imaginaire et abstraite :

> ***Que vous vous adressiez à Untel ou à Untel, vous avez la même réponse.***
> *(à une personne ou à une autre)*

Celui-ci peut se mettre au féminin, à la différence des autres, mais écrit en deux mots.

> ***Une Telle vous dira ceci, une autre cela…***

Origine Début 20e siècle.

Monsieur Toulemonde (ou ***Tout-le-Monde)*** Chacun de nous, dans le sens de la plus grande banalité :

> ***Les formules mathématiques ne font pas partie du langage de Monsieur Toulemonde.***

ORIGINE Milieu 20e siècle. Personnalisation amusante de la locution *tout le monde*. Ex. : « Ils ne parlent pas comme tout le monde. »

lambda L'individu moyen, pris au hasard, qui représente les caractéristiques majoritaires de sa catégorie, servant d'exemple. Usuel dans les discussions à teneur « sociologique ».

> ***Si vous interrogez le conducteur lambda, il vous dira que la ceinture de sécurité n'est qu'une question d'habitude.***
>
> ***Le consommateur lambda n'achète pas son pain au supermarché mais dans une boulangerie.***

REMARQUE Le mot appartenant surtout au langage oral – colloques, émissions de radio ou de télé... – il n'est que très rarement écrit, et cette graphie *lambda* est exceptionnelle.

ORIGINE Vers 1950, avec le développement d'un langage à prétention savante. C'est la lettre grecque λ prise comme symbole dans les formules en mathématiques et en physique : « Soit une longueur λ... »

X ou Y (se prononce « iks ou igrek ») Symbolise les inconnus parfaits, des individus théoriques, encore plus immatériels que *Untel ou Untel* :

> ***Si X ou Y décide de lancer une nouvelle enquête sociologique, il va commencer par faire le point sur ce qui a déjà été fait en la matière.***

ORIGINE Fin 19e siècle, avec la formule juridique *plainte contre X*.

humeur

être de bon poil De bonne humeur, bien disposé, affable :

> ***La chef était de bon poil ce matin, elle nous a offert des bonbons !***

À l'inverse, *être de mauvais poil* :

> ***Qu'est-ce qu'il était de mauvais poil ce matin ! Il n'a même pas dit bonjour.***

Plus couramment, *pas de bon poil* : agressif, excédé, de fort méchante humeur.

> ***Les flics n'étaient pas de bon poil hier : ils ont mis des contraventions à tout le monde.***

ORIGINE Milieu 19e siècle. Sans doute par allusion au poil lisse et soyeux d'un animal en pleine forme ou, au contraire, hérissé en touffes : un cheval rétif par exemple.

i

illusions
imbécile
important
indifférence
indirect
insister
instruit
intéressant

inutile
ivresse
ivrogne

illusions

se monter le bourrichon Se monter la tête, se faire des illusions heureuses. La locution est familière.

> ***La pauvre Yvonne, elle se monte le bourrichon ! Si elle croit qu'on va lui confier la caisse, elle se met le doigt dans l'œil !***
> *(elle se fait des illusions, elle se trompe sur les intentions de la direction du magasin)*

La locution a eu – a encore – le sens de « s'échauffer l'imagination amoureuse » : « Son amour ne la tient pas éveillée. Je crois qu'il lui serait assez difficile de se monter le bourrichon en pensant aux lunettes de cet oiseau-là » (Louis Daryl, *13 rue Magloire*, v. 1900).

REMARQUE On dit aussi *se monter le bobéchon* (en voie de désuétude).

ORIGINE Milieu 19e siècle (chez A. Delvau). Le bourrichon serait, selon G. Esnault, « le fruit de la bardane, qui a l'aspect d'une tête hirsute ». Il me semble que l'on doive plutôt songer au petit panier *(bourrichon)* que les femmes du peuple portaient ordinairement en équilibre sur la tête – une pratique qui ne s'est entièrement perdue dans les campagnes qu'après 1945.

croire que c'est arrivé Prendre au sérieux un avantage momentané, s'imaginer qu'une fortune passagère va durer toujours. Cette locution continue à être très usuelle, y compris parmi les jeunes.

Ouais, Vincent, parce qu'il a eu des bonnes notes le trimestre dernier, il croit que c'est arrivé, il en fout plus une rame !
(il est trop sûr de lui, il ne fait plus rien du tout)

ORIGINE Milieu 19e siècle, peut-être avant. Cf. « Les colonels de la Commune, élevés à ce poste par l'ignorance ou la jobarderie, croyaient tous que c'était arrivé » (H. France, 1907).

imbécile

un con Terme de mépris, naguère très grossier, devenu d'un usage banal dans toute l'étendue de l'échelle sociale à cause de la grande fréquence de son emploi à partir des années 1950. Reste dans le registre de la vulgarité. Sa signification est flexible, allant de l'imbécillité à la méchanceté, et dépend du contexte :

Qui c'est, ce con-là ?
(qui est cet individu ?)

Pour la bêtise caractérisée :

Lui c'est un con fini
(il est très bête)

Pour la bêtise sans malice :

Fernand, c'est un pauvre con
(une loque, un individu lamentable)

Le *petit con* est méchant :

Mon chef, c'est un petit con.

Moins, toutefois, que le *sale con* qui est vraiment une ordure. Le *grand con* peut être tout à la fois.

DÉRIVÉS :

- ***connard*** Mot qui a gardé sa verdeur. *Gros connard* est toujours une insulte vivace. Le féminin usuel **connasse** est très vulgaire :

  Quelle connasse, cette fille !
  (elle est bête et vaguement malfaisante)

- ***une connerie*** Une sottise :

  Comment tu fais pour dire autant de conneries ? Tu prends des cours du soir ?
  (entendu à la télévision, 19 décembre 1995)

REMARQUE Dans certaines régions de France, le mot est si fréquent qu'il sert de ponctuation orale au langage populaire, par exemple à Toulouse : « Oh con ! Il faisait un froid, con, je sentais plus mes pieds, con ! »

ORIGINE Organe sexuel féminin.

un couillon Un imbécile, quelqu'un de crédule, facile à duper. Mot traditionnel dans le Midi de la France, il apparaît souvent dans la littérature de Marcel Pagnol.

Oh Madeleine !... Ton mari, c'est un beau couillon !

DÉRIVÉ ***une couillonnade*** Une plaisanterie, un mensonge :

Ils lui ont raconté que des couillonnades.
(ils lui ont menti sur toute la ligne)

ORIGINE Organe sexuel masculin.

un beauf Cette contraction de *beau-frère* est employée depuis les années 1960 pour désigner un homme assez buté, aux manières lourdes et aux opinions sans nuances. Le mot, en usage dès les années 1950, fut popularisé vers 1970 par une série de dessins humoristiques de Cabu, puis dans les années 1980 par une chanson de Renaud intitulée *Mon beauf* : « Quand les cons voleront, il sera chef d'escadrille, mon beauf ! » (voir FAMILLE).

un corniaud Un imbécile sans malice, une dupe facile. Le mot est familier mais de « bon ton ».

Le notaire est un corniaud, il s'est laissé avoir.

une cloche Un individu peu reluisant, pauvre et malchanceux, sans volonté. Un « pauvre type ».

Ton frère, il fera jamais rien, c'est une cloche !

Le mot s'emploie aussi en adjectif :

Son pardessus est un peu cloche.
(il lui va mal, il est bizarre – sorte d'euphémisme pour « moche »)

Sert à exprimer une petite erreur, un regret. Équivalent de *c'est dommage.*

C'est cloche, j'aurais dû apporter mon appareil photo.

ORIGINE mal définie. Peut-être du verbe *clocher*, « aller de travers ».

un ballot Euphémisme léger pour « imbécile » ou « nigaud ». Se dit à un enfant :

Quel ballot tu es ! Il ne faut pas croire tout ce qu'on te dit !

DÉRIVÉ **baluche** Forme adoucie de *ballot.*

ORIGINE Le *ballot* est un paquet, un objet sans réaction, dont on fait ce qu'on veut.

un gland Un nigaud, un empoté, quelqu'un de mal dégourdi :

> ***Étienne est encore en retard ! Mais qu'est-ce qu'il fait, ce gland ! ?***

ORIGINE Organe sexuel masculin.

important

une grosse légume Un personnage officiel important, voire redoutable :

> ***À la réception du préfet il y avait quelques grosses légumes : le député, l'inspecteur d'académie…***

ORIGINE obscure; 1832 (G. Esnault). Le féminin indique qu'il pourrait s'agir de *grosse portion* (par opposition à *demi-portion*, « homme sans valeur ni importance »). G. Esnault relève en effet dans ce sens, à la même époque, « mon quart et ma légume » (1838).

une huile Quelqu'un de haut placé dans une hiérarchie quelconque, jouissant des privilèges afférant à sa charge :

> ***Mon cousin était une huile dans les Postes : il était chef de secteur !***

Se dit collectivement, au pluriel, des dirigeants, des gens en fonction, des représentants officiels :

> ***Attention, quand les huiles vont arriver, il faudra dégager toutes ces voitures.***
> *(ce peut être aussi bien le PDG d'une entreprise et son équipe, que le maire et son conseil municipal, en visite quelque part)*

ORIGINE 1887 (G. Esnault), dans l'argot militaire de l'époque. Le mot, inconnu d'Hector France, semble s'être largement diffusé durant la guerre de 14-18. J. Cellard suggère avec une grande vraisemblance de voir dans cette image une allusion aux « sardines à l'huile », les *sardines* étant les « galons » des officiers.

du beau linge Terme familier d'un ton à la fois admiratif et sarcastique pour *du beau monde*, mélange de gens très riches, très en vue, célèbres, etc.

> ***À la petite sauterie du préfet il y avait non seulement plusieurs grosses légumes, mais du très beau linge : le président des GCDLL et sa femme, la baronne de Sainte-Pélagie, les Lareine-Leroy de Granval, Marcel Amont et son épouse, le Dr Bernard Labbé, Régine, Paul-Émile Debraux et pas mal d'autres...***

ORIGINE Fin 19e siècle. Par extension du sens de *linge*, « fille bien vêtue » en langage ouvrier – « un linge convenable » (1865, G. Esnault).

indifférence

Note préliminaire Il est intéressant de noter que l'expression familière de l'insouciance se fait en français sous la forme de provocation, et principalement par des références sexuelles. Tout se passe comme si, à l'opposé, le soin, le sérieux, l'application étaient symboliquement liés à l'abstinence érotique, à la contrainte sexuelle, voire à la castration. Y aurait-il dans l'inconscient collectif des Français un « syndrome d'Abélard » ? Peut-être faut-il voir dans cette rébellion, qui s'exprime par une fronde langagière, une réaction historique à la pression de l'ancien clergé ?... Toujours est-il que la désinvolture s'exprime vulgairement par une floraison de locutions relatives à la masturbation, lesquelles déclinent plus ou moins la formule mère : *je m'en fous*, aujourd'hui totalement édulcorée, depuis que l'ensemble des Français a oublié que *foutre* signifiait, naguère encore, « coïter ». Cet « oubli » est d'ailleurs étrange en lui-même.

s'en foutre N'accorder aucune importance. Fréquent, quotidien, pour ne pas dire d'un usage incessant.

> ***Je m'en fous du temps qu'il fait, j'irai me promener tout de même.***
>
> ***Jeannot, il se fout de tout !***
> *(tout lui est égal, rien ne l'intéresse)*
>
> ***Les affaires, la politique, ces gens-là s'en foutent complètement. Tout ce qui les préoccupe c'est leurs vacances !***

Avec *pas mal*, formule toute faite d'indifférence :

> ***Je m'en fous pas mal qu'elle soit gentille, elle m'aime plus !***
> *(ça m'est bien égal qu'elle soit gentille...)*

DÉRIVÉS :

▒ On emploie aussi une sorte d'augmentatif : ***je m'en contrefous***, souvent utilisé en redoublement :

> ***Je m'en fous et je m'en contrefous de tes problèmes ! Démerde-toi toute seule !***

▒ ***un je-m'en-foutiste*** est une substantivation fantaisiste, mais tout à fait intégrée à la langue ordinaire (pas même familière) pour désigner une personne qui ne prend rien au sérieux, qui néglige ses affaires :

> ***Charlie, ne compte pas sur lui, c'est un je-m'en-foutiste !***

▒ ***s'en foutre comme de l'an quarante*** Cette vieille locution, attestée sous cette forme en 1791, est toujours d'un usage ordinaire, et connue des jeunes générations. Être totalement indifférent :

> ***Jean-Marc, vous pensez, il n'est jamais chez lui. Sa femme, ses enfants, il s'en fout comme de l'an quarante !***

ORIGINE Milieu 18e siècle pour *s'en foutre*, mais certainement antérieur. Bien que fortement réprimée dans les textes à cause de la crudité passée de *foutre*, l'expression a été d'une haute fréquence dans la langue orale, familière et triviale, du 18e siècle, tous milieux sociaux confondus (Louis XV aurait dit : « Je m'en fous » en apprenant la nouvelle d'une défaite en 1746). Au 19e siècle, l'aspect fortement répressif de la société bourgeoise (en réaction à la permissivité aristocratique du 18e siècle) n'a pas permis au verbe *foutre* et à ses déclinaisons d'apparaître au grand jour dans la langue malgré un usage constant. Cf. cette phrase de Séverine (vers 1880) : « L'exemple ? On s'en moque, remoque et contre-moque », qui est ostensiblement mise à la place de « on s'en fout, refout et contre-fout ». *S'en foutre* n'a été accepté dans l'usage familier « normal » qu'après la guerre de 14-18, mais principalement à partir des années 1960 où il a perdu, avec l'oubli de son sens propre, presque toute connotation vulgaire. Cependant, les locutions avec *foutre* appartiennent toutes à un registre nettement familier.

s'en branler Ne faire aucun cas de, n'éprouver aucune inquiétude pour... Malgré la violente vulgarité du mot, cette expression d'indifférence est la plus usitée de nos jours (avec *s'en foutre*, qui est du lexique banal), en particulier dans la population jeune des deux sexes. On peut dire qu'il s'agit effectivement d'un terme « familier » dans la mesure où il est usuel dans toutes les familles !...

> ***T'as perdu ton bouquin de maths ? – Oui, mais je m'en branle, je fais plus de maths.***

Jacques Cellard cite un « Tract lycéen, Paris 1969», ainsi rédigé : « Le conseil d'administration, on s'en fout. Le conseil de discipline, on s'en branle » (*DFNC*). La période post-mai 68 est marquée en effet par un « éclatement » du langage familier parmi la jeunesse.

ORIGINE Vers 1900, et probablement avant. De même que pour *foutre*, la censure de l'écrit a pesé fortement sur *branler* (verbe de la masturbation bien attesté dès le 17e siècle); aussi est-il malaisé de situer ses « débuts » en métaphore de l'indifférence dans la tradition orale vulgaire. Il est certain en tout cas que l'exclamation *on s'en branle !* pour « on s'en fout ! » était courante chez les combattants de 14-18, du moins dans les régiments d'Afrique qui n'avaient pas dû inventer la formule !

s'en taper Formule superlative de *s'en foutre*, très fréquente, mais assez agressive. Elle exprime un refus vigoureux :

> ***Je m'en tape de tes conseils, tu entends ! Tu peux dire ce que tu voudras, ça m'est égal !***

> ***Trouver du travail !... Raoul ?... Il s'en tape, tu veux dire !***

REMARQUE La conjugaison ne convient pas à toutes les personnes ni à tous les temps : « Nous nous en tapons » paraît incongru, de même que « je m'en taperai ».

ORIGINE Vers 1930. Abrègement par civilité du très vulgaire *s'en taper le cul* (1907, H. France : « S'en moquer. On dit aussi *s'en battre les fesses*). Le cheminement « souterrain » de cette locution est exemplaire du langage familier argotique : *s'en taper* n'apparaît que très tard dans l'écrit (Robert, 1964!) alors qu'elle était dans l'usage de certains ouvriers parisiens des années 1930.

s'en balancer Euphémisme usuel pour *s'en foutre*. En particulier, une femme voulant utiliser une formulation plus énergique que *je m'en moque*, et moins rude que ses équivalents grossiers, dira volontiers *je m'en balance*.

> ***Jean-Pierre fait le câlin, mais ses compliments, tu comprends, je m'en balance !***

ORIGINE 1914, selon G. Esnault qui y voit une « syntaxe prise à *s'en foutre*». On est plutôt tenté d'y voir un euphémisme bien tempéré de *s'en branler* (sur le mode de formation euphonique d'*engueuler/enguirlander*) – la trouvaille était d'autant plus efficace qu'elle entrait dans un champ d'insouciance dont le *balancement* est doté : cf. *envoyer à la balançoire* (1858), « reconduire, envoyer sur les roses… ».

s'en tamponner Même chose que *s'en taper*, mais en termes adoucis. La locution est ressentie comme un euphémisme.

> ***Les journaux peuvent dire ce qu'ils veulent, je m'en tamponne !***

ORIGINE Vers 1950 sous cette forme, abrégée de *s'en tamponner le coquillard*, expression toujours en usage par ailleurs, et qui apparut brusquement vers 1885-90 comme en témoigne *Le Petit Journal*, cité par Hector France : « Prenons, par exemple, le dicton *je m'en moque !* Un chansonnier de la Restauration, Émile Debraux, l'agrémenta dans son *Fanfan la Tulipe* et dit : *je m'en bats l'œil*, tour de phrase qui eut un grand succès. Sous Louis-Philippe, un vaudevilliste modifie la formule en *je m'en fustige le cristallin*, qui fut très applaudi. Il y a une quinzaine d'années fut lancée la version *je m'en tamponne le coquillard !* On ne peut évidemment prévoir quand finira cette fantaisie : la série est inépuisable » (Pontarmé, *Le Petit Journal*, v. 1905). Il faut remarquer que, selon cet historique, la locution « fut lancée » dans le langage familier à la mode dans la bonne compagnie, ce qui explique qu'elle soit entrée au *Dictionnaire Larousse* presque immédiatement, en 1897. Précisons enfin que l'*œil* présente une ambiguïté volontaire (consciente chez Émile Debraux, excellent argotier) avec son sens argotique : le « cul ».

s'en torcher N'en faire aucun cas. Formule évidemment grossière et agressive.

> ***Il a beau me faire des menaces, moi je m'en torche ! Il me fera pas céder.***

> ***Vos déclarations ? Il s'en torche de ce que vous pouviez lui dire !***

ORIGINE Vers 1910. Par une métaphore claire, surtout s'il s'agit d'un ordre, une recommandation écrite dont on peut, matériellement, « s'essuyer le derrière », qui est le sens de *se torcher*.

LA SÉRIE «RIEN À FAIRE»

Note préliminaire Il faut signaler la construction *je n'en ai rien à faire* avec sa série d'équivalents familiers de « force croissante », exprimant l'indifférence, l'incurie la plus totale.

je n'en ai rien à foutre Cela m'est parfaitement égal, ou je n'en ai pas du tout besoin :

> ***Il peut m'engueuler tant qu'il voudra, je n'en ai rien à foutre.***

La négation complète *ne* ... *rien* peut servir de forme d'insistance par distinction ironique, par rapport au simple *j'en ai rien...*

> ***Moi, j'en ai rien à foutre de son pognon, qu'il se le garde !***

j'en ai rien à branler Cela n'est absolument pas mon problème, cela ne me concerne nullement. (La double négation est ici improbable, mais pas impossible.)

> ***Sa mère n'est pas contente ?... J'en ai rien à branler !***

j'en ai rien à cirer Même sens. La formule est apparue chez les jeunes dans les années 1970. *Cirer* est un dérivatif du brutal *branler* par l'intermédiaire de la vieille notion « s'astiquer ». Très usuel.

Tu veux pas venir ?... Alors, reste, j'en ai rien à cirer !

Cause toujours ! Tu vois bien qu'elle n'en a rien à cirer !

(La négation complète est ici euphonique, mais dans l'usage ordinaire le *ne* sera fréquemment omis.)

j'en ai rien à secouer Même sens. Formulation venue en usage chez les jeunes au cours des années 1980. *Secouer* s'entend à l'évidence dans un sens érotique mais sans que cela affleure nettement à la conscience de la plupart des locuteurs. Très usuel.

La directrice t'appelle. – Je m'en fous. – Mais si, faut que tu y ailles ! – J'en ai rien à secouer, j'te dis !

En complément On entend beaucoup, dans la période où nous sommes (1997-1998), l'expression *j'en ai rien à battre*, dans le même sens et la même série. « Si tu continues comme ça, tu es sûr d'avoir un blâme. – Alors ça, mon pote, j'en ai rien à battre ! » Affaire à suivre !

indirect

par la bande De manière indirecte, en passant par un ou plusieurs intermédiaires :

> ***Fernand ne lui écrit jamais, mais elle a de ses nouvelles par la bande : sa belle-sœur le voit de temps en temps.***
>
> ***Nous allons présenter notre projet par la bande.***
> *(indirectement, en demandant à quelqu'un de s'en charger)*

ORIGINE Milieu 19ᵉ siècle. Métaphore du billard où un coup peut se jouer « par la bande » en touchant d'abord la bande qui repousse la boule en direction de celle à atteindre.

insister

tanner Insister beaucoup auprès de quelqu'un, le harceler sans cesse, jusqu'à ce qu'il accepte de faire quelque chose :

> ***Si tu veux qu'il range les cartons, il faut le tanner.***
> *(il faut le lui rappeler tous les jours)*
>
> ***Sa femme le tanne pour aller en Grèce.***
> *(elle remet constamment ce projet sur le tapis)*

ORIGINE Abréviation de *tanner le cuir*, « battre, molester ».

instruit

calé Savant. Ce mot d'usage populaire pour désigner quelqu'un d'instruit est en train de devenir désuet.

> ***François il est vachement calé en géographie. Il sait où sont tous les pays.***

ORIGINE 1884 (G. Esnault) en milieu écolier. Peut-être par simplification de *savoir à fond de cale*.

trapu Fort, instruit. Le mot semble désuet auprès des jeunes.

> ***Ton frère qui est trapu en maths, il pourrait pas m'expliquer cette équation ?***

REMARQUE *Trapu* a aussi signifié « très difficile, ardu » :

> ***La version est vachement trapue !***

ORIGINE 1886 (G. Esnault) en milieu lycéen. « Fort au point de vue intellectuel » (H. France, 1907).

c'est une bête Expression courante chez les jeunes pour dire « Untel est très fort » :

> ***Adrien, en histoire, c'est une bête !***
> *(il sait tout, il a tout retenu : l'analyse, les dates, tout)*

REMARQUE *C'est une tête* s'emploie également dans le même registre :

> ***Laurent, en maths, c'est une tête.***

ORIGINE Vers 1980. Réfection probable de *bœuf* : allusion à la puissance physique d'une bête. On a dit, dans les années 1960, *c'est un bœuf*, prononcé « beu ».

intéressant

bandant Se dit au lieu d'*excitant* pour un projet sympathique, une situation à venir qui semble prometteuse :

> ***Aller passer deux semaines à Tallinn, c'est plutôt bandant, non ?***
> *(c'est une proposition fort alléchante)*

Fréquent au négatif pour « peu emballant » :

> ***Passer tout le dimanche en famille, je veux bien, mais c'est pas très bandant.***

ORIGINE Années 1980. Par extension métaphorique du sens érotique de base.

inutile

de l'enculage de mouches Se dit à propos d'arguties, de finesses absurdes, de détails inutiles :

> ***Se demander si les travaux d'Einstein ont contribué ou non à l'invention de la bombe atomique,***

c'est de l'enculage de mouches : la première bombe explose à Hiroshima le 6 août 1945. C'est tout ce qu'on veut savoir.

Tu vas pas te mettre à colorier les croquis ! Y a pas besoin, c'est de l'enculage de mouches.

ORIGINE Expression des années 1920 – au moins – demeurée rare jusqu'aux années 1970 où la liberté de langage l'a fait entrer dans le registre familier. « Compte tenu du caractère imaginaire de l'outrage ainsi évoqué, l'expression a perdu tout caractère sexuel », commente plaisamment J. Cellard *(DFNC)*.

pisser dans un violon Encore usuel pour symboliser l'inefficacité même ; perdre sa peine et son temps :

Cet écrou ne veut pas se débloquer : j'ai beau y mettre du dégrippant et m'arracher la peau sur la clef à molette, c'est comme si je pissais dans un violon !

Tu peux toujours causer à Albertine, essayer de la raisonner : c'est comme si tu pissais dans un violon.

ORIGINE Fin 19e siècle. L'expression fut très à la mode durant la guerre de 14-18.

ivresse

Note préliminaire Cette entrée regroupe, à cause de leur interconnexion, 1° la notion d'ivresse, 2° l'action de s'enivrer (se soûler), 3° l'état d'ivresse (être soûl).

LA NOTION D'IVRESSE

une cuite Mot très courant et d'usage général pour l'ivresse caractérisée :

> ***Il a pris une cuite, hier soir.***

DÉRIVÉ ***se cuiter*** S'enivrer. D'un emploi moins fréquent que *prendre une cuite* (voir ci-après).

ORIGINE Milieu 19e siècle. La métaphore, répandue en milieu ouvrier, semble porter sur la couleur brun rougeâtre d'un visage d'homme ivre, par analogie avec la cuisson d'un « matériau qu'on a longtemps fait chauffer » (J. Cellard, *DFNC*).

une biture Moins fréquent qu'*une cuite*, mais toujours très usuel :

> ***Ils avaient tous une bonne biture et chantaient dans la rue.***

DÉRIVÉ ***se biturer*** Plus rare que *se cuiter*.

ORIGINE Début 19e siècle. Métaphore d'argot maritime. La longueur du filin qui sert à l'ancrage du navire s'appelle *la biture* ; le fait que les marins boivent beaucoup est connu.

une mufflée (*on dit aussi* ***muffée)*** Une cuite sévère, une soûlerie à ne pas tenir debout. On dira d'un homme qui chancelle par ivresse :

> ***Dis donc, lui, il en tient une de ces mufflées !***

ORIGINE Fin 19e siècle, sur l'image du *mufle* d'un animal (son museau, son groin).

ACTION DE S'ENIVRER (SE SOÛLER)

Note préliminaire Les expressions d'usage le plus courant pour désigner le fait de s'enivrer sont construites sur les termes familiers ci-dessus ; on dira le plus souvent : *prendre une cuite* (une *bonne cuite*, une *sacrée cuite* – selon l'intensité), *prendre une biture*, *prendre une mufflée*. Les autres expressions, ci-après, viennent pour ainsi dire « en complément ».

se bourrer la gueule Plus agressif et d'intention plus vulgaire que les précédents.

> ***Allez les gars, on va se bourrer la gueule, nom de Dieu !***
>
> ***Pauvre con ! Il est allé se bourrer la gueule au lieu de s'occuper de sa famille.***

REMARQUE On abrège parfois en *se bourrer*. On emploie aussi en variante *se péter la gueule*.

ORIGINE Vers 1930 dans la langue populaire, à partir de la notion de *se bourrer,* « manger trop et trop vite » (comme on bourrait autrefois un fusil ou un canon par la gueule). On disait à un enfant : « Ne te bourre pas de pain ! » Appliqué à la boisson, on a dit aussi *se bourrer le pif*, d'un usage actuel rare.

se piquer la ruche Image tardive et peu usuelle, ressentie comme un euphémisme :

> ***Ah oui, Tonton, il lui arrive de se piquer la ruche !***
> *(de temps en temps il se laisse aller à des excès de boisson)*

ORIGINE Probablement vers 1920, en réfection de *se piquer le nez*, courant au 19e siècle et à peu près sorti de l'usage aujourd'hui. La *ruche* a été un terme familier pour désigner la tête (allusion de forme) mais aussi le nez. *Piquer* peut s'entendre comme « prendre des boursouflures », accident typique du nez des ivrognes.

En complément *Se poivrer*, autrefois usuel (dès le 18e s.), est sorti de l'usage, de même que *se blinder* (19e s.), prendre une cuite énorme, à vous rendre « raide », est devenu très rare. *Se pinter* est demeuré régional.

L'ÉTAT D'IVRESSE

être bourré Être soûl. Très usuel et presque anodin.

Qu'est-ce que tu racontes ? T'es bourré ou quoi ?

Faites pas attention, il est complètement bourré.

On dit aussi fréquemment *bourré comme un coing* sans qu'on sache ce qui vaut à ce fruit succulent l'honneur de la comparaison. Il s'agirait plutôt d'un *coin* que l'on *bourre* (de coups), c'est-à-dire sur lequel on frappe pour l'enfoncer.

être rond Être soûl. Également usuel et anodin ; le mot est ancien et appartient de fait au français commun.

Tu vois ce type au bar, je crois qu'il est rond.

S'emploie plus fréquemment avec un augmentatif imagé : *rond comme un ballon*, *comme une queue de pelle* – et s'applique volontiers à soi-même :

J'ai rien vu, j'étais rond comme une queue de pelle.

Origine Dès le 16e siècle, sur l'image de l'ivrogne qui « roule » sous la table ou dans les fossés (tant qu'il n'est pas rond il ne roule pas).

être paf Être soûl. Usuel et sans vulgarité pour l'homme et la femme ; s'applique volontiers à soi-même :

Je me sens un peu paf.

Allons là, la pauvre Monique, elle est complètement paf !

Origine Dans l'argot de bagne du début 19e siècle. Le *paf* désignait l'eau-de-vie en parisien populaire (1755 chez Vadé) mais la filiation demeure mal expliquée.

être schlass Être complètement ivre. Le mot, expressif par sa sonorité incongrue en français, évoque l'état « pâteux » de celui qui tient une bonne cuite. D'un homme qui ne réagit plus, ou qui fait des extravagances :

Ah le pauvre vieux, il est complètement schlass !

Se dit aussi d'une femme dans le même état.

Origine Milieu 20e siècle ; obscure. Peut-être né par l'image des soldats allemands ivres pendant l'Occupation.

être beurré Être passablement ivre, mais plutôt en douceur, avec tendresse et vague à l'âme :

Lulu se repose. – Il est beurré tu veux dire !

Une forme primesautière très usuelle est *beurré comme un petit Lu* – cette « queue stylistique » porte sur un jeu de mots avec le biscuit carré, dentelé, appelé « petit-beurre », tel qu'il était (et est encore) vendu par la célèbre société LU. S'emploie pour une situation plutôt douce et d'une ébriété amusante :

Regarde Jojo !... Il est en train de pleurer dans son coin. Ah il est beurré comme un p'tit Lu !

ORIGINE Vers 1930 ; assez obscure. Probablement une variante incongrue de *bourré*. Jacques Cellard signale un jeu de mots possible – et assez vraisemblable – sur *noir*, ancienne façon de dire « ivre », et une page *beurrée* en typographie, une page surchargée d'encre, donc noire aussi.

être pompette Euphémisme usuel pour un « léger excès de boisson ». D'usage essentiellement féminin et de « bonne compagnie » :

Quand elle est un peu pompette, elle est rigolote comme tout !

ORIGINE 20e siècle. De *pomper*, « boire énormément ».

être rétamé Être ivre au point de ne plus avoir de réaction. D'un homme incapable de se lever de table, par exemple, après des libations :

Le pauvre Gérard, il est complètement rétamé !

ORIGINE Début 20e siècle. Image assez obscure du rétamage d'une casserole.

en avoir un coup dans l'aile Être un peu gris, un peu « déstabilisé ». Donne l'image de celui qui ne va plus très droit. Expression fréquente et de « bonne compagnie ».

Regarde Victor qui fait du plat à la serveuse, je crois qu'il en a un petit coup dans l'aile.

On dit aussi *un coup dans les carreaux.*

ORIGINE Début 20e siècle.

En complément Les vieilles équivalences *être noir*, *être gris* appartiennent à la langue générale et n'ont rien du vocabulaire « familier ». *Avoir une culotte*, usuel au 19e siècle, est totalement sorti de l'usage. Par ailleurs, toutes sortes d'images plus ou moins usuelles servent à désigner l'état d'ébriété : *il a du vent dans les voiles* (il chavire quelque peu) ; *il est mûr* (et donc prêt à tomber comme un fruit de l'arbre) ; *il est fait*, comme on le dit aussi pour un fruit mûr ; *il est plein*, très fréquent pour une « bonne cuite », avec le renforcement habituel *il est plein comme un tonneau*. En revanche, dans les « nouveautés », *être bu* semble très employé parmi les jeunes (calque de l'anglais *drunk*).

ivrogne

un alcoolo Très fréquent pour désigner quelqu'un qui est véritablement alcoolique, ou qui boit beaucoup et souvent :

Le directeur ? C'est un alcoolo fini.

Tu peux pas compter sur Georges, il est complètement alcoolo.

ORIGINE Milieu 20e siècle. Abréviation d'*alcoolique.*

un poivrot Désigne un ivrogne endurci, à l'allure et aux manières caractéristiques :

> ***Vise un peu le poivrot qui pisse contre le mur !***

Ou, par métaphore, quelqu'un qui a la réputation d'être un fort buveur :

> ***Les employés de la SNCF ? Tous une bande de poivrots !***

REMARQUE *Un poivre*, abrégé de *poivrot*, est sorti de l'usage.

ORIGINE 19e siècle. De *se poivrer*, lui-même d'origine obscure.

En complément Le mot à la mode chez les jeunes est *pochtron*, popularisé par une chanson de Renaud. Déformation de *pochard*, « ivrogne ».

j-k

jambes
jeter
journal
joyeux
kilomètre

jambes

les guibolles Les jambes. Terme familier usuel chez tous les Français, sauf chez les jeunes générations qui tendent à ignorer ce mot.

J'ai mal à une guibolle.

Il s'est cassé une guibolle.

T'as vu les grandes guibolles qu'il a ! Il n'arrive pas à les passer sous la table.

ORIGINE Attesté en 1829 dans le texte suivant : *Sais-tu quels sols fatiguent tes guibolles* (É. Debraux, *Les Porcherons*, 1829). Probablement à partir d'un mot normand *guibon*, « cuisse », qui avait donné *quibonne*.

les pattes Les jambes. Dans l'expression *aller à pattes*, « à pied », qui a un côté humoristique :

On s'est tapé toute la montée à pattes.

Aussi *en avoir plein les pattes*, être exténué après une longue marche.

Se tirer des pattes, s'enfuir prestement d'un endroit dangereux ou désagréable.

ORIGINE Image sur les pattes des animaux.

les cannes Les jambes. Terme teinté d'argotisme.

Elle avait des cannes comme mon doigt.
(elle avait des jambes maigres, décharnées)

ORIGINE Fin 19e siècle. Métaphore sur les cannes en bois qui aident à marcher.

En complément La très ancienne métaphore *les quilles* pour « les jambes » est quelquefois employée : « Il tenait plus sur ses quilles. »

jeter

foutre en l'air Jeter, avec une idée de se débarrasser avec soulagement :

Qu'est-ce que tu as fait de ton stylo ? – Je l'ai foutu en l'air, il marchait plus.

Ah ! mes bottes sont trouées, je vais devoir les foutre en l'air.

Fous-moi ça en l'air, t'en as plus besoin !

REMARQUE La locution veut dire aussi « abîmer, casser, esquinter, bousiller ».

Si tu ne prends pas de précautions, tu vas foutre en l'air ta chaîne stéréo.

Par ailleurs, *se foutre en l'air* signifie « tomber, faire une chute », et par extension « se tuer » :

Je me suis foutu en l'air avec mon vélo.

Le pauvre vieux, il s'est foutu en l'air sur l'autoroute.
(il a eu un accident mortel)

ORIGINE Vers 1920. « Être foutu en l'air par un obus », tué, avec projection ou éclatement du corps, était très employé – avec un sens concret hélas trop fréquent – durant la guerre de 14-18.

virer Jeter. Très courant dans le langage des jeunes.

Catherine a viré son vieux fauteuil troué pour acheter un canapé à la place.

REMARQUE *Virer* veut dire aussi « chasser, mettre à la porte », ainsi que « renvoyer d'un emploi ».

Il s'est fait virer de chez sa copine avec perte et fracas !

Le patron m'a appelé ce matin : je suis viré.

ORIGINE Vers 1950 au sens de « chasser ». Peut-être avec un premier emploi dans le sport : « se faire virer du terrain » (sortir *manu militari*, ou sur une sanction de l'arbitre). Le sens de « jeter » s'est développé au cours des années 1970.

balancer Jeter un objet. Autrefois le terme familier le plus fréquent (1920-40) ; moins employé de nos jours.

Il a balancé son mouchoir par la fenêtre !

Balance-moi toutes ces ordures !

REMARQUE *Balancer quelqu'un*, « le renvoyer », semble être un sens premier toujours en usage :

Il a balancé sa femme. Maintenant il vit seul et il fait de la musique toute la journée.
(il a quitté sa femme)

Balancer s'emploie aussi, en argot des voleurs, pour « dénoncer » – mais ce n'est pas ici notre sujet.

ORIGINE Fin 19e siècle pour le sens de « congédier ». Il se pourrait qu'il y ait au départ un réel mouvement de balançoire – celui qui servait à *berner* quelqu'un, le secouer rudement dans une couverture à titre de brimade, de moquerie. H. France précise en effet : « Se dit aussi pour se moquer de lui, le berner. »

journal

un canard Terme neutre, alternatif à peine familier pour un journal, surtout le journal habituel :

> ***Tu as acheté le canard ? – Pas encore.***
>
> ***Passe-moi ton canard, j'ai plus rien à lire.***
>
> ***L'accident mortel de Lady Diana a fait la une de tous les canards.***
> *(la* une *est la première page des journaux)*

REMARQUE L'usage veut que l'on désigne l'hebdomadaire *Le Canard enchaîné* par abréviation *Le Canard*, surtout parmi ses lecteurs.

> ***J'ai lu une bonne critique de ce bouquin dans* Le Canard *de la semaine dernière.***

ORIGINE Milieu 19e siècle, à partir du sens « fausse nouvelle ». *Canard* se disait, sous le Premier Empire, « des bulletins de la Grande Armée criés dans les rues » (G. Esnault).

une feuille de chou Journal quelconque, avec une connotation désinvolte et légèrement péjorative qui lui vient de ses origines définies ainsi par Hector France en 1907 : « Journal sans valeur et sans autorité, rédigé par des écrivains sans talent. Par extension, tout journal. »

> ***Bertrand gagne petitement sa vie en collaborant à une feuille de chou des industriels du bâtiment.***

ORIGINE Milieu 19e siècle. Cf. « Bien des individus se décernent pompeusement le titre d'auteur, parce qu'ils ont écrit quelques lignes dans quelque méchante feuille de chou » (Décembre-Alonnier, *Typographes et gens de lettres*, 1864).

joyeux

jouasse Content, satisfait, joyeux. Le mot n'est pas d'une très grande fréquence mais il a été repris par les jeunes générations. S'emploie surtout dans une tournure négative :

> ***Antoine, il était pas jouasse quand je lui ai appris qu'il devait travailler dimanche.***
> *(il était mécontent)*

> ***Ah c'était sympa la soirée ! Et puis l'équipe du Brésil est arrivée juste pour la remise du prix. On était vachement jouasses !***

ORIGINE Vers 1940. Il s'agit probablement d'une attirance sémantique de *joie*, *joyeux* sur un mot d'origine dialectale. Cf. J. Cellard : « On pensera plutôt à l'adjectif très répandu régionalement *jouasse*, de *jouasser*, diminutif péjoratif de *jouer* : un enfant *jouasse*, qui aime à jouer, de bonne humeur » *(DFNC)*. Un roman de Charles Pascarel paru aux Éditions du Seuil en 1967 s'intitule *La Grande Jouasse.*

kilomètre

une borne 1 kilomètre. Très usuel, surtout au pluriel.

Tu fais pas 60 bornes à pied dans une journée !

Georges vient de se taper 800 bornes en bagnole.

Pour indiquer les distances :

Antignac, c'est à 20 bornes d'ici, à peine.

Tartu est à peu près à 3 000 bornes de Paris.

ORIGINE Vers 1920. Par référence aux bornes kilométriques que l'administration des Ponts et Chaussées disposa le long des routes nationales, en même temps que les panneaux indicateurs, à partir de 1913, afin de favoriser le tourisme automobile. Le mot était déjà usuel entre 1925 et 1930.

l

lâcheté

laid

laisser

lampe

lettre

lit

livre

loin

longtemps

lycée

lâcheté

se dégonfler Capituler face à un projet difficile ou dangereux ; renoncer à affronter quelqu'un ou quelque chose. Très usuel.

Sylvie voulait partir en Inde, elle avait tout préparé, et puis au dernier moment elle s'est dégonflée.

Jean-Michel parle toujours d'apprendre à faire du parachute, mais chaque fois qu'il a l'occasion de sauter il se dégonfle lamentablement !

À la forme négative, exprime la bravade :

C'est bon ! Okay je me dégonfle pas, on va tous les deux voir le médecin.

DÉRIVÉ ***un dégonflé*** Un peureux, un lâche. Très usuel en tant qu'insulte.

T'es qu'un dégonflé, t'es même pas cap' de me répondre.

Ouais, c'est un dégonflé, ce mec.

ORIGINE Vers 1920. Il est probable que l'usage généralisé des pneumatiques a joué un rôle déterminant dans le succès métaphorique du mot. L'attitude penaude et la mine déconfite de celui qui « se dégonfle » est aisément rapprochée de la mollesse d'un ballon – fût-il un dirigeable – ou d'une chambre à air à plat.

se déballonner Perdre soudainement courage au moment de passer aux actes, principalement à propos d'une entreprise audacieuse, voire dangereuse, que l'on s'était promis de mener à bien :

> ***Frédéric et moi avions tout préparé pour fonder cette revue, fait nos plans, et trouvé l'argent pour le financement... Puis au dernier moment, devant l'immensité de la tâche, on s'est déballonnés, tout simplement.***

ORIGINE 1927 chez les cyclistes dans G. Esnault, lequel précise qu'il s'agit de « l'image du pneu ballon préconisé en 1926».

laid

Note préliminaire L'adjectif *laid*, qui exprime la laideur, présente un caractère plutôt distingué et presque littéraire ; sa brièveté, son homophonie avec *lait* et *les* lui ôtent de la force pour exprimer une réalité repoussante, ce qui explique que son alternatif familier *moche* soit d'une très haute fréquence d'emploi.

moche Laid, vilain, ou bas, selon le contexte matériel ou moral. Très usuel, peut-être plus fréquent que *laid* dans la langue orale.

> ***Cet appartement est très moche, je n'en voudrais pour rien au monde !***

> ***Enlève ce collant pisseux, Jacqueline. Regarde-moi ça : c'est moche comme tout avec ton pull rose !***

Fréquent avec un renforcement populaire peu charitable :

> ***Tu as vu cette poupée en caoutchouc ? Elle est moche comme un cul !***

Au sens moral :

> ***Fernand m'a fait un coup vraiment moche... Il m'a chouravé ma femme. – Mon pauvre vieux ! Ah oui, ça c'est moche alors !***

> ***Parfois la vie est moche...***
> *(c'est-à-dire triste, sans intérêt)*

DÉRIVÉS :

▒ ***une mocheté*** Un objet sans goût, horrible, ou une femme très laide (ne se dit plus beaucoup dans ce sens : les appréciations sur le physique étant bannies par la charité moderne).

> ***Jette-moi cette mocheté, Joséphine, tu vas pas apporter ça à la maison !***

▒ ***amocher*** Rendre moche, enlaidir, mais par une action accidentelle ou violente ; on ne dira pas « vous avez amoché votre appartement avec ce vert moutarde », mais on dira :

> ***Ah le salaud, il m'a amoché ma bagnole !***
> *(il lui a causé quelque dégât de carrosserie)*

> ***Bertrand s'est vraiment fait amocher la gueule l'autre soir, il est couvert d'Albuplast !***

▒ ***mochard*** Même sens que *moche* avec une nuance de dépréciation supplémentaire due au suffixe péjoratif *-ard*.

ORIGINE 1878 dans G. Esnault. Étymologie mal établie.

tarte Signifie plutôt « de mauvais goût » que carrément laid ou moche. Le mot peut viser un clinquant prétentieux :

> ***La façon dont ils ont refait leur appartement est complètement tarte.***
> *(ils ont voulu faire de l'effet, mais c'est nul)*
>
> ***Cette gravure est très tarte.***
> *(elle est ratée, niaise, d'un effet grandiloquent)*

Appliqué à une personne, *tarte* signifie « nigaud, un peu bêta, sans jugement » :

> ***Qu'est-ce qu'il est tarte le nouveau directeur !***

Appliqué à un écrit ou un film, il signifie « plat, mal fait, un peu sot » :

> ***L'article du* Monde *sur les loisirs était complètement tarte la semaine dernière.***
>
> ***J'ai essayé de regarder l'émission sur les écrivains, hier soir, c'était tarte au possible !***

DÉRIVÉ **tartignole** (vers 1920) Diminutif usuel de *tarte* avec des valeurs approchantes. Peut s'appliquer à tous les exemples précédents avec un effet d'insistance sur la nullité plutôt que sur la laideur ; équivalent de *nunuche*.

ORIGINE Vers 1900 pour le sens de « laid » ; d'après le sens de « faux » (1836, Vidocq). La connotation « plat et prétentieux » a dû venir sous l'influence de *tarte à la crème* au sens de « banalité creuse ». Très usuel.

laisser

lâche-moi les baskets Expression qui signifie « ne sois pas tout le temps près de moi, tu me fatigues » ou « cesse de m'importuner » :

> ***Oh ! écoute Bébert lâche-moi les baskets, tu veux ! Je suis pas forcé de répondre à toutes tes questions.***
>
> ***Et merde ! Lâche-lui les baskets, quoi ! Tu vois bien qu'il veut aller se coucher !***

REMARQUE L'expression a tendance à être raccourcie en *lâche-moi*. D'autre part, elle est souvent remotivée par des termes accidentels venus dans l'humeur du moment : le coude, les burnes, le tergal, le col, les revers, etc.

ORIGINE Années 1970 chez les jeunes. Très usuel. Reprend le sémantisme de la locution *tenir la jambe à quelqu'un*, « le retarder ».

lampe

une loupiote Une petite lampe, particulièrement une lampe de chevet :

> ***Éteins la loupiote, mon chéri, je veux dormir.***

Le mot est toujours en usage pour une veilleuse :

> ***Il y avait une loupiote bleue au bout du couloir, j'ai pu retrouver la porte.***

Ou pour une lampe de poche :

> ***Si vous n'avez pas de loupiote, c'est compliqué, vous allez vous perdre dans le bois.***

ORIGINE 1915 chez les soldats pour une bougie. De fait, le mot s'est développé dans l'usage au cours de la guerre de 14-18. Diminutif d'un mot dialectal du Poitou, *loupe*, pour « chandelle de résine » (G. Esnault).

lettre

une bafouille Une lettre, dans un langage très familier. Assez usuel. Ce mot sert à briser le caractère solennel et intimidant du mot « lettre ».

> ***Tu crois qu'il m'écrirait une petite bafouille pour me dire comment ça va ? Rien du tout !...***

> ***Je t'ai envoyé une bafouille, tu l'as reçue ?***

ORIGINE 1914 (Cellard). Substantivation de *bafouiller*, « bredouiller ». Le terme *bafouille* a eu un grand succès pour désigner les lettres des soldats de 14-18 à leur famille, et vice-versa.

En complément Le vieux mot d'argot *babillarde* n'existe plus que dans les dictionnaires, et chez les auteurs de romans policiers.

lit

le pieu Le lit. Très usuel bien que d'un registre très familier.

> ***Hubert, il a un pieu chez lui de deux mètres de large.***
>
> ***Bon, c'est l'heure d'aller au pieu, les enfants !***
>
> ***Je suis vanné, il me tarde de me mettre au pieu.***

S'emploie très souvent avec une connotation érotique :

> ***Julie est très aimable, mais pour le pieu tu peux te l'accrocher !***
> *(elle ne cède pas facilement aux avances et propositions galantes)*

DÉRIVÉ ***se pieuter*** Se coucher, aller au lit. Très usuel.

> ***Salut, je vais me pieuter !***
>
> ***Hier soir on s'est pieutés à 2 heures du mat'.***

ORIGINE Fin 18e siècle dans l'argot . *Piau* en 1725 (argot de Cartouche) : prononciation dialectale de *peau* ; les couvertures étaient alors souvent constituées de fourrures ou de peaux de mouton.

le plumard Le lit – avec la volonté d'être un peu plus familier en le disant qu'avec le simple et banal *pieu*.

> ***Il est 9 heures et Louis-Do est encore au plumard !***
>
> ***Henri, Charlotte, c'est l'heure du plumard !***

> ***Je me suis allongé sur mon plumard et je me suis fait un petit pétard, comme ça pour me détendre.***
> *(P. Merle,* Le Déchiros, *1991)*

Employé plus spontanément avec *se foutre* :

> ***Ciao ! Je vais me foutre au plumard.***

ORIGINE 1881 (G. Esnault). Par allusion à *se mettre au plume*. Les lits douillets du 19e siècle étaient des lits de plume.

le paddock Le lit. Terme amusant, ressenti comme une déformation humoristique de *pieu*. Rare, mais encore dans l'usage.

> ***Lulu était beurré comme un petit Lu, on l'a mis au paddock vite fait, qu'il nous emmerde plus.***

ORIGINE Années 1920, peut-être déjà en 14-18, mais c'est incertain. G. Esnault atteste le mot en 1929. De l'anglais *paddock*, « enclos pour les chevaux ».

se mettre dans les toiles Aller au lit. Il s'agit d'une image populaire reprise par affectation de populisme par la classe instruite.

> ***Bon, assez plaisanté, je vais me mettre dans les toiles !***

ORIGINE Probablement ancienne : Hector France relève *se fourrer dans les toiles du gouvernement*, « expression militaire » pour « se coucher » (1907). L'expression est revenue au grand jour dans les années 1970.

mettre la viande dans le torchon Ce vulgarisme amusant a été relancé à la fin des années 1980 par un film à succès : *La vie est un long fleuve tran-*

quille. Les jeunes et les moins jeunes l'ont repris à leur compte par plaisanterie. S'emploie surtout à la première personne par autodérision :

> ***Puisque c'est comme ça, je vais mettre la viande dans le torchon.***

ORIGINE Fin du 19e siècle. Hector France cite l'expression en 1907 : « Mettre sa viande dans le torchon : se coucher. » Allusion à la pratique courante autrefois d'envelopper les jambons dans un torchon.

En complément *Un page*, *un pageot*, courants dans la langue ouvrière des années 1920-30, sont à peu près inconnus de nos jours. Il en est de même d'*aller au pucier*, c'est-à-dire l'endroit « plein de puces », ce qui correspondait souvent en effet à la réalité des classes populaires d'avant la Seconde Guerre mondiale.

livre

un bouquin Un livre. Terme alternatif à peine familier, employé par tout le monde. Pourtant, le mot n'a pas encore acquis le statut du français conventionnel.

> ***Tu me prêtes ton bouquin ?***
>
> ***J'achète trop de bouquins ; je me ruine en bouquins.***
>
> ***Un bouquin sur le langage est toujours intéressant par principe.***

DÉRIVÉ ***bouquiner*** Lire. Le plus souvent pour son plaisir, et non pour l'étude.

> ***Noémie bouquine toute la journée !***

ORIGINE Vieux mot du 15e siècle. A eu le sens familier actuel dès le milieu du 19e siècle, de même que le verbe *bouquiner*.

loin

à Pétaouchnok Au diable Vauvert, c'est-à-dire en un lieu très éloigné ou peu accessible ; il s'agit d'une distance affective qui n'a pas de rapport avec la distance réelle :

> ***Depuis que Françoise est allée habiter à Pétaouchnok, on la voit jamais.***

Prononcé à Paris par exemple, ce lieu peut être un coin de banlieue mal desservi, aussi bien que les environs de Bourges, les faubourgs de Prague ou de Tallinn !

ORIGINE Années 1940. Imitation dérisoire de sonorités étrangères évoquant pour une oreille française à la fois l'Europe de l'Est, la Bretagne profonde ou l'Afrique !

à dache Loin, au diable :

> ***On va prendre un taxi. J'en ai marre de marcher, la station de métro est à dache !***

ORIGINE Milieu 19e siècle. De l'expression *envoyer à dache*, « envoyer promener » (1866, G. Esnault). *Dache* a été une appellation dialectale du diable. À la fin du 19e siècle, le nom avait été attribué à un personnage légendaire dans le monde des militaires : « Dache, le perruquier des zouaves », censé être la crédulité même ; d'où l'expression *allez raconter ça à Dache !* pour dire « je ne vous crois pas ».

ça fait une trotte Une belle distance à pied. Usuel.

> ***Pendant les grèves j'allais travailler à pied, et je vous assure que de la porte d'Orléans à la Madeleine, ça fait une trotte ! Et même une sacrée trotte !***

Par extension pour une distance imposante :

> ***Ah dis donc, de Limoges à Barcelone ça fait quand même une trotte ! Ils vont pas arriver de bonne heure, tes copains.***

ORIGINE 17e siècle (1680 dans Robert).

à perpète En langage populaire, cette expression signifie « au diable », trop loin :

> ***On ne va pas aller chez lui ce soir, il habite à perpète !***

ORIGINE Vers 1920. Par déformation en milieu ouvrier de l'argot *à perpète*, « à perpétuité ». La longueur du temps s'est commuée en longueur du chemin.

longtemps

ça fait une paye Très familier pour « longtemps » :

> ***Y a une paye que j'avais pas bu du Martini !***
>
> ***Ça fait une paye qu'on n'a pas vu Albert, qu'est-ce qu'il devient celui-là ?***

ORIGINE Vers 1910, en milieu ouvrier. Du temps qui s'écoule entre deux jours de paye : « Ce temps paraît toujours odieusement long » (J. Cellard).

ça fait un bail Équivalence de *une paye*, mais dans un registre légèrement plus distingué :

> ***Ben, y a un bail qu'elle a donné cette dissert', la prof !***
>
> ***Ah ! monsieur Roussie ! Ça fait un bail que j'attends votre facture !***

ORIGINE Vers 1910. Par référence à la durée d'un contrat de location ou *bail.*

à perpète À perpétuité. Assez fréquent chez les jeunes.

> ***Si tu attends ton frère, tu peux rester là jusqu'à perpète !***

Voir aussi LOIN.

ORIGINE 1836 dans l'argot au sens de « perpétuité ». Venu des milieux carcéraux et pénitentiaires.

lycée

le bahut Terme usuel et constant pour désigner le lycée ou le collège par ceux qui le fréquentent :

> ***À quelle heure tu vas au bahut demain ?***
>
> ***Moi, je mange pas au bahut à midi.***

ORIGINE Milieu 19e siècle au sens de « pension, collège », particulièrement un collège militaire.

m

main
malade
malchance
mal fonctionner
manger
maniéré
marcher
mari
matin
méchanceté
médical
mentir
mesquinerie

minables
moineau
montre
se moquer
mouchoir
mourir
moustache
muscles
myope

main

la pince Ne s'emploie que dans l'expression *serrer la pince à quelqu'un*, lui donner une poignée de main, et par extension lui faire une visite rapide, lui dire bonjour :

> ***Le directeur a été très aimable, il m'a même serré la pince !***
>
> ***Comme je passais devant chez lui, je suis monté lui serrer la pince.***

Une chansonnette populaire enfantine continue à favoriser l'emploi de ce mot primesautier dès le plus jeune âge :

> *Lundi matin,*
> *L'emp'reur, sa femme et le p'tit prince,*
> *Sont venus chez moi pour me serrer la pince, etc.*

ORIGINE Dans l'argot populaire dès la fin du 19e siècle. Probablement par analogie avec la *pince* en tant qu'instrument.

la paluche S'emploie aussi bien pour désigner la main que le geste de la serrer, dans un registre familier décontracté :

> ***T'as vu ces énormes paluches qu'il se paye !***
>
> ***Ah ! ça fait plaisir de te voir, serre-moi la paluche !***

On entendra, plus rarement, *il m'a donné un sacré coup de paluche* – « un bon coup de main » – pour une aide décisive, et plutôt au sens figuré qu'au sens concret d'aide manuelle. Avoir froid ou mal « aux paluches » n'est pratiquement pas usité, non plus que dans aucun autre contexte en remplacement de *main*.

DÉRIVÉ En revanche, le mot a un sens grivois autonome dans l'expression *se taper une paluche*, « se masturber ». Il existe aussi un verbe de même sens, *se palucher*, d'usage grossier mais fréquent.

ORIGINE Le mot semble s'être répandu vers l'époque du Front populaire (1936), par suffixation à consonance argotique *-uche* du vieux mot d'argot classique *palette* – déjà chez Vidocq : « Les palettes et les pâturons ligotés. »

la pogne S'emploie familièrement dans la locution *serrer la pogne*, très antérieure et plus répandue dans cet usage que *serrer la paluche* (dès la guerre de 14-18). On trouve parfois ce terme dans des locutions telles qu'*en avoir plein les pognes* (de l'argent par exemple) mais c'est alors un usage demeuré argotique plus que familier.

> ***Hollande, le député, s'est approché du groupe, très souriant, et il a serré la pogne à tout le monde. Très sympa !***

REMARQUE *Avoir de la pogne* ne signifie pas « avoir de la main », mais s'emploie parfois pour « avoir de la poigne », de l'autorité, de la fermeté :

> ***Le nouveau directeur du collège a de la pogne.***

ORIGINE À la fois argotique et dialectal, *la pogne* évoquait surtout la main fermée, le poing, au début du 20e siècle.

la cuillère Uniquement pour *serrer la cuillère*, dans un esprit primesautier, de même usage que *la pince* :

> ***Ah ça ! tu crois, vieux frère, dit-il de sa voix enrouée, que nous nous sommes dérangés ce soir uniquement pour le plaisir de te serrer la cuillère et te dire ensuite : À la revoyure !***
> *(H. France, 1907)*

ORIGINE Variante amusante de *la louche* (ci-après).

la louche Uniquement dans *serrer la louche*. Cette vieille métaphore est encore en usage chez certaines personnes, mais il semble que ce soit avec un effet délibéré d'archaïsme et de décalage conscient en bonne compagnie cultivée :

> ***Tu vas voir, je vais serrer la louche à l'ambassadeur !***

ORIGINE Le plus ancien des mots, d'abord franchement argotique, pour désigner la main. Apparaît au 16e siècle dans l'argot des Coquillards, puis fait partie du lexique de Cartouche en 1725.

malade

la crève Un gros rhume, une bronchite ou la grippe. *La crève* suppose que l'on tousse et que l'on ait de la fièvre. Très usuel, mais ne s'utilise que dans le contexte étroit d'une lamentation : *avoir* ou *attraper la crève*. (On ne dit pas « la crève sera forte cette année.)

Ah ! J'ai une crève pas possible depuis hier.

Fais gaffe, prends un pull, sinon tu vas choper la crève.

Hubert n'a pas pu venir, ils ont tous la crève chez lui, ils sont au lit.

Origine Au sens actuel, vers 1920. De *crever*, « mourir ». Précisons que les infections des voies respiratoires étaient assez souvent mortelles avant la mise au point des antibiotiques. Le mot s'est banalisé à l'extrême dans l'usage actuel, où un petit rhume est souvent baptisé du nom de *crève*.

se faire porter pâle Prendre un congé de maladie :

Je me sens pas bien aujourd'hui, j'ai la tête lourde. Si ça continue je vais me faire porter pâle.
(je vais me mettre en congé de maladie)

Origine 1900 chez les bagnards, dans G. Esnault. Mais la locution est restée très longtemps attachée au contexte de l'armée, où une recrue se faisait porter pâle à la visite du major pour passer la journée à l'infirmerie. Elle semble s'être répandue dans le public à partir des années 1950.

malchance

la poisse Terme à peine familier, très courant pour la « malchance » – une malchance du genre tenace :

C'est la poisse, j'ai encore perdu mon stylo neuf !

J'ai vraiment la poisse : chaque fois que je sors en boîte je me fais agresser.

ORIGINE 1909 pour G. Esnault chez les cyclistes (les crevaisons répétées, les fourches cassées faisaient partie des ennuis constants aux premières époques du cyclisme). Le mot semble s'être répandu dans le public après 14-18.

le manque de pot La déveine. La locution fait pendant à *avoir du pot.*

J'ai pas de pot, moi, je tombe toujours sur un nigaud !...

Se construit souvent en ellipse exclamative :

Ah ! pas de pot !...
(équivaut à « dommage ! » pour dire « tu n'en auras pas, il n'y en a plus », etc.)

La construction avec valeur d'adverbe est fréquente ; équivaut à « malheureusement » :

Elle voulait venir, manque de pot sa bagnole est en panne.

ORIGINE Années 1940, où effectivement la malchance pouvait avoir des conséquences tragiques en France. Négation du *pot*, « la chance ».

le manque de bol Le manque de chance, la déveine. Le pendant négatif d'*avoir du bol* et le renouvellement de *pot*. Très usuel à propos de n'importe quoi, et surtout des petits inconvénients de la vie :

C'est le manque de bol intégral, j'ai pas d'allumettes. T'as du feu ?

L'emploi elliptique adverbial, équivalent de « malheureusement », est le plus fréquent :

> ***Elle m'a bien raconté qu'elle avait failli jouer dans un autre film, grand écran, mais manque de bol, on lui avait préféré une autre « typée » parce qu'elle couchait...***
> *(P. Merle,* Le Déchiros, *1991)*

la scoumoune (se prononce « chkoumoun' ») La malchance fatidique, la poisse indélébile. Mot typique des pieds-noirs d'Algérie, employé surtout pour produire un effet d'exotisme par les métropolitains et dans les dialogues de films.

> ***Ah dis ! Il me met la scoumoune lui !...***
> *(il me porte le mauvais œil)*

ORIGINE Vers 1960 en français. D'après une formulation pataouète (dialecte franco-algérien) de la « malédiction », formée sur l'italien *scomunica* (excommunication).

En complément D'autres termes indiquent la malchance : *la guigne* en français ordinaire, avec sa propre réfection en argot : *la cerise* (cf. titre d'Alphonse Boudard en 1963). La *guigne*, au sens propre, désigne en effet une variété de cerise.

mal fonctionner

Note préliminaire L'irritation que crée un outil ou un engin défectueux, ou une situation incontrôlée, tend à faire surgir un vocabulaire grossier pour exprimer le mauvais fonctionnement.

déconner Verbe universellement employé pour « ne pas marcher normalement » ou « aller de travers » :

Ma voiture déconne, elle fait un bruit bizarre au démarrage.

Y a l'aspirateur qui déconne, il aspire plus rien.

Se dit d'une situation qui tourne mal :

Le projet était complètement au point, et puis ça a déconné au niveau des autorisations.

La médecine moderne déconne à plein tube en prescrivant des neuroleptiques en masse.

On dit, d'une manière générale, *ça déconne* :

Ça déconne dur ces temps-ci dans l'industrie.
(la situation économique industrielle n'est pas bonne)

ORIGINE Vers 1910 au sens de « dire des sottises, déraisonner », puis, après 1950, aux sens élargis actuels. Le passage du sens obscène (18e s.) aux propos débiles s'est fait à travers l'idée du vieillissement. Cf. « *Déconner :* radoter. Mot à mot : devenir vieux, s'affaiblir » *(sic)* (H. France, 1907).

cafouiller Bien que plus ancien d'emploi, *cafouiller* a pris dans l'usage actuel la valeur d'un euphémisme de *déconner* – dans ses sens concrets – avec la nuance supplémentaire de désordre inextricable.

Un moteur cafouille quand il a des ratés.

On dit surtout, avec un sens général, *ça cafouille* :

Ça cafouille dans le téléphone, y a plusieurs personnes sur la ligne en même temps.

DÉRIVÉS :

un cafouillis Un désordre à s'y perdre. Par attraction sonore avec *fouillis.*

Maintenant qu'on a tout changé dans l'organisation du bureau, c'est un énorme cafouillis, personne ne retrouve plus rien.

un cafouillage Manque d'organisation, de cohésion :

Le match était bien parti, puis il y a eu un cafouillage dans l'équipe, et on a perdu.

un cafouilleur Quelqu'un de désordonné, d'incohérent, qui sème la pagaille.

ORIGINE Début 20e siècle – le mot semble s'être établi dès la fin du 19e siècle chez les sportifs pour « faire des efforts désordonnés et inefficaces », 1884 chez les canoteurs, 1900 chez les footballeurs, etc. Mot du dialecte picard (G. Esnault relève *cafouillage*, « sorte de ragoût », à Donoi en 1761).

merder Superlatif grossier – mais très usuel chez les jeunes – de *déconner* ou *cafouiller* :

Ton imprimante a merdé, il manque des lignes.

Oh là là ! Je sens que ça va merder cette affaire !
(notre projet va tomber à l'eau, ne va pas aboutir, etc.)

S'est employé d'abord au sens de « lâcher, casser », pour une mécanique :

L'engrenage a merdé.
(il s'est cassé)

DÉRIVÉ ***merdoyer*** ou ***merdouiller*** Hésiter, se tromper, etc., mais généralement la situation est moins irréversible que dans *merder*.

L'équipe a merdoyé un moment, puis ils se sont bien repris !

ORIGINE Début 20e siècle, probablement par explicitation de *foirer* (la vis a foiré, elle a merdé) – *foirer* veut dire « avoir la colique ».

manger

bouffer Verbe alternatif constamment employé depuis les années 1970 surtout. Grossier au 19e siècle, vulgaire jusqu'en 1950, il est devenu simplement familier, même dans la « bonne société ».

À quelle heure on bouffe ? – T'as pas encore bouffé !

DÉRIVÉS :

- ***la bouffe*** (voir NOURRITURE)
- ***bouffer des briques*** Par jeu de mots sur

brique, *un brik*, « des miettes, rien » : jeûner, n'avoir rien à manger, être dans une misère profonde.

ORIGINE 17e siècle, au moins dans les dialectes. C'est l'image des joues gonflées par la nourriture, qui « bouffent » comme un tissu qui prend du volume et devient « bouffant ».

becter Manger. Toujours très employé malgré la « montée » extraordinaire de *bouffer*. Très usuel chez les jeunes.

J'ai rien becté depuis hier matin, sans blague !

ORIGINE Début 20e siècle, peut-être sous l'influence de *croûter*. Le mot semble être devenu très usuel pendant la guerre de 14-18.

se taper (quelque chose) Manger avec plaisir quelque chose d'abondant. Très usuel.

On va se taper une bonne choucroute.

L'expression figée *se taper la cloche*, « faire un repas copieux », est à l'origine de cette abréviation (la *cloche* était une image de la « tête »).

Je crois que samedi prochain, chez les Durand, on va se taper la cloche.

REMARQUE *Se taper* est un équivalent familier d'« absorber » ; on peut donc « se taper une bouteille de vin, une bière ou un demi », mais toujours avec l'idée d'une grande satisfaction. Au contraire, s'il s'agit d'un contexte autre que le manger, *se taper* suggère une idée de corvée, d'activité pénible :

Marie s'est tapé la préparation du dîner toute seule.

On s'est tapé 20 kilomètres à pied.

ORIGINE Début 20e siècle sous cette forme simple, mais le mot était déjà en usage au 18e siècle : *taper une pinte*, et dès le début du 19e siècle apparaît *s'en taper une culotte* (1829), « boire et manger en abondance ».

casser la croûte Manger, prendre un repas au sens très large :

Bon, André, on va casser la croûte ?

REMARQUE Cette phrase indique de préférence le repas de midi, à la rigueur celui du soir. Pour le casse-croûte du matin (voir REPAS), la question serait plutôt :

Bon, André, on va au casse-croûte ?

ORIGINE Fin 18e siècle, un temps où l'essentiel de l'alimentation était le pain, avec croûte épaisse. Cependant, *casser* était courant dans le langage populaire dès le 18e siècle pour « manger » ; cf. *casser l'éclanche*, « manger une épaule de mouton ».

casser la graine Même chose que le précédent, assez fréquent.

Où est Roger ? – Il est allé casser la graine (ou une graine).

REMARQUE « Il est allé casser *une* graine », aussi usuel, sera ressenti comme un diminutif. On dira souvent *une petite graine*.

ORIGINE Début 20e siècle. Répandu après la guerre de 14-18 sous l'influence de *casser la croûte* (peut-être par jeu d'images : ce sont les oiseaux qui mangent – qui « bectent » des graines).

casser la dalle Même chose que les précédents, mais d'un emploi moins fréquent, semble-t-il.

> ***On va se casser une petite dalle, Joe ?***
> *(Et si on allait manger un morceau ? Qu'en penses-tu, Joe ?)*

DÉRIVÉ ***un casse-dalle*** Un sandwich.

REMARQUE L'emploi des trois expressions ci-dessus dépend de l'humeur, du milieu, de la personne qui parle ; bien qu'équivalentes, elles ne sont pas rigoureusement interchangeables. Par exemple, on ne dirait généralement pas : « Il est allé casser une dalle » (on verrait le personnage muni d'une masse en train de briser un pavé !), mais plutôt *une graine* ou *une croûte*.

ORIGINE Milieu 20e siècle.

croûter Manger. Formé sur *casser la croûte*. Assez courant mais légèrement plus argotique que l'expression mère *casser la croûte*.

> ***Et par ces temps particulièrement durs aux intellectuels comment faites-vous tous deux pour croûter ?***
> *(Jehan Rictus,* Lettres à Annie, *1921)*

> ***T'aurais rien à croûter, par hasard ?***

ORIGINE Fin 19e siècle.

briffer Manger. Le plus vieux des mots familiers est en nette régression sans être tout à fait sorti de l'usage familier.

> ***Y a plus rien à briffer dans toute la maison.***

ORIGINE Apparaît au 16e siècle. Était d'un usage courant en parisien populaire au 18e siècle. A probablement influencé la formation de *bouffer*.

grailler Ce terme un peu vulgaire (il évoque formellement la « graisse », le « graillon ») était très à la mode dans la jeunesse et parmi les étudiants des années 1950. Il semble avoir été étouffé par le succès de *bouffer* et il est devenu rare :

> ***On va grailler.***

ORIGINE Les années 1940.

En complément *Boulotter*, très usuel dans les années 1920-30, ou *claper*, sont pratiquement inusités aujourd'hui.

maniéré

faire sa chochotte Se comporter d'une façon maniérée ; d'une façon efféminée pour un homme. Une femme qui « fait sa chochotte » prend des petites manières délicates, parle d'une petite voix molle et aiguë, et d'une manière générale irrite beaucoup son entourage au lieu de le charmer.

> ***Et gnigni, et gnagna !... C'est pas la peine de faire ta chochotte, tu te casses ! C'est pas compliqué !...***

Le mot, seul, s'emploie aussi parfois en adresse affectueuse, particulièrement à l'égard d'un petit enfant :

> ***Oui ma chochotte... Tu veux un gâteau ?***

ORIGINE 1901. Peut-être variante de *cocotte* (Robert).

marcher

arquer Verbe assez fréquent en tournure négative seulement, pour indiquer une marche difficile :

> ***Je m'arrête, je peux plus arquer !***
> *(je ne peux plus faire un pas)*

> ***Dans la boue et les gravats on n'avançait pas vite. Nous avions tous du mal à arquer.***

ORIGINE Vers 1920, mais bien avant dans l'armée. Étymologie obscure ; sous toutes réserves, il se pourrait que ce fût la verbalisation fantaisiste de l'ordre « Marche ! » hurlé par les sergents… *Arch !* et plus gutturalement encore *Ark !…*

à pinces À pied, avec un sentiment plus ou moins net de corvée (on ne dit pas beaucoup : « une belle promenade à pinces ») :

> ***On est partis à pinces, 8 kilomètres… puis une bagnole nous a pris.***

ORIGINE Fin 19e siècle, peut-être par un abrègement de *pinceaux*, les « pieds ».

pédibus À pied. En affectant une certaine fierté.

> ***Vous n'avez pas de bagnole ? Comment vous rentrez ? – Pédibus !***

ORIGINE Début 20e siècle. Latin d'écoliers.

mari

Note préliminaire La difficulté pour certaines jeunes femmes à avouer leur situation d'épouse, et la préférence de beaucoup d'entre elles pour un statut social sans lien légal de mariage, donnent depuis le milieu des années 1970 un flottement dans l'appellation ordinaire du « compagnon » – mari légal, concubin ou ami de passage.

mec Beaucoup de femmes disent évasivement *mon mec*, sans qu'on puisse savoir s'il s'agit de l'époux ou du compagnon. Les filles disent *mon mec* pour leur petit copain.

> ***Bonjour !... Je vous présente mon mec : Pierre-Henri...***

jules La vieille appellation du souteneur, le maquereau des années 1930, est passée par provocation féministe au registre des « bons amis » (amant ou mari) :

> ***Nathalie est venue avec son jules.***
>
> ***On le connaît pas son jules.***

fiancé Dans le registre des identités floues, le *fiancé*, personnage à peu près disparu du langage et des mœurs ordinaires vers 1975, fut alors repris par bravade par quelques jeunes femmes, d'abord dans le monde du spectacle et des arts, pour désigner le garçon avec qui elles vivaient – cela précisément sous l'influence d'une chanson de Georges Brassens qui prêchait la « qualité d'éternels fiancés ». Le « fiancé » fut ainsi rétabli dans des prérogatives de longue durée. Certaines femmes désignent ainsi leur mari.

Voilà, vous connaissez Georges Trillat ? C'est mon fiancé. On l'appelle Jojo.

Où est-ce qu'il est ton fiancé, Charlotte ? – Bof ! J'sais pas. Il doit être au bistrot.

En complément Les homosexuels utilisent également *mon mec*, *mon jules* et *mon fiancé*.

matin

du mat' « ... du matin », avec la précision de l'heure, que ce soit sur le versant de la veille ou de celui du lendemain :

Il est rentré à 2 heures du mat'.

Nous on se lève à 5 heures du mat' !

ORIGINE Usuel dès les années 1950 dans le langage familier, mais G. Esnault relève l'abrègement dès 1935 chez les voyous : « Au p'tit mat', à 6 du mat'. »

méchanceté

une saloperie Un acte malhonnête, une traîtrise notoire. Malgré sa très grande banalité dans le langage, le mot est encore suffisamment expressif et évocateur pour être banni de la langue châtiée officielle.

> ***Toutes les saloperies que se font les politiciens entre eux, c'est inimaginable !***

ORIGINE Vers 1910 au sens de traîtrise. Jusque-là le langage avait hésité entre *salauderie* (au sens de cochonnerie obscène) et *salopise* (vilain tour). Cf. *Le Père Peinard*, 1894 : « Il leur faisait signe quand la maréchaussée manigançait une salopise contre eux. » Le mot *saloperie*, vieux au sens de « saleté » (Académie, 1694), a réuni les deux tendances.

une vacherie Une action détestable, terriblement gênante. Ce sens actuel, banalisé et affaibli, a peu à peu gommé l'aspect déloyal et outrageant que ce vocable avait jusque vers 1960.

> ***Aux impôts, ils m'ont fait une vacherie l'année dernière : ils m'ont mis un redressement de 30 000 francs.***
> *(un rappel d'impôt)*

ORIGINE Début 20e siècle au sens fort, années 1960 au sens actuel. À partir de *vache*, « méchant ».

faire une crasse Une méchanceté sournoise, un mauvais procédé. Très usuel, souvent en euphémisme de *saloperie*.

> ***Le voisin m'a fait une crasse ; ce dégueulasse est allé raconter à ma femme qu'il m'avait rencontré avec une nana au supermarché. Rosine était dans tous ses états !***

La *crasse* a toujours une allure de mesquinerie un peu méprisable, mais sans que les conséquences soient très sérieuses ou néfastes :

> ***Mon collègue est allé raconter à la direction que j'arrivais en retard. Si je peux lui faire une crasse un jour, je le louperai pas !***

ORIGINE Milieu 19e siècle ; cf. Francisque Sarcey : « L'expression *faire une crasse* est très usitée dans la langue familière des Parisiens parisinnants, gens de lettres, artistes, boursiers, etc. » (*in* H. France).

débiner quelqu'un Le dénigrer, dire du mal de lui dans son dos, de sorte à lui nuire :

> ***C'est pas très joli de débiner ses copines, surtout pour raconter des salades qui sont même pas vraies.***

REMARQUE Le dérivé ***débinage*** n'est plus en usage courant.

ORIGINE Début 20e siècle au sens de « dénoncer ». Bien établi pour « médire » en 1900. « Elle nous débine toutes auprès de vous, et vous la croyez, vous la soutenez » (A. Cim, *Demoiselles à marier*, 1894).

médical

le toubib Le médecin. Terme familier usuel. Sert en général à dédramatiser une situation qui pourrait être inquiétante. L'usage du mot *toubib* au lieu de *docteur* donne de la légèreté :

> ***Qu'est-ce qu'il t'a dit, le toubib ? Rien de grave ?...***
>
> ***Si cette douleur continue il faudra que j'aille voir le toubib, moi.***

ORIGINE Fin 19e siècle. Mot arabe rapporté par les soldats français en Afrique du Nord.

passer sur le billard Subir une opération chirurgicale quelconque. Expression familière et usuelle.

> ***Je dois bientôt passer sur le billard pour ma hanche, ça ne me réjouit pas beaucoup !***
>
> ***Ah oui ! Léon ? C'était sérieux : ils l'ont passé sur le billard la semaine dernière !***

ORIGINE 1916. Sur la formule *monter sur le billard*, chez les soldats selon G. Esnault (lui-même témoin oculaire). La raison de ce « billard » intrigue – les soldats appelaient aussi *billard* (à cause de la pelouse verte ?) par ironie le « terrain d'assaut entre les tranchées ». Peut-être n'a-t-on pas assez considéré que bien des tables d'opération d'urgence ont dû être, effectivement, les billards des estaminets de campagne.

mentir

raconter des craques Raconter des fadaises, des balivernes, trouver de mauvaises excuses :

> ***Pierre nous a raconté des craques hier soir. Il était pas du tout à la réunion des cadres, Bernard l'a vu dans un bistrot de Saint-Germain.***
>
> ***Les assureurs, ils sont bons. Ils te racontent des craques, et puis le jour où tu veux te faire rembourser, y a toujours une clause qui empêche !***
>
> ***Il nous a sorti des craques, son beau-frère. Renseignements pris, il n'est pas du tout directeur d'un supermarché, il y travaille comme comptable.***

ORIGINE 1802 dans Robert. De *craquer*, « mentir » au 18e siècle. Il est intéressant de noter que le nom, comme le verbe, a toujours eu une connotation de « hâblerie, vantardise ». Cf. H. France, 1907 : « Mensonge, histoire invraisemblable, vantardise. »

raconter des salades Même chose que les *craques*, avec la notion de mélange compliqué, d'imbroglio :

> ***Va raconter tes salades ailleurs, Jessica, moi je veux rien savoir de tes mélis-mélos !***
>
> ***Tout ça c'est des salades ! Il veut nous faire avaler n'importe quoi ! Y a pas un mot de vrai dans ce qu'il vient de dire !***

ORIGINE Vers 1900. L'étymologie probable par le « mélange ». Les artistes lyriques disaient en 1901 *vendre sa salade*, expression conservée par le monde du spectacle actuel. La notion de fausseté, de tromperie, provient probablement de ce que le mot était utilisé en 1900 pour une duperie de joueurs de cartes : *salader* consistait à battre les cartes sans les mélanger réellement.

raconter des bobards Raconter des mensonges, des bêtises, des invraisemblances :

> ***Tu m'as raconté un bobard, hier. On passait pas le film à la télé ! J'ai attendu pour rien.***
>
> ***C'est pas la peine de raconter des bobards je finirai pas mon bouquin pour la semaine prochaine !***

ORIGINE Vers 1910. Fait sur le verbe dialectal *baubarder*, « niaiser », dans le Maine (G. Esnault).

mesquinerie

un radin Un avare, un pingre, quelqu'un « près de ses sous », qui paye mal :

> ***Son père c'est un radin de première : il lui file jamais un rond !***
> *(son père est un avare fieffé; il ne lui donne jamais le moindre argent)*

DÉRIVÉ ***la radinerie***

S'il n'est pas parti en vacances c'est par radinerie, il a peur de dépenser son argent.

ORIGINE Très courant dans le langage populaire des années 1920. De *radin*, en argot du 19ᵉ siècle : « sou », puis « gousset » et aussi « comptoir ».

mégoter Discuter sur le détail des dépenses, tâcher de réduire les frais par de petites économies – « lésiner » étant le terme exact :

Les producteurs essayent toujours de mégoter sur les salaires des acteurs, sur les frais de déplacement, etc.

Le mot s'emploie beaucoup au négatif dans une discussion qu'on veut clore :

Bon, on va pas mégoter cent sept ans. Mettons 10 000 francs tout rond et n'en parlons plus !

Vous n'allez pas mégoter sur 3 kilos de peinture !

Dans cet emploi négatif, le terme désigne l'abondance :

Dites donc, ils n'ont pas mégoté sur les tapis !
(il y a des tapis luxueux partout)

DÉRIVÉS :

- ***le mégotage***

À force de mégotage le film ne s'est pas fait.

- ***un mégoteur*** Celui qui mégote toujours, un mesquin.

ORIGINE Usuel dès les années 1920 dans le langage populaire. La métaphore s'est formée sur « conserver les mégots » pour en récupérer le tabac, ce qui était en usage courant chez les fumeurs désargentés, par exemple durant la guerre de 14-18.

gratteux Avare, mesquin. Usuel familier au Québec.

> ***Ce gratteux-là, il te donnera rien !***

Désigne aussi une variété de billets de loterie : ceux qu'il faut gratter pour découvrir le montant gagné.

minables

Note préliminaire Les qualificatifs familiers de la médiocrité sont d'autant plus nombreux et usuels que l'on cherche toujours à rabaisser le prochain s'il se montre détestable, et que les termes dont on affuble ceux que l'on accuse d'être des minables servent évidemment d'armes vocales dans les échanges d'insultes. Il est souhaitable cependant de distinguer entre les minables imbéciles, les bons à rien, les mesquins, les grossiers, etc., et de les présenter par classes approximatives et sous-catégories. Enfin, ils sont surqualifiés de diverses épithètes facultatives mais traditionnelles : pauvre, grand, vieux, petit, etc.

LES PAUVRES TYPES MESQUINS

un peigne-cul Un minable mesquin, vaguement salaud sur les bords :

> ***Pauvre peigne-cul, va !***

ORIGINE Fin 18e siècle au sens d'« avaricieux, grippe-sou », puis « mesquin, près de ses intérêts, sordide », etc. au 20e siècle.

un pignouf Un pauvre type mal dégrossi, mais rusé pour ce qui le concerne, mesquin :

> ***C'est un sale pignouf !***

ORIGINE Milieu 19e siècle. Du verbe dialectal (Touraine, Anjou) *pigner*, « feindre, pleurnicher » : « Un enfant qui ne cesse de pigner. »

un gougnafier Un grossier personnage, fainéant, effronté, glouton, sans aucune gratitude :

> ***Espèce de gougnafier ! Je le nourris, et il est même pas foutu de me rendre un petit service !***

ORIGINE Vers 1880. Par imitation plaisante d'un nom de métier, sur un radical qui signifie « goinfre ».

un ringard Un pauvre type démodé, vieux jeu, un incapable qui se croit quelqu'un, une totale nullité :

> ***Machin, c'est qu'un vieux ringard, qu'est-ce que tu veux faire avec un mec pareil ?***

REMARQUE L'adjectif *ringard* s'applique à tout ce qui est d'un goût douteux, particulièrement un spectacle, un film, une chanson, une plaisanterie :

> ***Jules, il raconte que des blagues ringardes.***

ORIGINE Vers 1950 dans le milieu des comédiens ; d'origine obscure. Il semble qu'un cheval de course qui ne gagne plus rien ait été appelé *ringard*.

une pétasse Ce mot concerne une femme. La *pétasse* concentre sur elle tous les qualificatifs masculins de cette odieuse catégorie ! Elle est bête, laide, vulgaire, vicieuse, une horreur ! De plus, ce doux nom peut s'adresser à une jeune fille – il suffit qu'elle se fasse détester. Très usuel !

> ***Toi, la pétasse, ta gueule !***

Le terme est habituellement employé par une femme ou une fille jalouse à l'égard de l'amante, réelle ou supposée, de son mari ou de son copain, au cours des scènes d'acrimonie – quelque jolie, gracieuse, fine et distinguée que soit cette rivale.

> ***Va la retrouver ta pétasse ! Allez tire-toi ! du balai !... Mais si, la pétasse, elle t'attend !...***

REMARQUE Le mot est tellement usuel chez les jeunes qu'il a même l'honneur du verlan : *tasspé* (« T'as vu la tasspé ? »).

ORIGINE 1896 – désignant une vieille prostituée malpropre. Probablement de *péter*, greffé sur *putasse*. Cf. A. Bruant : « A s'est fait gerber à vingt ans / Pour avoir saigné une pétasse. »

LES BONS À RIEN

un branleur Un touche-à-tout, un velléitaire, ou même un fainéant notoire sur lequel on ne peut pas compter. Très usuel, mais à éviter soigneusement pour un locuteur étranger.

> ***Mathias c'est un vrai branleur, il se lève jamais avant 14 heures, et avec beaucoup d'effort !***

S'emploie aussi au féminin dans le même sens – plus rarement :

> ***Rosy, c'est pas la peine d'y compter, c'est une branleuse de première...***

Origine Vers 1910. Le terme était usuel dans le langage ouvrier masculin des années 1920. L'étymologie est à connotation érotique.

un charlot Un bon à rien, un glandeur, quelqu'un à qui il ne faut surtout pas faire confiance car il manque de parole. Usuel en milieu populaire, en particulier à l'adresse des hommes politiques.

Les frères Viquot c'est des charlots, ils te font des tas de promesses et tu les revois jamais.

Origine Années 1960. Par récupération populaire du personnage légendaire de Charlie Chaplin. Une série de films dont le premier en date est *Les Charlots font l'Espagne* (1972) a largement diffusé le terme. On a dit *une bande de charlots*.

un paumé Un pauvre garçon (ou une pauvre fille au féminin) sans idées, sans vigueur et sans initiative, qui traîne misérablement une vie d'ennui : un traîne-savate et souvent un drogué.

Si tu continues comme ça, tu finiras comme un paumé !

Sert d'insulte entre automobilistes :

Va donc, eh paumé ! – Paumé toi-même !

Origine Vers 1960. Substantivation de l'argot *paumer*, « perdre » (1835, G. Esnault). L'idée est « être perdu, à la dérive ».

LES PAYSANS MAL DÉGROSSIS

un péquenot Un lourdaud, pas méchant mais très ignorant des usages :

Ah lui alors, quel péquenot ton copain ! Il n'a même pas été fichu de m'acheter des fleurs !

Sert aussi volontiers d'insulte aux conducteurs :

Tu vois bien que je peux pas passer ! Recule, péquenot !

REMARQUE Le féminin existe, *péquenote*, mais semble peu usité ; seulement au sens de « paysanne ».

La pauvre péquenote transportait des bidons de lait.

ORIGINE 1905. Diffusé surtout pendant la guerre de 14-18. À partir de *paican*, « paysan », selon G. Esnault.

un plouc Un lourdaud, un gars de la campagne (au sens ancien de « mal dégrossi », ce qui n'est plus le cas des jeunes agriculteurs modernes, souvent fort instruits). Très usuel.

T'es qu'un gros plouc, va te faire foutre !

ORIGINE 1880 en Bretagne selon G. Esnault, pour qui le mot s'explique ainsi : « Apocope des noms de dix-sept communes bretonnes commençant par *Plouc.* » Le mot s'est répandu en 14-18.

un petzouille Un grossier personnage, un goujat :

Ton frangin c'est rien qu'un petzouille, il aurait pu m'inviter à sa fête, non ?

ORIGINE Fin 19e siècle ; *pedzouille*, 1886 chez G. Esnault. Une forme *pezouille*, « paysan », 1800, dans le récit des « chauffeurs d'Orgères », n'a pas persisté – probablement sur l'influence de *pet*, *péteux*, « minable ».

LES LÂCHES

un péteux Un individu pusillanime, sans éclat ni envergure :

> ***Je me suis senti tout péteux quand elle m'a dit qu'elle m'avait offert ce livre et que je l'avais jamais remerciée.***

ORIGINE Début 19e siècle au sens de « peureux, foireux ». 20e siècle comme euphémisme de *merdeux* (sale).

une lopette Un individu absolument lâche physiquement . S'applique à un homme pour la simple raison que le féminin est censé l'humilier.

> ***Tous ces gars-là c'est des lopettes, ils veulent pas se battre, laisse tomber...***

ORIGINE Fin 19e siècle au sens d'« homosexuel ».

une lavette Sans énergie ni fierté ni honneur, au sens « mâle » de ces mots :

> ***T'es qu'une lavette, j'te dis ! Si je te fous mon poing dans la gueule tu dis merci !***

ORIGINE 1921, G. Esnault. Par image de la « chiffe molle » ou torchon à vaisselle.

En complément Chez les jeunes, le mot *bâtard* est devenu depuis peu de temps extrêmement usuel ; probablement sous l'influence de l'anglais *bastard* pour désigner un « minable ». Il s'agit là d'une véritable résurrection de cette vieille insulte médiévale qui était sortie de l'usage depuis une centaine d'années.

moineau

un piaf Un moineau, particulièrement un moineau de Paris :

> ***La mémère sort tous les après-midi de chez elle pour aller donner des miettes de pain aux piafs.***

Par extension, désigne souvent toutes sortes de petits oiseaux, mais plutôt avec une idée d'agacement ou d'envahissement :

> ***À 4 heures du matin les piafs se sont mis à chanter. Ça faisait un vacarme !***

REMARQUE La célèbre chanteuse Édith Piaf devait son surnom à ce que ses amis la qualifiaient de « moineau », par référence à une ancienne chanteuse de café-concert dite « la môme moineau ».

ORIGINE 1896 à Paris. Étymologie inconnue.

montre

une toquante Une montre. Mais le mot désigne plutôt la montre de gousset. D'autre part, les systèmes à quartz font que les montres n'ont plus leur petit bruit de tic-tac, et que le mot *toquante* disparaît avec la chose.

J'ai trouvé une vieille toquante à la brocante, elle a sa clé et elle marche encore.

ORIGINE 18e siècle. Argot de Cartouche (1725).

un oignon Une montre de gousset. « Montre épaisse, telle qu'on les faisait autrefois, ce qui leur donnait quelque similitude avec un oignon », écrivait Hector France en 1907.

Mon grand-père portait un oignon dans son gilet, attaché à une chaîne.

ORIGINE Vers 1830.

se moquer

charrier Taquiner, se moquer gentiment de quelqu'un à propos d'une circonstance particulière :

Pauvre Germain ! Ils n'ont pas arrêté de le charrier toute la soirée sur ses vacances à Nouméa.
(ils ont fait des blagues à ce sujet)

Qu'est-ce que je me suis fait charrier au bureau avec cette histoire de cafards dans mon placard !

ORIGINE Fin du 19e siècle en ce sens. Étymologie mal établie.

mettre en boîte Blaguer, tourner gentiment en ridicule :

Ton copain il s'est fait mettre en boîte quand il a raconté sa panne d'essence.

Le prof, on le met en boîte de temps en temps, il est sympa, il dit rien.

ORIGINE Vers 1910 (G. Esnault) d'après *emboîter*, « railler, siffler des comédiens » (années 1880), mais l'origine du verbe lui-même est obscure ; peut-être qu'un chahut du public ayant pour résultat de faire baisser le rideau de scène est à l'origine de cette « mise en boîte ».

chambrer Même sens que *charrier* : se moquer de quelqu'un, le prendre pour cible. Usuel.

Le ministre de la Défense s'est fait chambrer par les journalistes au cours de la conférence de presse.

ORIGINE Vers 1920. Peut-être une variation sur *mettre en boîte*, mais G. Esnault relève *chambrer* au sens de « berner » (1903). Il est possible que l'attirance des farces et plaisanteries de « chambrée » au service militaire ait influé sur cette chambre-là.

vanner Se moquer de quelqu'un. Très usuel chez les jeunes et les moins jeunes. *Envoyer des vannes*, c'est-à-dire des moqueries plus ou moins aimables. Cf. « Il m'a envoyé une vanne à la gueule. »

Le prof m'a encore vannée parce que j'avais faux à mon problème.

ORIGINE 1874 dans l'argot : « Il vanne sur mézig » (G. Esnault). Le mot semble ressurgir dans la langue familière jeune après une éclipse.

mouchoir

un tire-jus Un mouchoir, généralement de belle taille. Le mot tend à sortir de l'usage populaire depuis que les mouchoirs en tissu sont devenus rares, et que l'on utilise des mouchoirs en papier jetables.

> ***Le vieux Gaston mettait toujours du tabac à priser dans son tire-jus.***

ORIGINE Usuel vers 1905, mais on disait aussi *tire-moelle* et *tire-mollard*, termes qui n'ont pas vécu parce qu'ils étaient sûrement trop dégoûtants. Il faut dire qu'à la fin du 19ᵉ siècle, les « républicains avancés » avaient la réputation de se moucher dans leurs doigts.

mourir

Note préliminaire La mort, essentielle et définitive pour tous, a donné lieu à une sorte de grand ricanement phraséologique dans les classes populaires incroyantes du 19ᵉ siècle français. Il s'est créé alors une floraison de termes et d'expressions bravaches, destinés à exprimer l'idée de mourir avec désinvolture. Ceux de ces mots qui se sont conservés ont passé peu à peu du registre argotique à un registre simplement familier connu de tout le monde et sont plus ou moins restés dans l'usage contemporain.

crever Mourir. Mot familier courant, mais resté dur ; il réfère plutôt à une mort à venir.

Je veux pas crever sans avoir vu Monaco !

Le salopard, il finira bien par crever !

Se dit au sens propre pour les animaux :

Nous avons trouvé un chien crevé sur la route.

ORIGINE 13e siècle, en parlant d'un animal, d'une plante. En parlant d'une personne, familier jusqu'au 18e siècle, très familier de nos jours (Robert).

claquer Mourir :

Je crois que le vieux Cyprien ne va pas tarder à claquer. Il est au bout du rouleau…

S'emploie davantage par hyperbole, comme *crevé* pour « recru de fatigue » :

En rentrant de la piscine j'étais claqué.

ORIGINE Milieu 19e siècle. Étymologie inconnue.

clamser Mourir. Le mot, pittoresque et « expéditif » avec ses rencontres de consonnes, est toujours employé à l'oral, et il est ressenti comme un superlatif imagé de *claquer* :

Évidemment, dans un centre pour cancéreux en phase terminale, ça clamse dur !

ORIGINE 1888. Étymologie non élucidée.

canner Mourir, dans un registre plus argotique, aujourd'hui peu employé, sauf dans la littérature « policière » qui l'affectionne et le prolonge :

Quand j'ai vu que la petite môme allait canner j'ai écrasé une larme.

ORIGINE Début 19e siècle dans l'argot. Étymologie obscure.

dévisser son billard Mourir. L'expression est toujours comprise mais elle est de moins en moins employée, semble-t-il.

L'ancien patron du « Lux Bar », vous vous souvenez du temps de Mme Pépète ? Ça fait longtemps qu'il a dévissé son billard.

ORIGINE Milieu 19e siècle. Allusion à la queue de billard (proprement : *billard*) que le joueur, ayant fini sa partie, dévissait pour la ranger.

En complément *Calancher*, *claboter*, *passer l'arme à gauche*, *crounir*, sont des termes qui sont encore compris, mais que l'on trouvera traités avec profit dans un dictionnaire d'argot.

moustache

les bacantes (ou ***bacchantes)*** Les moustaches. Toujours au pluriel. On dit souvent *une paire de bacantes*. Ce terme, assez usuel, désigne plutôt une lourde moustache tombante :

Le maire du village portait d'énormes bacantes qui faisaient grésiller le micro quand il parlait !

ORIGINE A désigné au 19e siècle les favoris. Le fait que le mot se « justifie » par le verbe *baquer* (« tremper ») dans le Sud (les grandes moustaches trempent, elles « baquent » dans la soupe et dans le verre !), n'est sans doute qu'une coïncidence.

En complément *Les charmeuses* a désigné la moustache effilée à la mode des élégants des années 1920. Bien que désuet, le mot s'entend encore de temps en temps.

muscles

la tablette de chocolat Se dit pour des muscles abdominaux (masculins) particulièrement bien dessinés et apparents. Très usuel chez les jeunes pour désigner un jeune homme en splendide condition physique :

'Tain, il a drôlement la tablette de chocolat, le mec !

Dis donc, il a de ces tablettes ton copain !

ORIGINE Vers 1975. Probablement d'après une publicité pour une marque de chocolat faisant étalage de la musculature idéale des culturistes.

les biscoteaux Terme amusant pour les muscles volumineux, particulièrement ceux des bras :

> ***Antoine il a des biscoteaux, faut voir ça ! Il soulève la table d'une seule main.***

ORIGINE Vers 1920 dans le milieu ouvrier parisien, où les « gros bras » étaient particulièrement valorisés. Resuffixation de *biceps*, peut-être créée dans le milieu des amateurs de boxe.

myope

miraud (ou ***miro***) Myope, à courte vue en général. Très usuel.

> ***Il est miraud, ce mec ! Regarde, il a failli me rentrer dedans !***

Au sens de « myope » :

> ***Ben oui, je suis très miraud, t'as vu l'épaisseur de mes lunettes.***

Au féminin :

> ***Nathalie, elle est miraude... Quand elle enlève ses lunettes elle te reconnaît pas à trois mètres.***

Au sens figuré, pour « inattentif, peu perspicace » :

> ***T'es complètement miraud ou quoi ! Tu vois pas que ce mec est en train de t'entuber ?***

ORIGINE Vers 1930. Ne s'est diffusé dans le public qu'après 1950. De *mirer*, ou de l'espagnol *mirar*, « regarder ».

n

négligeable

nez

nom

nourriture

nu

négligeable

de la gnognotte Un objet de mauvaise qualité, pas solide :

> ***C'est de la gnognotte ton ouvre-boîte, regarde il est tordu ! Combien t'as payé cette saloperie ?***

> ***L'hymne national anglais, on peut dire, à côté de*** **La Marseillaise** ***c'est de la gnognotte !***
> *(c'est trop doux, ça n'a pas de nerf)*

Usuel à la forme négative pour vanter un produit :

> ***Dis donc, c'est pas de la gnognotte ce chocolat 70 % de cacao !***

ORIGINE 1822, dans le titre et refrain d'une chanson d'Émile Debraux :

> *Ventrebleu ! ces grands dîners-là,*
> *C'est d'la gnognotte*

Le mot était très à la mode fin du 19e siècle-début 20e. Voir ci-dessous à *de la merde* (origine) pour une étymologie hypothétique.

de la merde Malgré la grossièreté du terme, ce qualificatif est extrêmement usuel de nos jours, particulièrement chez les jeunes générations, au point d'avoir perdu en grande partie la vulgarité dont il était chargé naguère. De fait, c'est ce qui sera dit aujourd'hui le plus spontanément du monde, en particulier dans le cas d'une déception :

C'est de la merde, ton parapluie, il laisse passer l'eau.

Ce journal c'est de la merde, il raconte rien d'intéressant.

DÉRIVÉS :

merdeux Adjectif passe-partout.

C'est merdeux comme truc.
(voici quelque chose sur quoi on ne peut pas compter)

de merde Locution extrêmement usuelle qui s'emploie à tout bout de champ pour déprécier une chose, une idée, n'importe quoi, sans que l'intention de grossièreté soit vraiment présente. Il s'agit toujours de souligner la mauvaise qualité :

Aujourd'hui on emploie un vocabulaire de merde, mais on ne s'en rend même pas compte.

J'en veux pas de ton bouquin de merde !

Oh toi, Roland, viens pas frimer avec ta bagnole de merde. C'est pas parce qu'elle est neuve qu'elle m'impressionne !

ORIGINE Probablement la nuit des temps pour ce qui est de *de la merde* – la langue des 14e et 15e siècles était singulièrement portée vers la scatologie, ainsi qu'il apparaît dans les farces. Il est tout à fait possible que *de la gnognotte* représentait (consciemment pour les auditeurs d'Émile Debraux) un euphémisme clair et amusant de *de la merde*, d'où une drôlerie qui nous échappe aujourd'hui. On disait, dans les années 1920, *c'est de la meu-meu !* On a pu dire sous la Restauration *c'est de la gneu-gneu*, évoluant en *gnognotte* – mais ce n'est là qu'une hypothèse.

tocard Assez moche, sans intérêt, de mauvais aloi. Peu usuel.

> ***Les émissions de télé de 20 heures en ce moment, y a pas plus tocard.***

ORIGINE Milieu 19e siècle. Dérivé de *toc*, « faux ». Se dit d'un cheval de course qui ne gagne jamais.

de la daube De la mauvaise qualité. S'emploie en particulier pour des appareils électroniques ou acoustiques dont la définition n'est pas bonne :

> ***C'est de la daube, ta chaîne, ça fait du bruit, c'est tout.***

ORIGINE Fin 19e siècle ; étymologie obscure. Cependant, la motivation consciente renvoie à l'image de la *daube*, un plat traditionnel en sauce de couleur brune, où l'on ne distingue pas les morceaux de viande.

être de la petite bière Être une bagatelle, une chose sans importance. Usuel familier au Québec (l'expression s'emploie aussi en français continental, mais surtout au négatif, pour vanter l'importance de quelque chose).

> ***Tout ça c'est de la petite bière.***

ORIGINE 17e siècle pour ce qui est de l'origine en français.

nez

le pif Terme badin dans toutes les acceptions de « nez ». Très usuel.

Il a un grand pif.

J'ai un bouton sur le pif.

Entre dans nombre de locutions : *avoir du pif* (du flair), *se diriger au pif* (au jugé), *avoir un coup dans le pif* (être ivre), etc.

DÉRIVÉ ***pifomètre*** Dans la formule humoristique *au pifomètre*, « au jugé » :

Je n'avais pas de carte, j'ai dû me diriger au pifomètre.

ORIGINE Début 19e siècle. Probablement dérivé de *se piffer*, « se goinfrer » (au 18e s.).

le blair Le nez. Terme moqueur, aujourd'hui presque désuet.

Tony avait un blair étonnant.

DÉRIVÉ ***ne pas pouvoir blairer*** Détester. Très usuel (toujours en tournure négative).

Je peux pas blairer les carottes râpées.

Elle peut pas blairer sa sœur.

ORIGINE 19e siècle par abrègement probable de *blaireau* (animal au long nez).

le tarin Le nez. Peu fréquent aujourd'hui, appartient plutôt à l'argot.

> ***Ernest a pris un méchant coup sur le tarin.***

DÉRIVÉ ***le tarbouif*** Mot de fantaisie, est également à peu près hors de l'usage.

ORIGINE Début 20e siècle ; du nom d'un oiseau au bec conique (Esnault).

nom

un blase Un nom patronyme, en argot commun et en littérature policière. Peu usuel oralement.

> ***C'est quoi ton blase ?***
> *(comment t'appelles-tu ?)*

DÉRIVÉ ***un faux blase*** Un faux nom, ou un pseudonyme. Assez usuel dans cet emploi :

> ***Yourcenar c'était un faux blase, en fait elle s'appelait Marguerite de Crayencour, une vieille famille noble des Flandres !***

ORIGINE Fin 19e siècle ; étymologie controversée. Jacques Cellard y voit – de manière assez convaincante, me semble-t-il – une assimilation de *blaze*, « nez » en argot, par l'intermédiaire de *faux blaze*, « faux nez » qui aurait donné *faux blase*, « faux nom ». G. Esnault y voyait une abréviation de *blason* au sens de « nom ».

nourriture

Note préliminaire La nourriture et la préparation des repas tiennent une grande place dans la vie quotidienne des Français de toutes conditions et catégories sociales. Les termes familiers concernant ces activités essentielles sont par conséquent variés et très usuels partout.

la bouffe Mot vedette d'une fin de siècle portée vers une consommation parfois immodérée, *la bouffe* est passé dans le langage courant de tout un chacun pour désigner aussi bien ce qu'on est en train de manger, les provisions, le repas lui-même, ou encore un festin occasionnel :

> ***On va acheter de la bouffe.***
>
> ***C'est pas l'heure de la bouffe ?***
>
> ***On se fait une petite bouffe entre amis dimanche prochain. Tu viendras ?***

ORIGINE Mot dialectal, de *bouffer*, « faire gonfler les joues ». Attesté en 1823 (cf. *Le Figaro littéraire* du 19 juin 1997). Le mot a cheminé dans l'oral pour prendre une expansion grandissante après 1920, puis en une sorte d'explosion après 1968.

la boustifaille Le mot, légèrement péjoratif, qui désigne des aliments plantureux, est en nette régression, absorbé par la fréquence de *bouffe*.

> ***Ils sont allés pique-niquer avec deux paniers de boustifaille.***

Origine Début 19e siècle dans l'argot. De *bouffer*. On relève aussi les formes dialectales *boufaille* et *bouffetifaille*.

la bouftance Mot à peu près éclipsé par *bouffe* ; il fut pourtant le plus usuel jusqu'aux années 1960.

> ***Il ne reste plus rien. Il faudrait acheter un peu de bouftance.***

Origine Vers 1930. Dérivé de *bouffe* (par croisement avec *bectance*).

En complément *La bectance* (fin 19e s.) est pratiquement hors de l'usage courant. *La jaffe* (14-18), assez rare, a une coloration argotique plutôt que familière.

nu

à poil Entièrement nu de tout le corps. On ne dit pas « un bras à poil » ou « une jambe à poil » ; cependant, on pourra considérer, dans une maison, qu'un homme en slip est *à poil* (mais pas sur la plage, où *à poil* signifie « sans rien du tout »). En revanche, une femme *à poil* est entièrement nue. La locution familière est probablement d'une fréquence d'emploi plus grande que le mot *nu*.

> ***Moi, je dors tout le temps à poil, je prends jamais de pyjama.***

> ***Les jeunes se baignent souvent à poil dans la rivière.***

DÉRIVÉ ***se dépoiler*** Se déshabiller, en principe entièrement ; se mettre à poil :

> ***L'autre, il commençait à se dépoiler devant les invités, tranquille, pour aller se coucher...***

REMARQUE Chez les jeunes, la forme en verlan *oilpé* est également très employée, ce qui renouvelle la vieille construction argotique en largonji *à loilpé* tombée en désuétude.

ORIGINE Vers 1880. L'expression *se mettre à poil* est bien établie en 1900 dans l'usage familier restreint (chez les locuteurs les plus délurés, peintres, artistes, etc.). Il s'agit d'une assimilation par jeu de mots avec *à cru*, directement sur la peau. Pour « monter un cheval *à cru* », sans selle ni couverture, on disait *à poil* (ou *à poils*) ; la locution s'est étendue à l'homme – et à la femme. Cette nouvelle acception de *à poil* a fait disparaître le sens plus ancien et bien établi de « brave, courageux », qui avait donné l'adjectif *poilu*, « intrépide » dès les années 1890.

O

objets
odieux
oreilles
orgueil

objets

le barda Le chargement, surtout l'équipement d'un marcheur : sac à dos, couverture, etc. Usuel.

> ***Eh ben dites donc ! Vous allez loin avec votre barda ?***

S'emploie pour des bagages multiples et encombrants.

ORIGINE 1863 pour le fourniment porté à dos par les soldats français en Afrique. « De *barda'a*, bât d'âne » (G. Esnault).

tout le fourbi Toutes les affaires, tout l'attirail compliqué :

> ***Louis Meunier se trimballe partout avec ses différents appareils, ses objectifs, ses réflecteurs et tout son fourbi de photographe.***

Au sens élargi, l'ensemble des affaires qui occupent et préoccupent :

> ***Ah quel fourbi !***
> *(comme tout ça est compliqué !)*

> ***Il faut que je pense à payer le terme, à régler la facture du téléphone, et tout le fourbi !***

ORIGINE Mot très ancien qui apparaît une première fois comme nom de jeu chez Rabelais ; il réapparaît en 1835 au sens de « jeu ». Le sens vague et général de choses indéterminées s'établit aux alentours de 1900.

Étymologie obscure – peut-être une allusion grivoise à partir du verbe *fourbir*, « frotter ».

tout le bastringue Même chose que *tout le fourbi*, avec une idée supplémentaire d'accumulation fatigante :

> ***S'il faut transporter tout ce bastringue dans la maison d'en face on n'a pas fini ! T'es sûr que tu veux pas en laisser la moitié ici ?***

ORIGINE Vers 1910 dans ce sens d'engins encombrants. Le mot lui-même est le titre d'un air de contredanse en vogue en 1794. Jusqu'à la guerre de 14-18, c'est le sens de « bal de barrière » qui a prévalu pour *bastringue*.

tout le bordel Très usuel comme forme vulgaire de *tout le fourbi*, etc. Cette tournure est assurément la forme mère de toutes les autres locutions ci-devant. Pour abréger une énumération :

> ***On les a foutus à la porte : le père, la mère, la tante, les trois filles, et tout le bordel !***

ORIGINE Mot très ancien. En métaphore sans doute au 17e siècle, mais sûrement au 18e siècle.

tout le bataclan Même chose que *tout le fourbi* et *tout le bastringue*, avec une nuance péjorative supplémentaire : un tas d'objets hétéroclites dont on se passerait volontiers.

> ***Qu'est-ce que tu veux faire de tout ce bataclan ? Moi je foutrais tout ça en l'air et je ne garderais que la cuisinière et trois casseroles.***

ORIGINE Bien établi dans le sens « tout ce qui s'ensuit » vers 1900. Cf. « Un mois, deux mois de prison, l'amende, le casier judiciaire – et tout le bataclan, comme disait je ne sais quel magistrat folichon » (Séverine, *in* H. France). Notons que sous l'Ancien Régime les prostituées de Paris étaient conduites de la prison de Saint-Martin à celle du Châtelet, tous les derniers vendredis du mois, dans une charrette ouverte où on les entassait, qui s'appelait *le char de Bataclin* – le bruit, les invectives échangées avec les attroupements de badauds le long du trajet faisaient de ce transport un événement mensuel dans Paris. Il est possible que le char de Bataclin ait laissé des traces sur la forme *bataclan* ; ce qui en ferait un synonyme de *tout le bordel* – mais les attestations manquent.

un pacson Un paquet quelconque.

Par exemple un paquet de cigarettes :

> ***Avant d'arrêter de fumer il me fallait mes trois pacsons par jour !***

Un colis :

> ***Une fois bien ficelé on peut envoyer le pacson par la poste.***

> ***Toutes les semaines il rapporte son pacson de linge à laver à la maison.***

Y mettre le pacson, agir de toutes ses forces, obtenir un résultat maximum, bon ou mauvais :

> ***Ah la vache, là, on peut dire qu'il y a mis le pacson ! Ouille, ouille, ouille !...***
> *(il a commis une bourde monumentale, il a provoqué un accident mortel, etc.)*

Au contraire, pour un match gagné :

> ***Brive s'est défoncé. Cette fois, mon vieux, ils ont mis le pacson !***

DÉRIVÉ ***pacsif*** Très usuel dans les années 1950.

> ***J'ai plus de cigarettes, tu m'achètes un pacsif ?***

ORIGINE 1899 pour « paquet de tabac », mais le mot était une variante de *paquecin* ou *paccin* (1821-1836) dans l'argot des voleurs.

OBJETS INDÉTERMINÉS

Note préliminaire Le Français connaît une étrange amnésie face à certains objets dont le nom ne lui revient pas immédiatement, ou dont il ignore comment ils s'appellent. Il a alors recours à des mots de substitution qui ne veulent rien dire en eux-mêmes, mais qui servent « provisoirement » à désigner les choses – avant que le mot propre ne vienne à l'esprit. Certaines personnes particulièrement imprécises abusent de ces mots passe-partout.

un truc Quelque chose, et n'importe quoi. Très usuel.

> ***J'vais te dire un truc : t'as pas intérêt à revenir ici, parce que... je te casse la gueule !!***
>
> ***Qu'est-ce que c'est que ce truc ? – Quel truc ? – Ça... – Une seringue hypodermique.***
>
> ***T'es fort en géographie toi ? – Oh ! y a beaucoup de trucs que je sais pas.***

DÉRIVÉ ***un trucmuche*** Un objet compliqué dont on ne sait pas à quoi il sert :

Qu'est-ce que c'est que ce trucmuche ? – Un tire-bouchon. – Ah bon ?... Bizarre.

ORIGINE Fin 19e siècle, mais le mot n'est devenu courant dans cet usage qu'après 1910.

un machin Même usage qu'*un truc*, mais s'emploie en plus dans les cas où l'on ne veut pas dire le nom de la chose :

Passe-moi ce machin-là, au bout du banc. – Ça ? – Oui.

Tu ferais bien de laisser tomber ce machin, ça t'arrange pas la santé.

On l'associe très fréquemment à *truc* pour désigner une abondance d'engins de toutes sortes :

Dans cette boutique, y a des tas de trucs et de machins, mais y a jamais ce que je cherche.

REMARQUE Aujourd'hui, *machin* s'emploie aussi comme une vraie proposition dans la phrase pour abréger une énumération ou une suite d'actions :

Il a pris sa bagnole, il a tout vérifié, machin, les freins... Il fait 3 kilomètres et il se plante !

C'est là un élément de syntaxe très employé. Une émission de télévision : « Les Guignols de l'info », amplifie son usage chez les jeunes.

ORIGINE Vers 1910. *Machin* était employé pour une personne à la fin du 19e siècle ; pour un objet, son emploi s'est diffusé plus tard, mais était usuel dès 1920.

un bidule Un appareil dont on ne comprend pas l'usage ou qui est compliqué à manier :

Qu'est-ce que c'est que ce bidule ? Comment ça marche ? T'as pas vu la notice, Myriam ?

Oh là là ! C'est un drôle de bidule que tu m'as offert là... Il marche quand il veut...

ORIGINE Vers 1930 ; étymologie incertaine.

odieux

dégueulasse Mot familier passe-partout qui revient des milliers de fois dans l'expression orale contemporaine avec un sens très élastique, allant d'« ennuyeux » à « catastrophique » ou « odieux ».

Pour désigner le manque de propreté, ce mot est d'une banalité extrême (voir SALE) :

La table est dégueulasse, passes-y un coup de chiffon.

Pour les situations morales, il est le plus souvent employé de manière hyperbolique :

C'est dégueulasse il m'a pas rendu ma gomme.
(il exagère !)

Fais pas le dégueulasse, donne-moi une clope.
(Sois gentil, donne-moi une cigarette)

Mais il intervient aussi dans un contexte répugnant :

Cette histoire de viol d'enfants est absolument dégueulasse ! On se demande où on va...

Ce qui est dégueulasse c'est que le type n'a même pas été inquiété !

ORIGINE 1867 dans Delvau qui l'écrit *dégueulas*, orthographe reprise en 1907 par H. France qui précise : « Le féminin est *dégueulasse.* » Le mot était bien installé dans l'usage trivial à la fin du 19e siècle ; cf. *Le Père Peinard* en 1894 : « Voir cette fin de siècle, dégueulasse au possible, où tout est menteries, crapuleries et brigandages. »

à gerber Odieux, objet d'une saleté répugnante.

Au sens concret :

La salle de bains était à gerber !
(elle soulevait le cœur)

Au sens métaphorique :

Il est à gerber ce mec. Tu te rends compte il est allé nous dénoncer au proviseur... Beurrk !...

Les infos en ce moment c'est à gerber, avec tout ce qui se passe dans le monde.

ORIGINE Vers 1975. Reprend, en calque aggravant, l'image de *dégueulasse*, *à dégueuler*.

oreilles

les esgourdes Les oreilles. Peu fréquent, mais encore en usage avec une coloration demeurée argotique.

Lui, avec ses grandes esgourdes décollées !

Surtout au sens de l'ouïe :

Ouvrez vos esgourdes !

Mets-toi ça dans les esgourdes.

ORIGINE 1867 (Delvau). Déformation de *esgourne*, d'un mot breton désignant « l'oreille ».

les portugaises Seulement dans l'expression courante *avoir les portugaises ensablées*, « être sourd » ou « faire la sourde oreille » (faire semblant de ne pas entendre).

Ho !… Qu'est-ce que je viens de dire ? Vous avez les portugaises ensablées, ou quoi !

ORIGINE Milieu 20e siècle, plaisanterie sur l'image de l'huître portugaise ou « huître sableuse », dont la coquille fait penser à une oreille.

les feuilles (de chou) Presque toujours dans l'expression *être dur de la feuille*, « être un peu sourd », et même, par litote, « être sourd comme un pot » :

Tu sais, papi, maintenant, pour le violon, il est un peu dur de la feuille !

orgueil

ne plus se sentir pisser Éprouver une fierté soudaine après un événement, une action, une récompense particulièrement flatteurs ou valorisants :

Nénesse, depuis que le prof lui a mis 20 sur 20 en maths, il se sent plus pisser le mec !

Le directeur du Centre, avec tous les journalistes qui l'assaillent, il se sent plus pisser.

ORIGINE Vers 1920, mais probablement bien avant. L'image existe dans les dialectes où elle se motive par *pisser de joie*, ce qui est le cas très réel et concret d'un chien qui éprouve une joie intense ; il bondit et danse en retrouvant son maître par exemple, et ce faisant pissote sur le sol à petites giclées sans s'en apercevoir : on dit qu'*il ne se sent pas pisser*. La formulation se croise avec *il ne se sent plus de joie*.

avoir la grosse tête Se prendre au sérieux, se sentir supérieur après une série de succès, à la suite d'une promotion importante. Très usuel.

Serge, depuis qu'il est passé chef du personnel, il a la grosse tête, il faut lui téléphoner pour demander un rendez-vous !

ORIGINE Vers 1960. Par extension de la locution *bouffi d'orgueil*, avoir la tête qui « enfle »... Une *grosse tête* a désigné précédemment, de manière flatteuse, une personne très savante, qui a beaucoup de choses dans la tête.

avoir les chevilles qui enflent Éprouver une joie immodeste sous l'effet d'un déluge de compliments. Expression badine très usuelle.

Nathalie, à force qu'on lui dit qu'elle est la meilleure, elle a les chevilles qui enflent !

ORIGINE Vers 1960. Par l'évolution et le redoublement d'image de l'expression de départ : *se donner des coups de pied dans les chevilles*, se faire des compliments à soi-même, se féliciter de manière outrancière, parler constamment de soi, etc., qui était usuelle depuis 1920 environ, et dont l'origine n'est pas claire (peut-être une mise en garde : « Attention à ne pas te donner des coups de pied dans les chevilles et te faire tomber ! ») Toujours est-il que si l'on se donne trop de coups de pied dans les chevilles, celles-ci finissent par « enfler », d'où la locution actuelle. On dit aussi, transitivement, sur un ton ironique à quelqu'un qui se félicite d'un succès : « T'as pas mal aux chevilles, non ? »

En complément Les jeunes emploient usuellement la formule *se la péter* : « Oh lui, il se la pète ! », il crâne, il est fier. Il est possible que ce soit la cheville qui enfle au point de craquer, ou la tête qui est trop grosse !...

p

pain
panique
panne
papier
parapluie
pareil
paresse
parler
partir
patron
pauvre
pauvreté
payer
pénible
perdre
peu
peur
pied
plaire
plaisir
pleurer
plus
police
pomme de terre
porte
postérieur
pou
préférence
pressé
prêt
prétentieux
prison
privation
profit
promptement
protester
prudence
puer

pain

Note préliminaire Le pain fut par le passé la base de l'alimentation des Français, et particulièrement des classes pauvres. Il donna lieu, en conséquence, à des appellations argotiques et familières courantes qui sont quasiment tombées en désuétude dans le monde contemporain où le pain tient une place de plus en plus réduite – hors l'utilisation en sandwich – dans les régimes alimentaires.

le bricheton Terme très en usage pour « le pain » jusqu'aux années 1940, encore compris des Français, mais fort peu utilisé.

> ***Tiens, je te donne 20 balles pour acheter le bricheton.***

ORIGINE Milieu 19ᵉ siècle. Diminutif de *brichet*, mot dialectal pour désigner un quignon de pain.

le brignolet Le pain. Mot qui fut à la mode en milieu ouvrier dans les années 1930, encore compris, mais peu utilisé, et toujours avec une connotation plaisantine. Au dîner, à table :

> ***Tu me passes un bout de brignolet, Janine ?***

ORIGINE Fin 19ᵉ siècle. Diminutif de *brignon*, terme dialectal désignant un mauvais pain « pour les chiens ».

panique

paniquer Ce verbe entre dans le champ du français familier dans la mesure où il s'emploie à tout bout de champ pour exprimer toutes les nuances de la peur, depuis un simple trouble jusqu'à la terreur bleue !

> ***Quand j'ai vu arriver le prof j'ai paniqué, j'te jure !***
> *(en réalité : je me suis troublée et j'ai rougi)*
>
> ***Jojo, il a pas paniqué, il a refermé la porte et il est parti se coucher.***
> *(il ne s'est pas fait de souci)*

ORIGINE Vers 1980 dans cet emploi hyperbolique, probablement sous l'influence de l'anglais *to panic* des séries américaines et des dessins animés.

perdre les pédales S'affoler, perdre le contrôle de ses gestes, de ses pensées, sous l'effet d'une peur soudaine, d'un choc :

> ***Quand l'inspectrice lui a demandé de tourner à gauche, Colette a perdu les pédales, elle a tout bloqué et elle a été incapable de repartir. Elle calait à tous les coups !***

ORIGINE 1944 (Robert).

perdre la boule À peine familier pour « s'affoler, perdre la tête ». S'emploie hyperboliquement pour « dérailler, déraisonner » :

> ***Tu perds la boule mon pauvre ! T'es complètement chtarbé ou quoi ?***

ORIGINE 19e siècle, peut-être avant. Cf. H. France : « *Perdre la boule*, ne pas savoir ce que l'on fait. »

panne

en rade En panne. Très usuel. *Être (ou rester) en rade*, *tomber en rade* :

> ***Nos amis ne sont pas arrivés, ils sont tombés en rade à côté de Montauban.***

ORIGINE Diffusé en 14-18. Il est possible qu'il s'agisse d'un mot normand (de même racine que l'anglais *road*, « chemin »), plutôt que de la « rade » maritime à laquelle il fait penser.

tomber en rideau Tomber en panne avec une voiture. L'expression est plutôt argotique et peu employée.

> ***Ils sont tombés en rideau en rase campagne, à des kilomètres de toute habitation.***

ORIGINE Années 1920. C'est l'idée du *rideau* au théâtre qui exprime la fin de la pièce ; probablement une réfection de *tomber en rade*, mais le « rideau d'arbres », tant redouté des premiers aviateurs, a pu également fournir une source à la métaphore.

papier

un papelard Une feuille imprimée quelconque ou manuscrit sans grand intérêt. Très usuel.

> ***J'ai reçu un papelard de la banque comme quoi j'étais à découvert.***

Au pluriel, au sens de « papiers d'identité » :

> ***Il a perdu tous ses papelards.***

Également des papiers en général, des paperasses :

> ***Je sais pas où poser mon gâteau, enlève-moi tous ces papelards de la table.***

ORIGINE 1821 dans le *Jargon* de « Mézière ». Vidocq donne le mot déjà en 1836 pour « papiers de sûreté ».

les faffes Les papiers d'identité en argot. Surtout usuel dans les romans policiers, car les nouveaux agents de la police urbaine, qui ont le bac plus quelque chose, réclament : « Vos pièces d'identité, s'il vous plaît. »

> ***Le commissaire Pierrault lui déclara d'une voix morne en crachant sur le plancher qui sentait l'eau de Javel : « Je voudrais voir tes faffes, beau jeune homme ! »***

REMARQUE Le mot souche *fafiots* ne s'utilise plus que pour désigner des billets de banque :

> ***Le type a sorti une poignée de fafiots de sa poche et il a dit : « Je l'achète tout de suite ta moto ! »***

ORIGINE 1829 dans les *Mémoires d'un forban* : *brâser des faffes*, « faire de faux passeports ».

le P.Q. (prononcé « pécu ») Très usuel pour « le papier hygiénique » :

> ***Y a plus de P.Q. dans les toilettes !***
>
> ***Jojo se balade toujours avec un rouleau de P.Q. dans son sac.***

REMARQUE Ce vocable, aussi écrit *pécu*, sert à désigner par dérision chez les étudiants toutes sortes de notes, de documents, d'exposés…

> ***La semaine dernière, Valentin nous a pondu un pécu absolument nul.***
> *(Valentin a fait un exposé sans intérêt)*

ORIGINE Vers 1950, avec la généralisation des commodités « modernes », par abréviation de l'appellation grossière habituelle du papier servant à un usage intime : *le papier-cul*.

parapluie

un pépin Un parapluie. Usuel en relation avec la pluie qui tombe ou qui menace, surtout dans le langage féminin :

> ***Ah zut ! j'ai oublié mon pépin chez le dentiste !***

DÉRIVÉ ***un pébroque*** Même chose, mais plutôt dans un langage d'homme (la consonance argotique *broque* fait plus viril) :

Ah merde ! j'ai laissé mon pébroque dans le taxi !

REMARQUE Ces partages entre mots homme/femme indiquent seulement une tendance générale du parler usuel ; un homme pourra dire *pépin* et une femme *pébroque*.

ORIGINE 1862. Lorédan Larchey précise que ce nom vient d'un des complices de Fieschi, nommé Pépin, que l'on voyait toujours muni d'un parapluie. *Pébroque*, 1907, provient d'une resuffixation argotique de *pépin*.

un riflard Ce mot évoque un grand parapluie, mais il est presque sorti de l'usage, chassé par les deux précédents.

C'était un type tout petit qui portait un riflard presque aussi grand que lui.

ORIGINE Fin 19e siècle dans ce sens (1828 au sens de « bourgeois »). Le sens de « parapluie » vient d'un vaudeville de Picard, *La Petite Ville*, où un personnage nommé *Riflard* portait un grand parapluie.

Je m'avançai d'un air gaillard
Disant : « Acceptez ma poulette
Une place sous mon riflard. »
(E. Heros Heraval)

pareil

kif-kif La même chose. Usuel dans un registre argotisant.

Une mobylette, une mob ou une chiotte, c'est kif-kif.

Que tu ailles par le bus ou par le métro, c'est kif-kif.
(cela revient au même)

DÉRIVÉ ***du kif*** Pareil :

La mer ou la montagne c'est du kif. L'essentiel est de se la couler douce.

ORIGINE Milieu 19e siècle. De l'arabe *kif*, « comme », adopté en redoublement par les troupes françaises en Afrique. L'emploi était bien établi, et même à la mode dès 1880. Cf. Séverine : « Avoir le cou tranché ou crever les boyaux vides, c'est kif-kif ! »

✤ ***la même affaire*** Usuel familier au Québec pour « pareil, la même chose » :

L'un ou l'autre, c'est la même affaire.

paresse

Note préliminaire Les termes et les expressions exprimant la paresse (« mère de tous les vices », comme on le sait) ont été nombreux et variés : *avoir la cosse*, *la flemme*, etc., sont toujours en usage… Nous ne donnons ici que les familiarités du jour : les plus usuelles en ce moment.

glander Ne rien faire du tout ou presque rien, des bricoles sans importance :

Qu'est-ce qu'il fait ton frère ? – Il glande. Il a pas

de boulot, il donne des coups de main aux copains, au noir.

Oui ben, si tu dois glander toute la semaine, c'est pas la peine que tu te mettes en congé pour m'aider !

DÉRIVÉ **un glandeur** Un paresseux, un bon à rien :

Cet instituteur est un glandeur, il les fait pas travailler, les mômes.

S'emploie au féminin :

Nathalie c'est une glandeuse dans l'âme, elle fera jamais rien pour s'en sortir.

ORIGINE G. Esnault donne 1941 comme terme d'instituteur *(sic !)* mais le verbe existait bien avant, et en tout cas depuis les années 1920. Mon père disait couramment *glander* pour « attendre, hésiter » : « Qu'est-ce que tu glandes, vas-y ! » – cela avant 1930. Il me semble que l'origine consiste dans le geste oisif de « se toucher le gland (le pénis) au lieu d'agir ».

coincer la bulle Ne rien faire du tout, et même ne pas bouger, lézarder dans un repos complet :

Aujourd'hui on était pas apprivisionné, on a coincé la bulle toute la journée !

En exclamation, pour indiquer « on a fini, reposons-nous » :

Et maintenant, la bulle !...

DÉRIVÉS :

buller S'emploie occasionnellement pour « ne rien faire, se détendre » (usuel depuis 1950) :

La prof était absente, on a bullé.

la coincer Même chose allusivement.

J'ai passé mes vacances à la coincer sérieusement.

REMARQUE Cette expression en forme d'antiphrase pour une absence d'activité paraît incompréhensible et mystérieuse tout comme la vieille locution à peu près sortie de l'usage *peigner la girafe*, dont on n'a jamais su de façon certaine de quel animal précis il s'agissait.

ORIGINE 1939. Terme d'artilleurs, la *bulle* est celle du niveau à eau permettant de caler un obusier. La bulle une fois en place, les manettes serrées, il n'y a plus rien à faire. L'expression s'est effectivement diffusée parmi les soldats, voire les officiers, avant de passer dans le langage courant durant les années 1950.

ne pas en foutre une rame Ne rien faire du tout, se montrer d'une indolence incorrigible. L'expression n'est jamais utilisée en bonne part.

Depuis qu'il est revenu de vacances il en fout pas une rame, ce salaud !

ORIGINE 1892 (Esnault). On trouve également en 1892 : « J'veux pas en fout' une ramée » ; ce mot *ramée* semble être le terme d'origine. Étymologie mal établie – il est probable qu'il s'agit d'une francisation de l'occitan *n'en fot pas una ramada*, qui s'emploie dans le même sens, où *ramada* désigne une rangée de rames (par exemple de petits pois).

parler

Note préliminaire La parole est naturellement source de descriptions imagées d'elle-même. Outre *causer* et *bavarder*, qui sont du registre conventionnel, *baratiner*, qui a le sens d'« enjôler », et des expressions gentilles qui tendent malheureusement à sortir de l'usage contemporain, telles que *tailler une bavette* ou *discuter le bout de gras*, nous comptons encore, familièrement parlant :

jacasser Bavarder sur des sujets futiles de manière continue et agaçante. Le mot est à peu près conventionnel.

> ***Cessez de jacasser vous deux, ou je vous mets deux heures de colle.***

ORIGINE 1806 (Robert) ; étymologie incertaine, peut-être du radical de *jaqueter* (ou *jaquetter*), « jaser, bavarder, crier ».

jacter Parler abondamment. Le mot garde une coloration nettement familière.

> ***Ce prof, il arrête pas de jacter, tu peux pas savoir ! C'est intéressant d'ailleurs, mais alors il la ferme jamais.***

DÉRIVÉ ***la jactance*** La faconde. Le mot appartient, lui, au domaine conventionnel, mais il semble surtout employé à l'écrit.

ORIGINE 1821 chez les forçats (G. Esnault). D'abord écrit *jaqueter* : parler comme un « geai », appelé *jacques* populairement.

jaspiner Parler, caqueter. Le mot évoque une voix nerveuse et aiguë. Il n'est plus d'un usage fréquent.

> ***Les deux frangines sont restées dans le salon tout l'après-midi, elles n'ont pas arrêté de jaspiner.***

ORIGINE Mot jadis de bonne compagnie : il était utilisé à la cour de Louis XIV. Croisement probable de *jaser* et de *japper* que connaissent les dialectes, agrémenté d'un diminutif gracieux.

tchatcher Parler beaucoup, sans arrêt, avec volubilité, à la manière des Méditerranéens. Très usuel.

> ***Elle est sympa, ta cousine, mais alors qu'est-ce qu'elle tchatche ! Je commence à en avoir ras le bol de ses histoires...***

DÉRIVÉ ***la tchatche*** La faconde, le baratin. (En réalité c'est le verbe qui est dérivé, après 1980, de *la tchatche*, substantif.)

> ***Nestor, pour la tchatche, il est pas en retard !***

> ***T'en fais pas, Rachid il a la tchatche, il va pas se laisser impressionner.***

ORIGINE Vers 1985 pour le verbe et la généralisation des deux mots. *La tchatche*, terme d'Afrique du Nord, a été répandu en France par les pieds-noirs rapatriés vers 1965.

savonner Escamoter une syllabe, déformer involontairement un son, lors d'un enregistrement ou au théâtre, de sorte que le mot est difficilement compréhensible. Usuel dans le langage du cinéma et de la radio :

> ***Tu as savonné sur*** **escamoter**, ***j'ai entendu « escamater ». On reprend...***

ORIGINE Milieu 20e siècle. Terme de métier venu des chanteurs ; cf. « *Savonner*, abuser des ports de voix » (H. France, 1907) – il s'agit en effet de « glissades » du son entre deux notes éloignées. Le savon est glissant.

jaser Bavarder, converser, parler familièrement pour le plaisir de parler. Familier usuel au Québec.

Viens me voir, on jasera.

DÉRIVÉS :

- **jasant** Qui aime bavarder, converser :

  Elle n'est pas jasante aujourd'hui.

- **avoir la jasette** Aimer parler, ne pas être timide.

placoter Bavarder, parler de façon assez superficielle, à propos de rien. Usuel au Québec.

Ces deux-là placotent toute la journée.

En complément Les vieux verbes *jaboter*, *baver*, *bavasser* ne sont plus dans l'usage courant.

partir

Note préliminaire Je ne sais si cela a un rapport avec l'adage « Partir c'est mourir un peu », mais les verbes qui expriment l'action de s'en aller, de partir, de quitter des lieux, sont particulièrement nombreux et d'un usage constant – au point qu'il est bien malaisé d'établir un ordre de fréquence. Leur emploi varie largement avec les habitudes et les préférences spontanées de chaque individu, surtout pour les quatre premiers de cette liste. Par ailleurs, il est bien difficile de faire une démarcation nette entre *partir* et *s'enfuir* : tout départ un peu hâtif sous l'effet d'un danger est une fuite ! La nuance ne varie donc pas avec le mot mais surtout avec les circonstances. Aussi je ne donne à la suite des « départs » qu'une petite série de verbes qui s'emploient plutôt dans un contexte de fuite.

filer Partir, se sauver, s'esquiver. Appartient à un registre de « bon ton » avec seulement une nuance de familiarité. Toujours très en usage.

Bon, salut, je file !

Si je peux filer avant jeudi : je me trotte à bicyclette dans la direction Marseille, n'emportant que trois chemises.
(Jehan Rictus, Lettres à Annie, *1911)*

ORIGINE 1754 dans l'argot, devenu familier au 19e siècle.

se tirer S'en aller. Usuel, banal et simplement familier.

Tu te tires déjà ? – Oui, c'est l'heure.

Où est Josiane ? – Elle vient de se tirer.

ORIGINE 1907 sous cette forme absolue, première attestation dans ces vers :

Fuyez Léon, Paul, Anatole
Vous que j'ai eu le tort d'adorer
Maintenant que j'ai soupé d'vot' fiole
Vous pouvez vraiment vous tirer.
(René Esse, in *H. France)*

Par raccourcissement de *se la tirer* (1836), donnant lieu à une série d'expressions très à la mode dans le langage populaire entre 1880 et 1900 : *se tirer des pattes* (qui demeure encore usuel), *se tirer des flûtes*, *se tirer des pieds*, *se tirer à la douce* (s'esquiver sans bruit). Voir ci-dessous : « En complément ».

se barrer S'en aller, avec une certaine agressivité dans l'expression :

> ***Quand est-ce qu'ils vont se barrer, ceux-là ?***
>
> ***Allez, barrez-vous les mecs ! Vous m'emmerdez.***

S'emploie à peu près toujours dans un contexte où règne une certaine violence :

> ***« J'ai jeté un coup d'œil dehors, ils se sont barrés », assure l'homme en se frottant les mains.***
> *(P. Merle,* Le Déchiros, *1991)*

ORIGINE 1836 (voir « En complément »). « Je me barre guincher » en 1866 chez les ouvriers (G. Esnault).

se tailler Partir, avec une certaine idée d'urgence, et même de clandestinité dans la fuite : « Le salaud, il s'est taillé ! » comporte une nuance de lâcheté, de ruse ou de déloyauté de la part de celui qui est parti ; alors que « Le salaud, il s'est barré » sous-entend une certaine insouciance ou crânerie dans le départ : il a « osé » le faire. Ce sont là des subtilités infimes, qui tiennent pourtant à des étymologies différentes.

> ***Écoutez, les gars, vaut mieux se tailler, ça devient malsain ici !***

Ils nous ont pas attendus, tu sais, ils se sont taillés en douce.

ORIGINE Vers 1920 pour la forme pronominale, mais on rencontre dès 1898-1910 dans un registre badin non argotique : « *Tailler le collège, l'atelier,* s'absenter du collège ou de l'atelier ; faire l'école buissonnière » (H. France). Il est assez probable qu'il s'agit là d'une variation chez les collégiens, et peut-être les ouvrières, de la formule *couper à (quelque chose)*, « éviter une chose ennuyeuse » (couper à la corvée), courante à l'époque. Une évolution parallèle à « *se* casser » et « *se* barrer » aura donné *se tailler*, vraisemblablement durant la guerre de 14-18.

foutre le camp S'en aller, se sauver. Familier et très usuel, mais dans un registre de rudesse. Par exemple à des enfants très turbulents :

Maintenant j'en ai assez, foutez le camp !

En échappant à quelque déplaisir :

Je m'ennuie, j'ai envie de foutre le camp !

Dans un sens général, « partir, décamper » :

On ne voit plus Christian, il a dû foutre le camp.

ORIGINE Fin 18e siècle, attestation chez Restif de La Bretonne : « Fous-moy le camp » (1797).

se casser S'en aller précipitamment, avec une consonance demeurée plus argotique que pour les précédents :

Bon, salut, j'me casse !
(au revoir, je m'en vais)

Cassez-vous, les mecs, voilà les poulets !
(allez-vous-en, messieurs, voici la police)

ORIGINE Vers 1910 dans l'argot. Il est à remarquer que *se casser* n'est pas encore entré dans le langage familier à cette date, mais seulement après la guerre de 14-18. Altération de l'argot ancien (1835) *se la casser*, « s'enfuir ».

dégager S'ôter de quelque part (de *dégager le terrain*) et donc partir :

Quand ils ont vu arriver les CRS, ils ont dégagé vite fait.

S'emploie surtout à l'impératif :

Allez, je t'ai assez vu, dégage !

ORIGINE Vers 1930, probablement par imitation de l'ordre que donne traditionnellement la police pour disperser les badauds : « Dégagez ! Dégagez ! »

décaniller Quitter un lieu quelconque :

Quand les soirées chez les amis se prolongent on n'arrive plus à décaniller.
(on a du mal à s'en aller)

Parfois, c'est se sauver discrètement :

Oh là là ! Déjà 5 heures ? Il est temps de décaniller.

ORIGINE Fin 18e siècle. Probablement de « quitter le chenil ».

calter S'enfuir, décamper. D'usage plus rare et de connotation argotique.

Maintenant, caltez ! Je vous ai assez vus !

On dit aussi *se calter* par attraction des autres verbes réflexifs :

> ***Quand j'ai vu que ça tournait mal, je me suis calté !***

ORIGINE Début 19e siècle dans l'argot. Parfois écrit *caleter*.

se débiner S'en aller, se retirer en douce, sans être vu :

> ***Chaque fois que je peux, je me débine avant l'heure de la sortie.***

Métaphoriquement, ne pas tenir parole, se défiler, renoncer à un engagement :

> ***François avait promis de nous aider à déménager, et voilà qu'il se débine !***

ORIGINE Fin 19e siècle ; évolution obscure. Vers 1900, *se débiner des fumerons* est synonyme de *se tirer des pieds*. H. France donne aussi *se faire la débinette*.

se faire la malle Partir définitivement, abandonner les lieux plus ou moins sans avertir.

S'emploie transitivement :

> ***On téléphone chez lui, ça répond jamais. Je crois qu'il a fait la malle.***

Ou à la forme réflexive :

> ***Je crois qu'il s'est fait la malle.***

S'emploie particulièrement dans le cas des séparations conjugales :

> ***Depuis que Jean-Louis s'est fait la malle, sa femme passe son temps au téléphone.***

jouer la fille de l'air S'esquiver sans se faire remarquer, disparaître :

> ***Où est ta copine ? – Elle a joué la fille de l'air !***
> *(c'est-à-dire : je n'ai aucune idée de l'endroit où elle se trouve)*

ORIGINE Milieu 19e siècle. Allusion à un vaudeville de 1836 intitulé *Les Filles de l'air*. La référence au titre était encore consciente en 1907 pour Hector France.

se trotter S'en aller avec quelque hâte ou empressement. Très usuel dans les années 1920, mais aujourd'hui un peu désuet.

> ***Si je peux filer avant jeudi : je me trotte à bicyclette dans la direction Marseille, n'emportant que trois chemises.***
> *(Jehan Rictus,* Lettres à Annie, *1911)*

ORIGINE Fin 19e siècle. Par image parlante : « aller au trot ».

S'ENFUIR

se fuiter S'enfuir, se sauver, prendre la fuite :

> ***Ton copain, il avait peur, il s'est fuité.***

Mais aussi très banalement « partir sans tarder » :

> ***Bon, les gars, je me fuite, je suis à la bourre.***

ORIGINE Vers 1900, mais peu en usage jusqu'aux années 1920.

se carapater Se sauver, s'échapper, parfois avec une nuance d'évasion :

Colo, je le connaissais puisque j'étais venue à Toulon pour l'aider à se carapater.
(in *H. France, 1907)*

Excuse-moi, j'étais à la réunion, j'ai pas réussi à me carapater.

ORIGINE 1867 pour *carapater*. Fin 19e siècle pour la forme pronominale.

s'esbigner S'esquiver, s'enfuir, disparaître. Fréquent autrefois, le mot est peu employé aujourd'hui, et sans doute il l'est de façon badine et littéraire :

En voyant le massacre, les malheureux témoins jugèrent préférable de s'esbigner.

ORIGINE Fin 18e siècle. D'un français dialectal venu de l'italien *sbignare*.

se faire la paire Se sauver en courant. Fréquente autrefois, l'expression est comprise mais peu employée.

Si ça continue comme ça, on va pas tarder à se faire la paire, c'est moi qui te le dis !

ORIGINE Milieu 19e siècle. L'image porte vraisemblablement sur « la paire de jambes ». Elle apparaît en 1836 dans le même acte de *La Fille de l'air* que la locution *jouer les filles de l'air*. Vers 1900, on disait *dîner à la paire* pour « se sauver sans payer après le repas » (H. France).

sacrer son champ (ou ***le champ)*** Filer, déguerpir, ficher le camp. Usuel au Québec, très familier, tendance vulgaire.

Sacre ton champ !

aller jouer dans le trafic Déguerpir. Usuel familier au Québec.

Va jouer dans le trafic, tu nous déranges !

Se dit particulièrement aux enfants, dans le sens de « déguerpis ! va jouer ailleurs ! »

En complément On dit aussi, de manière plus ou moins familière, *débarrasser le plancher*, *lever l'ancre*, *mettre les bouts* (ou *mettre les bouts de bois*) et *prendre la tangente*, « s'esquiver discrètement sous l'effet d'une menace ». Hector France a relevé une époustouflante liste de locutions qui apparaissent dans la pièce mentionnée *Les Filles de l'air* (1836), parmi lesquelles : *faire la paire, faire gilles, jouer la fille de l'air, se déguiser en cerf, s'évanouir, se cramper, tirer sa crampe, se lâcher du ballon, se donner de l'air, se pousser du zeph, se la trotter, se la courir, se faire la débinette, jouer des fourchettes, se la donner, se la briser, ramasser un bidon, se la casser, se la tirer, valser, se tirer les pincettes, se tirer des pieds, se tirer les pattes ou les flûtes, jouer des guibes ou des quilles, se carapater, se barrer, se cavaler, faire une cavale, jouer des paturons, décaniller, décarer, démurger, se défiler, filer son câble par le bout, jouer des gambettes, s'esbigner, foutre le camp, chier du poivre, se débiner, caleter, décamper...*

patron

le singe Vieille appellation du patron dans le monde ouvrier, ou de l'employeur par les employés :

Taisez-vous, voilà le singe qui rapplique !

REMARQUE Ce terme traditionnel est à peu près tombé en désuétude au profit d'un mot plus moderne et international : *le boss*.

ORIGINE 18e siècle. Le patron est « malin comme un singe ».

le boss Le patron. Ce mot anglo-américain s'emploie partout dans le monde du travail.

Je vais aller trouver le boss et lui expliquer.

ORIGINE Années 1960, sous l'influence des téléfilms américains.

pauvre

être fauché Terme d'usage très fréquent pour « ne plus avoir d'argent », surtout momentanément, « avoir épuisé ses ressources » :

Je peux pas m'acheter une nouvelle bagnole, je suis fauché.

En ce moment les Dupuis sont complètement fauchés, ils peuvent plus payer leur loyer.

Le renforcement habituel *fauché comme les blés* est très courant :

Je peux pas te payer un verre, je suis fauché comme les blés !

DÉRIVÉ ***un fauché*** Un désargenté chronique.

ORIGINE Fin 19e siècle. Sur l'image d'un pré fauché, où l'on a tout pris.

être raide Être sans argent, à sec. Le mot, autrefois d'un usage courant dans la langue populaire, est encore employé, mais assez rarement, et avec une connotation argotique.

> ***Mon pauvre ami, je peux rien te prêter, je suis raide.***

Le renforcement traditionnel *raide comme un passe-lacet* semble encore moins fréquent.

ORIGINE Fin 19e siècle. Peut-être parce qu'un cadavre est « raide ». L'image du *passe-lacet*, qui représente un gendarme, s'est ajoutée par la suite, en queue stylistique.

être sans un C'est-à-dire « être sans un rond ». L'expression n'est pas encore sortie de l'usage mais elle se raréfie, avec une coloration plus argotique que familière.

> ***Faut pas compter sur ce mec, il est sans un.***

être cassé comme un clou Être démuni financièrement, sans le sou. Familier usuel au Québec. Forme abrégée : *être cassé*.

> ***Je ne sortirai pas samedi, je suis cassé !***

pauvreté

Note préliminaire Cette entrée comporte les appellations familières de la pauvreté. Suivent les désignations de ceux qui sont réduits à cet état, puis le fait de mendier.

la dèche La misère, la nécessité. Le mot est usuel et seulement familier. L'exclamation *c'est la dèche !* est employée dans le meilleur monde pour signifier un manque d'argent passager (et relatif !).

> ***Je suis dans la dèche la plus noire.***

ORIGINE Milieu 19e siècle. En abréviation de *déchet*.

la mouise La misère. Le terme a conservé une coloration argotique.

> ***Si ça continue on va pas tarder à être dans la mouise.***

DÉRIVÉ ***la mouscaille***

ORIGINE Fin 19e siècle. D'un mot dialectal signifiant « soupe » ou « compote ». Le mot est un euphémisme de *merde*.

la purée La pénurie – par la même métaphore qui assimile la misère à une matière molle dans laquelle on s'englue :

> ***Ah quelle purée !***

L'expression typique des pieds-noirs : *la purée de nous autres !* qui signifie « C'est pas de chance ! Nous voilà bien ! Quelle catastrophe ! » etc., en est une application.

REMARQUE Le mot *purotin*, « pauvre, de la classe des minables » (dérivé de *purée*), n'est plus compris par la majorité des gens, alors que c'était le terme consacré jusqu'en 1939-40 : « On est chez les purotins. »

ORIGINE Fin 19e siècle.

la panade La gêne, les difficultés – par la même image : la *panade*, au sens propre, est une soupe de pain épaisse :

Nous voilà dans la panade !

ORIGINE Milieu 19e siècle.

la mistoufle Variante familière de *la misère*. Le mot, très à la mode au début du 20e siècle, est demeuré usuel, mais il est peu fréquent et d'emploi humoristique.

Mes pauvres gens, je suis dans la mistoufle !

ORIGINE Milieu 19e siècle.

En complément L'expression très grossière *être dans la merde* est très courante au sens de toutes les expressions ci-dessus, à la fois pour le manque d'argent, ou toutes sortes de graves difficultés.

LES MISÉREUX

un clodo Au sens propre : un clochard ou un vagabond des villes. Avec une connotation sinon méprisante, du moins réprobatrice.

Tu vois le clodo là, qui dort sur la grille du métro ?

Par extension et image, quelqu'un qui néglige sa tenue vestimentaire, sans soin :

Tu deviens de plus en plus clodo, Noël !

ORIGINE Début 20e siècle. Le mot est ressenti par tous comme une abréviation familière de *clochard*, mais, selon Jacques Cellard, qui compare avec la date d'apparition de *clodoche*, la dérivation est impossible – et l'étymologie incertaine.

un zonard Un pauvre hère des villes actuelles, sans emploi ou bien aux activités louches. Il se distingue du clochard en ce qu'il a un domicile, fût-ce un bouge miteux dans la périphérie urbaine.

Joël, on l'a perdu de vue, je crois qu'il est devenu zonard.

ORIGINE Milieu 20e siècle. À partir d'« être de la zone », c'est-à-dire de la ceinture parisienne des anciennes fortifications (les fameuses « fortifs » démolies après la guerre de 14-18).

un loquedu Un pauvre diable, un miséreux. Le mot n'est pas d'un usage fréquent.

Tous les loquedus de Paris passent un jour ou l'autre par l'Armée du Salut.

ORIGINE Années 1930. Le mot est ressenti comme un dérivé de *loqueteux*, mais il est sans rapport avec ce dernier. Il s'agit du largongi de *toqué* (un peu fou) : *loquetu*.

S.D.F. Ce sigle qui sert aujourd'hui à désigner « les nouveaux pauvres », gens qui ont perdu à la fois leur emploi et leur domicile et se retrouvent véritablement « à la rue », n'est pas du registre proprement familier, mais d'usage courant :

> ***Le pauvre Georges, il se retrouve S.D.F.!***

ORIGINE Le sigle est ancien. Il désignait autrefois (dans les années 1930-50) la situation des gitans en caravane dont les véhicules portaient la mention *sans domicile fixe* ou S.D.F.

MENDIER

faire la manche Quémander de l'argent, dans la rue, les transports publics ou tout autre lieu :

> ***Il faut un certain courage pour se mettre à faire la manche.***

ORIGINE Vieille expression qui se réfère à un ancien emploi de *manche*, « aumône » (16e s.). Elle a ressurgi dans les années 1960, après une longue éclipse, en particulier pour désigner la quête des acteurs après un spectacle dans le café-théâtre.

payer

Note préliminaire Les trois premiers verbes ci-dessous, assez fréquents, paraissent d'un usage égal. Leur emploi varie surtout selon les habitudes personnelles – certaines personnes disent *banquer*, d'autres *raquer*, etc. Tous trois signifient « payer une assez forte somme, à contrecœur ou sous la contrainte ».

banquer Payer :

> ***J'ai plus un rond, c'est toi qui vas banquer !***

ORIGINE Fin 19e siècle. De *tenir la banque* dans un jeu.

raquer Payer :

> ***Il était entièrement dans son droit lors de l'accident : les assurances ont raqué.***
> *(elles ont tout remboursé)*

ORIGINE Fin 19e siècle. Mot dialectal pour *craquer*.

casquer Payer. Avec une idée un peu plus accentuée de sanction :

> ***Il a été condamné aux dépens, il a fallu casquer.***
> *(les dépens sont les frais de justice d'un procès)*

ORIGINE Milieu 19e siècle. « Sans doute de l'italien *cascare*, faire une chute, tomber dans un piège »

(J. Cellard, *DFNC*). En 1836, le sens de *casquer* était précisément « tomber dans un piège » chez Vidocq.

cracher au bassinet Donner sa contribution à une quête, avec l'idée que c'est à contrecœur :

> ***Ben mon vieux, t'as voulu venir, maintenant il faut cracher au bassinet !***

ORIGINE Fin 19e siècle. La métaphore porte sur le crachoir (bassin ou bassinet) qui existait autrefois dans les lieux publics.

la douloureuse On appelle ainsi par plaisanterie une facture qui vient sanctionner un plaisir, un divertissement quelconque :

> ***C'est bien joli d'aller aux sports d'hiver, mais après il faut payer la douloureuse.***

Très courant au restaurant pour la note, l'addition qui arrive en fin de repas. Familier.

> ***Garçon, apportez-nous la douloureuse...***

ORIGINE Début 20e siècle. Parce que le prix à payer « fait souffrir », du moins le porte-monnaie.

mégoter Lésiner, se montrer mesquin dans le calcul d'une dépense :

> ***Les producteurs de cinéma sont toujours à mégoter sur tout : le nombre des figurants, les frais de déplacement, les cachets des comédiens...***

Ne pas mégoter, c'est au contraire faire les choses largement, mettre le prix qu'il faut :

Bon, on ne va pas mégoter, nous irons en avion, ça gagnera du temps.

ORIGINE Début 20e siècle. De *mégot*, le bout des cigarettes fumées. Les fumeurs des classes populaires conservaient leurs mégots pour les défaire ensuite et rouler de nouvelles cigarettes avec ces restes de tabac.

pénible

en baver Supporter des douleurs, de mauvais traitements, ou fournir des efforts épuisants. Très usuel.

Sa mère en a bavé toute sa vie pour élever ses huit enfants.

Le directeur lui en a fait baver : avec ses ordres et ses contrordres il ne savait plus où donner de la tête.

L'opération elle-même n'est pas douloureuse, mais c'est après que tu vas en baver : la rééducation est vraiment pénible.

DÉRIVÉ *En baver des ronds de chapeau* est une formule aggravante mal expliquée : sauf si elle s'applique à l'origine à *en chier des ronds de chapeau* (ci-dessous).

Avec les lessives, les corvées de bois, de patates, la patronne lui en faisait baver des ronds de chapeau, à la Mélanie.

ORIGINE L'usage s'est développé au cours de la guerre de 14-18. Cependant, l'idée de base semble être celle des bêtes de trait – cheval ou bœuf – qui bavent abondamment sous un effort intense et soutenu. Littéralement, l'animal *en bave*, et l'image est aisément passée à l'homme. L'expression constitue cependant un euphémisme de *en chier*.

en chier Malgré la grossièreté du terme, la locution est d'un usage familier absolument courant et même banal de nos jours. Même chose que *en baver* ; dans les exemples ci-dessus (« Sa mère... » et « L'opération... »), on peut remplacer avantageusement *en baver* par *en chier* – les phrases paraîtront même aujourd'hui plus spontanées et naturelles (*en baver* fonctionne presque comme un euphémisme).

> ***Tu avances dans ton bouquin ? – Ne m'en parle pas : j'en chie comme c'est pas possible !***

ORIGINE Probablement milieu 19e siècle. L'aspect longtemps ordurier de la locution ne lui a pas permis de laisser beaucoup de traces écrites ; H. France connaît laconiquement : « *Chier dur*, travailler ferme. » Si l'on se reporte au cas de l'animal, un cheval attelé soumis à un coup de collier très intense est amené à déféquer dans l'effort – et encore mieux un bœuf. Il est certain qu'une large bouse fraîche évoque assez bien un « rond de chapeau ». Mais les attestations manquent.

perdre

paumer Terme très usuel pour « perdre des objets » :

J'ai paumé mon portefeuille !

Et lui, il a paumé ses lunettes, nous voilà bien !

Pour « perdre de l'argent dans une transaction » :

En revendant ma voiture j'ai paumé 5 000 balles. *(je l'ai revendue 5 000 francs de moins que je l'avais achetée)*

Le pauvre Roger a voulu investir ses économies dans l'entreprise de son beau-frère. L'autre a fait faillite, il a tout paumé.

DÉRIVÉS :

- **se paumer** Se perdre, s'égarer :

Vous êtes vachement en retard ! – On s'est paumés dans les bois, dis !

Ils ont voulu aller à Metz mais ils n'avaient pas de carte. Ils se sont paumés en route.

- **être paumé** Lointain, écarté, « perdu » :

Ils habitent un bled paumé dans les Cévennes.

Égaré mentalement, psychiquement défait – très usuel depuis une trentaine d'années :

Ces types-là c'est des paumés, on pourra rien en tirer.

ORIGINE 1835 « perdre au jeu », 1895 « s'égarer ». « *Une paumée*, une fille désemparée », déjà en 1899 chez Noguier, malfaiteur lyonnais (G. Esnault).

peu

pas bézef Peu. *Bézef*, « beaucoup », ne s'emploie plus qu'au négatif pour exprimer le « peu », de manière désinvolte. Usuel.

Il reste plus bézef de confiture, faudra en acheter.

Tu veux un petit whisky, Adrien ? – Oui, merci… Tu m'en as pas mis bézef, dis donc !

ORIGINE Vers 1878 (pour *pas bézef*). Adaptation de l'arabe *bézef* par les soldats français en Algérie.

pas lerche Peu. Le mot n'est pas employé affirmativement, et il a conservé une connotation argotique. Il n'est plus très usité.

Tu as déjà fini tes macaronis, Antonio ? – Y en avait pas lerche, non plus !

ORIGINE 1905, sous la forme *lerche* ; il s'agit du largonji de *cher* qui donne *ler-ché*, simplifié en *lerche*.

UN PEU

un chouïa Une toute petite quantité. Le mot a une coloration pied-noir qui en a renforcé la vogue.

Un pastis, Fernand ? – Juste un chouïa !

Y a un petit chouïa de vent mais c'est bien le peu !

Origine Vers 1880. De l'arabe importé par les armées françaises en Afrique. Le mot a connu un rebondissement vers 1961 avec l'arrivée des pieds-noirs en métropole.

une larmichette Une toute petite quantité de liquide, une larme. S'emploie en particulier pour les petites doses d'alcool.

> ***Je te sers une petite eau-de-vie de prune, Nathalie ? – Oh mais alors une larmichette hein ! Juste pour goûter.***

Origine Vers 1930. Par double diminutif de *larme*, « petite quantité » (fin 19e s.). *Larmiche*, « petite larme », semble avoir précédé, mais la documentation incomplète ne permet pas de l'affirmer.

sur les bords Un tout petit peu. L'expression est devenue un tic de langage familier éduqué. Renforce la construction *un peu*.

> ***Tu serais pas un peu maniaque sur les bords ?***
> *(c'est-à-dire : tu frises la maniaquerie)*

S'emploie en équivalent de « légèrement » souvent par ironie :

> ***François était un peu éméché sur les bords. – Ah oui ? « Sur les bords » seulement ?***

On dit fréquemment de quelqu'un que l'on n'estime pas :

> ***Il est un peu con sur les bords.***

Origine Vers 1950-55 pour l'établissement de la métaphore, d'abord en formule de prudence dans les discussions intellectuelles : terme d'école. Jacques

Cellard (*DFNC*) donne à cette locution une origine érotique incongrue qui repose uniquement sur une rencontre de hasard. L'image de référence est ici précisément la notion d'extrémité matérielle – une gravure qui s'est salie, tachée, ou détériorée *sur les bords* (par exemple un timbre de collection, en parfait état, sera « un peu abîmé sur les bords », ce qui lui ôte de la valeur). L'idée de marge, de limite (cf. *à la limite*), de frange, se trouve à la pointe des préoccupations du monde actuel dans presque tous les domaines.

un poil Un tout petit peu, un soupçon, très légèrement :

> ***Attends, mets le tableau un poil plus haut... – Comme ça ? – Non, un poil plus bas...***
>
> ***Ah vous arrivez un poil trop tôt : je n'ai pas fini de ranger !***
>
> ***Mets-y un poil de térébenthine dans ta peinture, ça va l'éclaircir.***
> *(c'est-à-dire « une goutte »)*

Négativement, s'il n'y a *pas un poil* ou *plus un poil* de quelque chose, c'est qu'il n'y a plus rien du tout :

> ***Qu'est-ce qu'il fait chaud aujourd'hui, y a pas un poil d'air !***
>
> ***Mince ! J'ai plus un poil de monnaie.***
>
> ***Dommage, y a plus un poil de café dans la boîte !***

DÉRIVÉ **un quart de poil** est un superlatif usuel de *un poil*.

> ***Un quart de poil plus à droite s'il te plaît !***

ORIGINE Fin 19e siècle. Terme d'atelier et de chantier où le *poil* désignait une très faible épaisseur, et de là une faible quantité. G. Esnault relève en 1910 chez un chef de chantier : « Encore un poil ! » et chez des pilotes : « Un poil moins vite », ce qui montre que le mot était déjà solidement établi.

peur

Note préliminaire L'expression de la peur – maladie courante des communautés fragiles et durement menacées – a toujours été richement représentée dans le langage argotique et familier. Les plus anciennes métaphores ont trait à la colique physique que donne une peur intense, mais la notion de dérangement intestinal est occultée et oubliée des locuteurs. De plus, *avoir les flubs, les colombins* ou *la foire* ont totalement disparu de l'usage.

la trouille *Avoir la trouille*, c'est « avoir peur », expression banale à peine familière. Le mot recouvre des degrés de frayeur très variables :

Quand le type a braqué sa carabine j'ai eu une de ces trouilles !

Cette nuit j'ai eu la trouille, y avait des pas dans l'escalier.

T'as pas la trouille, toi, d'aller toute seule en banlieue !

DÉRIVÉS ***trouillard***, ***trouillarde***

Il est trouillard, le Pierrot, il ferait pas trois pas dans la rue tout seul !

ORIGINE Fin 19e siècle. D'abord sous la forme *n'avoir pas la trouille*, bien établie dès 1900 dans un langage très populaire inaccessible aux salons ; cf. cette remarque de Frédéric Lolié en 1900 : « Même au fort d'une conversation tant soit peu lâchée entre gens de bonne compagnie, on trouverait d'un goût douteux au moins d'articuler à haute voix cette opinion qu'un tel, muni de trop d'aplomb (un aplomb bœuf !), *n'a pas la trouille* ou qu'il ne manque pas de culot » *(Parisianismes)*.

avoir la pétoche Avoir peur, n'être pas rassuré :

Le cri de la chouette, la nuit, ça me fout la pétoche.

Dis donc, y avait un type qui me suivait sur le boulevard, j'avais une de ces pétoches ! Je te dis pas !

REMARQUE Vers 1975 environ, les écoliers mirent ce mot au pluriel, disant *les pétoches*, sous l'influence de *les chocottes* et probablement de la formulation courante *une de ces pétoches*. Cette forme semble la plus courante aujourd'hui dans les jeunes générations.

Quand le prof a rendu les rédacs j'avais les pétoches !

DÉRIVÉ ***pétochard*** Peureux. Usuel sous forme d'invective (le mot est plus énergique que *trouillard*).

Pétochard !... Pétochard !... T'es qu'un dégonflé !...

ORIGINE Vers 1920 ; étymologie mal établie. Il s'agit probablement de la peur particulière, la crainte vigilante de celui qui fait le guet, qui *fait le pet* pendant qu'une action interdite se déroule (dans un collège par exemple) ou au cours d'une filature. On trouve en effet *être de pétoche*, « suivre quelqu'un de près » (H. France, 1907), ce qui n'est pas sans danger.

avoir les chocottes Avoir peur – une appréhension quelconque. La locution semble moins usuelle aujourd'hui que les précédentes, surtout depuis que le pluriel l'emporte dans *les pétoches*.

> ***Oh là là !... Un compteur électrique qui fait un bruit pareil ça me fout les chocottes, moi. C'est pas normal.***

ORIGINE Vers 1920. À partir du sens de *chocottes*, « les dents » (et aussi, bizarrement, « os à moelle » dans H. France). Il s'agit d'une allusion au claquement de dents, réel ou symbolique, par raccourci d'*avoir les chocottes qui s'entrechoquent* ? Non attesté.

avoir les foies Avoir peur, se montrer lâche. Expression classique des milieux argotiques parisiens d'avant guerre, bien relayés par la littérature de polar. Fort peu en usage actuellement.

> ***Les flics s'avançaient pas trop... Je pense qu'ils avaient les foies, et y avait de quoi !***

ORIGINE 1872. Par abréviation de *foie blanc*, « poltron », et *avoir les foies blancs*.

flipper Anglicisme d'un usage actuel trop permanent pour être évité. Tout le monde *flippe* pour les raisons les plus variées, mais principalement le verbe signifie « éprouver une forte angoisse » :

> ***Ma mère elle flippe toute la journée parce que j'ai pas de boulot, pas de blé, rien.***

> ***Ouais le bac à la fin de l'année ça me fait pas trop flipper, mais quand même j'ai un peu les pétoches quoi...***

J'suis d'accord, elle est gentille et tout cette nana… Mais moi, elle me fait flipper, j'y peux rien.
(je suis gêné par sa présence)

Avec un renforcement : *flipper à mort.*

Ah j'ai flippé à mort, la sirène hurlait, et quand j'ai ouvert la porte Nestor était plein de sang !

Titou, quand on rend les copies, il flippe à mort !

DÉRIVÉ ***flippant***

Raoul, tu diras ce que tu voudras, il est flippant ce garçon !
(Raoul me met mal à l'aise)

Le soir avec les lumières du parking, la pluie, je te jure c'est flippant !

ORIGINE Vers 1970, avec le développement dans nos sociétés avancées de cette crainte diffuse, et d'une qualité nouvelle, que l'on appelle « angoisse ». Par le truchement de *il est flippé*, à propos d'un individu « secoué », « paumé », mal dans sa peau, sous l'effet de la drogue ou de l'après-drogue.

pied

un panard Terme familier le plus usuel pour désigner « le pied » :

On va se tremper les panards dans la rivière.

Après cette marche j'ai les panards en compote.

REMARQUE *Panard* est le seul équivalent de *pied* possible dans l'expression figurée *prendre son pied*, « avoir du plaisir ».

Moi, quand je vais au cinoche, je prends mon panard.

ORIGINE mal établie. Probablement d'un défaut des pieds de cheval.

les pinceaux Les pieds. Le terme est resté plus argotique que familier, et de ce fait son emploi se fait rare.

On va se dégourdir les pinceaux.
(on va se promener)

REMARQUE *Un pinglot*, aussi argotique, a représenté une variante de *pinceaux*. Maintenant hors usage.

ORIGINE obscure.

les ripatons Plutôt désuet, ne s'emploie guère que dans la locution *jouer des ripatons,* « trotter, se dépêcher en marchant ».

les arpions Peu fréquent, semble désigner plutôt les orteils que les pieds eux-mêmes, mais la distinction est assez floue.

On va se faire marcher sur les arpions.

ORIGINE Terme de vieil argot (Vidocq).

En complément Les *nougats*, dont il est question dans l'Introduction, n'est plus employé actuellement.

plaire

avoir un ticket Plaire, faire une bonne impression dans un contexte amoureux ; ou, inversement, éprouver une inclination secrète, avoir le béguin.

> ***J'ai un ticket avec la serveuse.***
> *(elle m'a remarqué, je lui plais ; ou bien : la serveuse m'attire beaucoup)*

REMARQUE On dit aussi *avoir le ticket.*

ORIGINE L'usage courant s'est répandu à partir des années 1970, mais l'expression date des années 1940. Selon certains, elle pourrait être une allusion au *ticket* d'un candidat lors des élections d'un président des États-Unis ; plus simplement, il pourrait s'agir des *tickets* des cartes d'alimentation en usage sous l'occupation allemande.

taper dans l'œil Plaire, séduire au premier abord, aussi bien pour une personne que pour un objet convoité :

> ***Cette maison m'avait tapé dans l'œil, mais elle était trop chère pour moi.***

ORIGINE 19e siècle. Par métaphore d'un objet qui « frappe » le regard.

ça me botte ! Ça me plaît. Expression un peu vieillie, à la mode dans les années 1910-40 dans le langage familier de bon ton ; elle est encore utilisée sous forme de plaisanterie :

On va en vacances à Miami ?... Moi ça me botte !

ORIGINE 1856 dans Flaubert *(Correspondance)*. « Venu sans doute – suppose Hector France – de *trouver chaussure à son pied* ».

pogner Avoir du succès, être populaire, être attirant. Usuel au Québec, très familier.

Ce gars-là, il pogne !
(il plaît aux filles)

Cette musique pogne auprès des jeunes.

plaisir

prendre son pied Avoir du plaisir, ou simplement du contentement, tant la locution s'est usée depuis vingt ans à force d'être rabâchée, de servir à tout – et quelquefois à rien.

Dimanche j'ai pris mon pied. On est allé faire une balade en forêt, c'était super sympa.

Le petit Louis, quand il mange des fraises au sirop, tu le vois : il prend son pied !
(il se régale)

Si tu veux prendre ton pied, va voir* Les Virtuoses, *c'est un film génial. Vraiment !...

En exclamation : *C'est le pied ! Quel pied !*

> ***Ça t'a plu le spectacle du cirque Plume ? – Ah ! C'était le pied !... Le super pied !...***
> *(c'était épatant, j'ai adoré)*

La forme négative, en revanche, sert de litote à une situation ennuyeuse, rébarbative :

> ***L'émission de Tartempion, hier soir, c'était pas le pied ! Je suis allé me coucher.***

ORIGINE Vers 1930 au sens d'un vif plaisir esthétique – dans *Voyage au bout de la nuit* (1932) à propos d'un film. Sens venu par extension de celui d'un plaisir sexuel, lui-même issu de *en avoir son pied*, « en avoir assez » en argot faubourien (H. France, 1907), où *pied* représentait la « part » dans une affaire. L'expression est demeurée longtemps en veilleuse, connue seulement d'un petit groupe d'argotiers et de faubouriens, avant d'exploser littéralement après mai 68, au point de devenir une scie. Ce fut le mot symbole des grands bonheurs qui, dans l'esprit de certains, attendaient notre société libérée de toutes les contraintes aux approches de l'année 2000 : la richesse, la télévision pour tous, l'amour à la chaîne, et les loisirs à perpétuité : le grand pied !

s'éclater Terme hyperbolique pour dire « s'amuser, vivre intensément, bien rigoler ». Très usuel chez les jeunes générations pour des joies de plus en plus minimes :

> ***T'as vu le coucher de soleil ? – Ouais, je m'éclate...***
> *(ça me plaît bien)*

> ***Ce soir on va chez Joseph et Marie, on va s'éclater.***
> *(nous causerons en fumant des herbes odorantes jusqu'à une heure avancée de la nuit)*

S'éclater comme des bêtes constitue un renforcement apprécié :

> ***Le concert de Renaud a eu lieu mardi. On s'est éclatés comme des bêtes.***
> *(il a soulevé l'enthousiasme des spectateurs)*

ORIGINE Vers 1975, à partir des réunions de jeunes rendus à l'hilarité en fumant des pétards (cigarettes de haschisch) ; jeu de mots sur ces « pétards », qui font « éclater » la personnalité. Une chanson au hit-parade vers 1975 avait pour titre *Je m'éclate au Sénégal.*

pleurer

chialer Pleurer, en principe bruyamment, avec des cris. Très usuel.

> ***Écoute ce gosse qui chiale depuis un quart d'heure. Il est tout seul ou quoi ?***

Avec une nuance de regret, de contrition dans les pleurs :

> ***C'est pas la peine de chialer, je t'avais prévenue que ce type était un sale con !***

Sous l'effet d'une émotion esthétique :

> ***– Écoute ça, Ja, écoute ! C'est à chialer tellement c'est beau. Même dans un MacDo !***
> *(P. Merle,* Le Déchiros, *1991)*

ORIGINE 1847 dans un dictionnaire. À partir de *chialer*, « crier en geignant » (en parlant d'un chien), qui viendrait du mot dialectal *chiouler*. Puis se lamenter avec des pleurs, fin 19e siècle :

> *Oh ! Oh ! qu'il chialait, faut qu'j'emporte*
> *Un bout d'souvenir pour l'adorer*
> *(Richepin)*

plus

bien tassé C'est-à-dire « même un peu plus ». Usuel.

> ***Elle a 40 ans bien tassés.***
> *(elle doit avoir en réalité 42-43 ans au minimum)*

> ***On s'est farci 12 kilomètres, hein René ? – Oh oui, bien tassés !***
> *(largement, peut-être 13 ou même 14)*

Usuel pour une dose d'alcool où l'image d'origine est conservée :

> ***Un whisky, Polo ! Et bien tassé !...***
> *(c'est-à-dire en dépassant la dose « normale », voire un verre plein)*

ORIGINE Vers 1910. C'est l'image d'une mesure de grains, litre, décalitre ou autre, que l'on tape sur le sol pour *tasser* le contenu, afin qu'il en entre davantage.

bon poids Très largement. Pour une estimation :

> ***Cette brebis fait 30 kilos, bon poids.***
> *(c'est-à-dire plutôt 32 ou 35 kilos)*

Par extension, se dit pour des durées ou des distances :

> ***Il doit bien y avoir trois heures qu'on attend ? – Oh, bon poids !***

ORIGINE 17e siècle ou avant. Au sens propre, la locution indique que la balance est en hausse, et que l'on pourrait ajouter quelques poids ou quelques crans de plus sans créer un déséquilibre.

police

Note préliminaire Les termes désignant la police sont nombreux, plus ou moins insultants, mais toujours hostiles. Leur diffusion par le roman policier et le film de gangsters en fait un vocabulaire « surévalué » et un peu imaginaire qui fausse la perspective réelle. Dans la vie courante, leur fréquence est moindre ; l'homme de la rue dit beaucoup « les gendarmes, la police », et pas uniquement *les flics*, le terme générique familier par excellence !

un flic Un policier, quelle que soit sa catégorie, en uniforme ou en civil. Le mot d'usage banal est employé par les policiers eux-mêmes et n'a plus guère d'aspect « marginal ». On dira :

> ***À Paris, un ministre a jour et nuit un flic devant la porte de son domicile.***

Aussi bien que :

> ***Fais gaffe, voilà les flics !***

REMARQUE La forme récente en verlan *keuf* (venue en usage dans les prisons au cours des années 1960) est aujourd'hui très usitée dans tous les emplois de *flic*, surtout par les jeunes et ceux qui veulent paraître jeunes.

Chez les flics désigne, dans le langage courant, le commissariat, un poste de police ou la gendarmerie :

> ***Il n'a pas retrouvé sa bagnole, il est allé chez les flics.***
> *(c'est-à-dire : il est allé se renseigner ou déclarer le vol)*

DÉRIVÉS :

▪ ***la flicaille*** Terme générique usuel, mais nettement péjoratif, pour désigner « la police ». Un manifestant dira :

> ***Pendant la manif il y avait de la flicaille partout.***

▪ ***être fliqué*** Être surveillé discrètement par la police ; et, par extension, par quiconque exerce une surveillance plus ou moins cachée :

> ***Dans l'usine on est fliqués en permanence.***
> *(on est soumis à une surveillance)*

> ***Ma femme me flique.***
> *(elle surveille discrètement tous mes faits et gestes)*

ORIGINE Début 20e siècle dans l'usage actuel. De *flique à dard* (1836), c'est-à-dire « mouche à dard », à cause de l'épée dont les sergents de ville venaient d'être équipés. *Fligue* ou *flique* est la traduction en yiddish de *mouche*, appellation du policier depuis le 16e siècle. Parfois écrit *flick* à la fin 19e siècle, puis *flic*. Cf. « Écoute Brascourt tu m'as abandonné aux flics et je n'ai pas parlé » (H. France, 1907).

un poulet Désigne aujourd'hui un policier en général – avec une préférence pour un policier en civil – et dans un registre à tendance plus argotique que *flic.*

> ***T'as vu la bagnole blanche avec les trois mecs dedans ? C'est des poulets, j'te jure !***

Le singulier ne semble pas d'un usage courant, mais le pluriel générique *les poulets* fournit une alternance badine à *les flics* :

> ***Marcel était tellement bourré que le matin, il sait pas comment, il s'est retrouvé chez les poulets !***

ORIGINE Début 20e siècle pour un inspecteur en civil. Le terme est mal expliqué – le fait que ce personnage « picore » des renseignements ne paraît pas déterminant.

un schmitt Un flic. Terme rare, mais donné ici parce qu'il est en expansion chez les jeunes des banlieues de Paris.

> ***Il y a du schmitt !***
> *(les flics arrivent)*

ORIGINE Années 1930. « Apparu dans le milieu camelot, ce nom d'origine obscure (peut-être un nom propre d'origine alsacienne) est toujours en usage du côté des Puces de Saint-Ouen, et quelquefois, aussi étrange que cela paraisse, du côté des jeunes des banlieues » (P. Merle, *L'Argot fin de siècle*).

les cognes L'appellation désigne indifféremment les gendarmes ou les sergents de ville. Le mot appartient à une langue populaire dure – sa phonétique lourde, menaçante, fait qu'il ne s'est jamais haussé jusqu'au vocabulaire des gens légers qui s'encanaillent. Aussi, à l'écart de tous les snobismes, chez les jeunes gens qui craignent les coups, *cogne* s'est peu à peu effacé de l'usage… Je le conserve ici « pour mémoire », souvenir du temps où j'étais un petit garçon, un peu dans la situation où l'emploie Gavroche dans *Les Misérables* : « Môme ! on ne dit pas les sergents de ville, on dit les cognes. »

Les cognes, c'est vieux comme mot. C'étaient ceux qui avaient des chevaux, ou bien des vélos…

ORIGINE 1800 chez les « chauffeurs d'Orgères ». Le mot était courant dans le langage populaire de Paris dès les années 1920 ; témoin cette chanson :

Pour nous piéger c'est en vain que les cognes
Briquet en main ont fait les rodomonts.
(É. Debraux, Les Porcherons, *1829)*

En complément Le terme *bourre* est vieilli et à peu près sorti de l'usage. En revanche, le vieux mot d'argot *condé*, qui n'était plus employé, semble revenir en force parmi les jeunes à Paris. *Un condé* désignait un commissaire de police en 1844, et à la fin du 19e siècle un policier en civil.

pomme de terre

une patate Une pomme de terre. Le mot alternatif populaire employé par tout le monde.

Ils sont allés arracher les patates.

Achète-moi 5 kilos de patates.

Origine 17e siècle. De fait, il s'agit du terme propre ancien, datant de l'acclimatation de la pomme de terre en France et sa consommation par le peuple dans le Nord et l'Est du pays (cf. l'anglais *potatoe*, l'espagnol *patata*, etc.). Pour faciliter la diffusion du légume à la cour de Louis XVI et dans les hautes classes, Parmentier employa une appellation plus flatteuse, à l'allemande : *la pomme de terre*; le terme *patate* fut alors confiné aux classes populaires et devint familier.

porte

la lourde La porte. Le mot a conservé une consonance argotique, et s'il est toujours compris, il n'est plus très employé, du moins spontanément, sans un effet d'insistance volontaire.

> ***Fermez la lourde, bon sang! Vous voyez bien qu'on gèle!***

Dérivé **lourder** *Mettre à la lourde* et *se faire mettre à la lourde* étaient des expressions à la mode dans le langage ouvrier des années 1920-30, pour « congédier » et « se faire congédier ». Mais c'était un temps où la mise à la porte était instantanée, sans préavis ni indemnités. Elles ne sont employées aujourd'hui qu'avec une volonté d'archaïsme – le verbe est plus usuel.

> ***Dis donc Roger, t'as vu? – Quoi? – Il s'est fait lourder de son boulot.***

Origine Apparaît déjà dans *L'Argot réformé* en 1628.

De l'image de ces grosses portes du 16e siècle qui, effectivement, pesaient une tonne !

postérieur

Note préliminaire Les mots désignant le postérieur humain (vulgairement *le cul*) sont nombreux, le plus souvent agressifs ; leur recension ne s'impose pas dans le cadre de cet ouvrage auquel ils conféreraient un caractère scatologique et obscène indésirable. Seuls sont pris en compte les termes familiers et amusants.

le trou de balle L'anus. Euphémisme de bonne compagnie que l'on emploie en particulier à l'égard des enfants :

> ***Un suppositoire est un médicament que l'on s'enfonce dans le trou de balle.***

ORIGINE 19e siècle. En 1900, on disait également *trou d'Aix*, *trou du souffleur*, *trou de bise* (H. France).

le troufignon Le postérieur ; plutôt anus que fessier :

> ***Tu vois, la facture, je me la mets dans le troufignon.***

On dit aussi *troufignard*, en terme plus péjoratif.

ORIGINE Fin 18e siècle, mais déjà au 17e siècle *trou fignon* pour « trou du cul » (G. Esnault) ; de *fignon*, « élégant, pimpant ».

le cucul (ou ***cucu***) Mot enfantin pour le postérieur, et qui ne s'adresse qu'à un enfant :

Cache ton cucul !

La désignation traditionnelle de la fessée est, par ellipse, *panpan cucul !*

Attention Frédéric ! Arrête ou c'est panpan cucul !

ORIGINE 19e siècle. Par redoublement hypocoristique.

le popotin Le derrière, particulièrement féminin, considéré sous son aspect esthétique, surtout dans l'expression *remuer le popotin* (ou *tortiller le popotin*) :

Martine, quand elle marche, elle remue le popotin d'une façon délicieuse.

ORIGINE Vers 1920 ; mal élucidée. Peut-être un composé ludique sur le terme enfantin *le popo* qui désigne « le pot » (le pot de chambre) pour un petit enfant.

où je pense Au derrière, dans l'expression courante *se le mettre où je pense*, euphémisme de *au cul* :

Puisque c'est comme ça, son augmentation, il peut se la mettre où je pense !

ORIGINE 19e siècle. Litote du mot grossier.

pou

un toto Un pou. Ce mot amusant est donné pour le plaisir historique, car il n'est plus dans l'usage courant depuis la fin des années 1940. Toutefois, devant le retour en force des poux dans les chevelures enfantines scolarisées, des poux robustes et aguerris qui se rient de la *Marie-Rose* (célèbre liquide anti-poux), il serait urgent que la chasse aux totos reprît pour de bon.

> ***Maman, viens voir ! Lucien, il a des totos ! – Encore ! Ça n'arrête pas !***

ORIGINE Début 20e siècle ; étymologie assurément enfantine, mais peu claire. Il est intéressant de noter que, vers 1900, on connaît sous cette appellation de *toto* le « sein ». Cf. « L'affreux braillard de môme ne cessait de crier : Le toto ! Le toto ! » *(Joyeusetés du régiment)*. A désigné le « bedeau » en Bretagne et le « genou » dans le Doubs – aucun de ces sens n'éclaire le « pou ».

un morbac Appellation familière du « morpion » ou « pou du pubis » :

> ***Tu vas à la piscine, une fois sur deux tu te chopes des morbacs.***

ORIGINE 1866 chez Delvau, écrit *morbaque*.

préférence

être très... quelque chose Avoir une préférence marquée pour la chose indiquée, être « très porté » sur elle. L'expression s'est développée dans un milieu snob, en tant que maniérisme, mais elle s'est très vite élargie à tous les milieux. C'est du familier de bon ton, très usuel pour exprimer des plaisirs sensoriels :

> ***Marie-Agnès est très whisky, mais personnellement je préfère le porto.***
> *(ce que Marie-Agnès préfère c'est le whisky, elle a l'habitude d'en prendre)*
>
> ***Nos cousins sont retournés dans les Alpes en juillet, ils sont très montagne.***
> *(ils aiment beaucoup le grand air de la montagne)*

Pour « ne pas aimer, éprouver une répugnance », s'emploie au négatif, surtout en litote :

> ***Mon mari n'est pas très chocolat, il préfère les pâtisseries à la crème.***
>
> ***Vous verrez, ma sœur n'est pas très cassoulet : elle est végétarienne !***

ORIGINE Vers 1985 dans cet emploi généralisé. Il s'agit d'une contraction elliptique de *être très porté sur*. Quelques formules négatives employées comme euphémismes – *je suis pas très toilette* (je ne me lave pas beaucoup) – appartenant à un registre très populaire furent lancées par des sketchs vedettes (Coluche, Guy Bedos). *Il n'est pas très bisous* se dit d'un petit enfant qui refuse énergiquement de se laisser embrasser. On passa rapidement à la formulation positive… *mais il est très bonbons*, laquelle s'étendit jusqu'à devenir un tic de langage vers 1992-95.

pressé

avoir le feu au cul Être agité, dans un état de précipitation extrême. Très usuel.

> ***Qu'est-ce qu'il a ton patron aujourd'hui ? On dirait qu'il a le feu au cul !***

ORIGINE Assurément très ancienne – peut-être l'expression date-t-elle des ces temps heureux où des farces fort goûtées allumaient le feu au derrière des acteurs pour les faire courir se plonger dans un baquet !

prêt

être partant Être volontaire pour accomplir quelque chose, pour se joindre à une action :

> ***S'il faut rassembler du fric pour construire une maison familiale, je suis partant.***
> *(je suis très favorable à cette idée et je veux bien participer à l'organisation de la collecte)*

ORIGINE Années 1920. Par allusion aux courses de chevaux où il y a les « inscrits » et les « partants », ceux qui participent vraiment à la course.

prétentieux

un merdeux Le plus souvent *un petit merdeux*, un prétentieux, un arrogant, qui « ne se prend pas pour une merde », c'est-à-dire qui a une haute idée de sa personne :

> ***Ce petit merdeux, t'as vu ça ? Il voulait me vendre une assurance-vie, pour qui il se prend ?***
>
> ***Quel merdeux celui-là ! Il vient me narguer avec sa voiture neuve. Minable !…***

ORIGINE Vers 1910. À partir de l'expression usuelle à la fin du 19e siècle : *faire sa merde*, « faire l'important, le fier » (H. France).

prison

la taule Terme alternatif pour *la prison* dans un aspect uniquement pénitentiaire (on ne dira pas « on construit une nouvelle taule », mais « une nouvelle prison »). Être *en taule*, c'est être incarcéré :

Fernand était en taule au moment où sa fille est née.

Il a appris à lire en taule !

Faire de la taule, subir une peine d'emprisonnement :

Son frère a fait de la taule.
(il a été condamné à la prison)

DÉRIVÉ **un taulard** Un homme en prison. *Les taulards* désigne de manière générique la population des prisons :

Le philosophe parisien Michel Foucault s'est beaucoup intéressé aux taulards.

REMARQUE Ne pas confondre avec *le taulier* qui désigne le patron d'un hôtel, d'un bar, etc., en langage très familier, et qui a la même étymologie.

ORIGINE Vers 1870 au sens de « chez-soi », de « chambre », mais l'aspect carcéral était déjà dans *tollard*, *tolle*, qui désignaient le « bourreau » en 1725 dans l'argot de Cartouche.

en cabane En prison. Terme moins usuel que *taule*, et un peu plus marqué par l'argot, mais assez courant.

La bande à Mistoufle... tu sais pas ? Ils sont tous en cabane !

ORIGINE Après la guerre de 14-18, durant laquelle les « cabanes » en planche servaient à tout.

au bloc En prison, mais plus particulièrement la salle de police d'un commissariat. Terme courant à peine familier.

Pierre-Henri faisait du tapage la nuit dernière, il a été emmené au bloc.

ORIGINE Milieu 19e siècle. D'un vieil instrument de torture en bois.

au ballon En prison, mais en principe la même chose que le *bloc* dont il est une version « humoristique » :

> ***Le pauvre Antoine, il a passé sa nuit au ballon.***

S'emploie aussi pour l'incarcération proprement dite :

> ***Jean-Louis est au ballon pour six mois.***

ORIGINE Fin 19e siècle. Peut-être d'*emballonner*, « emballer ».

être à l'ombre Euphémisme courant pour *être en prison* :

> ***Les pauvres gosses sont livrés à eux-mêmes, leur père est à l'ombre.***

ORIGINE Début 20e siècle. Parce que le prisonnier est pâle comme une personne qui ne voit pas le soleil; l'image était beaucoup plus évidente à une époque où la plus grande partie de la population travaillait au grand air et avait le visage hâlé (l'obscurité des cellules renforce l'idée même d'« ombre »).

en dedans En prison. Usuel familier au Québec.

> ***Il est en dedans depuis 6 mois.***

faire du temps Faire de la prison. Usuel familier au Québec.

> ***Quand j'aurai fait mon temps...***

En complément Bien d'autres termes argotiques sont employés ; citons *placard*, *trou*, *gnouf* pour désigner la « prison ». « Popol ? Cherche pas, il est au gnouf. »

privation

se mettre la ceinture Être privé de quelque chose. Très connu mais peu employé.

> ***Si tu perds tes droits au chômage tu vas devoir te mettre la ceinture ! Et serrée encore !***

En abrègement exclamatif : *Ceinture !*

> ***Vous avez eu une augmentation ce mois-ci ? – Non, ceinture !***

> ***Si j'avais pas perdu mon carnet de chèques, ce soir on serait allés au restaurant, mais là... ceinture !***

ORIGINE Début 20e siècle. En réfection de *se serrer la ceinture*, même sens et métaphore évidente : quand on ne mange pas, on est obligé de serrer sa ceinture d'un ou plusieurs crans.

faire tintin Être privé de quelque chose de précis que l'on désirait :

> ***Mon vieux, t'as que des mauvaises notes partout, pour le vélo tu feras tintin. C'est bien fait pour ta gueule !***
> *(tu n'auras pas ton vélo comme promis, mauvais garnement)*

ORIGINE Vers 1920 (ou peut-être 14-18). Étymologie

obscure. Hector France connaît *faire son tintin-la-mouillote*, expression du Centre : « Faire l'aimable, le galant. » On peut imaginer que les gracieusetés ne sont pas toujours récompensées : « Un mauvais gars qui fait son tintin-la-mouillote pour emberlauder les filles » *(idem)* peut avoir des déconvenues et « avoir fait tintin » pour rien ! Cela s'accorderait avec la connotation souvent sexuelle de l'expression – mais les attestations manquent.

se l'accrocher Se passer de quelque chose, surtout dans la locution *pouvoir se l'accrocher*, qui paraît indissociable : on ne dit pas « il se l'est accrochée ». L'expression est dotée d'une certaine vigueur :

> ***Pour les vacances en Grèce, mes agneaux, vous pouvez vous l'accrocher !... Je suis viré !***

> ***Pour la bouffe il peut se l'accrocher, Valentin. Il avait qu'à faire les courses, merde, c'est moi qui dois tout faire ici !***

ORIGINE Vers 1920. Ce que l'on est invité à « accrocher » reste mystérieux. On peut comprendre, c'est le plus simple, que l'on se réfère à la *ceinture*... par reformulation de *se la serrer* ou *se la mettre*, ces derniers termes pouvant introduire une ambiguïté sexuelle indésirable. Cependant l'expression, fréquente et agressive dans un milieu populaire, est fortement teintée de vulgarité, comme si l'objet pouvait être... que sais-je ?

En complément On dit aussi dans le même sens *se brosser* qui est à peine familier.

profit

faire son beurre Faire son profit, avec l'idée d'un avantage financier juteux, ou plus précisément « gras » :

> ***En attendant, les épiciers arabes ouverts tous les jours de la semaine, ils font leur beurre !***

ORIGINE Début 19e siècle. Le beurre, comparé au lard et au saindoux, était jadis une denrée de luxe.

s'engraisser Faire de bonnes affaires, faire fortune :

> ***Sous l'Occupation beaucoup de gens se sont engraissés avec le marché noir.***

ORIGINE Milieu 19e siècle au moins. Par une image parlante toujours usuelle.

se sucrer Prendre une part rondelette, voire excessive, d'un bénéfice quelconque :

> ***Les médicaments sont chers, mais les distributeurs se sucrent au passage !***

ORIGINE Début 20e siècle, époque où le sucre était encore une denrée de luxe ; un convive qui « se sucrait » copieusement en buvant son café était jugé goinfre et profiteur, en tout cas inconvenant.

palper Recevoir de fortes sommes d'argent. Le terme est resté très populaire. De personnes qui ont gagné à la loterie, on dira :

Ben mon cochon, ils vont palper !

ORIGINE 19e siècle. De *palper de l'argent*, le toucher. Il semble que le mot réfère plus précisément aux billets de banque que l'on compte en liasses – mais les échanges aujourd'hui se font en chèques, lesquels se « palpent » aussi, s'ils sont nombreux.

promptement

Note préliminaire Les locutions suivantes sont courantes et aimablement familières ; elles rendent l'idée exprimée par « tout de suite », ainsi que l'idée de « vite fait ».

aussi sec Immédiatement, sur-le-champ, avec une référence implicite à une autre action préalable :

Je lui ai envoyé un questionnaire, il m'a répondu aussi sec.

Nina est allée voir le patron, il l'a embauchée aussi sec.

(c'est-à-dire séance tenante. L'exemple est optimiste : le patron aurait pu « la congédier ou la renvoyer aussi sec »)

ORIGINE Début 20e siècle. Allusion à la « sécheresse », c'est-à-dire à la soudaineté de l'action – frapper un « coup sec », etc.

en moins de deux Très vite. On suppose « moins de deux minutes », par hyperbole.

Je l'ai appelé au téléphone, il est arrivé en moins de deux.
(presque tout de suite, sans tarder)

Vite fait :

Ils ont vidé la bouteille en moins de deux !

ORIGINE Début 20e siècle – guerre de 14-18. Mal élucidée.

en quatrième vitesse Très vite, avec une certaine précipitation. L'expression est assez neutre, moins marquée par exemple que *à toute pompe.*

J'ai bouclé ma valise en quatrième vitesse et je suis parti.

ORIGINE Années 1920. C'est une allusion à la quatrième vitesse des automobiles, celle dont l'allure impressionnait les badauds.

protester

râler Grogner, faire des remarques de mécontentement au sujet de quelque chose, manifester de la mauvaise humeur :

Qu'est-ce que t'as à râler ? T'es pas content ? Moi j'aime pas les gens qui râlent sans raison !

Râler, c'est en quelque sorte « gueuler » à voix basse :

Quand je vais rentrer à la maison, mon père va encore râler !... Il râle toujours alors !

DÉRIVÉ ***un râleur*** Quelqu'un qui râle tout le temps, qui ne cesse de protester, qui n'est jamais content de son sort :

Antoine c'est un râleur perpétuel, jamais rien ne lui va !

Se met au féminin :

Qu'est-ce qu'elle est râleuse ta frangine !

ORIGINE Vers 1920. Paradoxalement, ce verbe très usuel en milieu ouvrier à Paris dans les années 1920 semble dériver du substantif *râleur*, qui paraît lui-même descendre d'un autre verbe *râler* signifiant « mendier » (1781 chez Mercier). D'où il s'ensuit qu'un râleur est, à la fin du 19e siècle, un quémandeur et un grippe-sou : « Individu qui marchande et discute pendant une heure pour gagner un sou ou ne rien acheter. » *La râleuse* est la même chose en femme – plus une « marchande du Temple qui raccroche les passants pour leur vendre des nippes » (H. France, 1907).

rouspéter Protester, gronder entre ses dents ou clamer son désaccord, réclamer. Usuel.

Regarde ça ! Il nous a sucré nos heures sup ! – On va aller rouspéter ! – Ah oui alors !

Ce type est incroyable, il arrête pas de rouspéter, et quand on lui propose autre chose, il n'en veut pas !

DÉRIVÉS :

- ***un rouspéteur*** Un habitué des récriminations :

Ton copain Alphonse c'est un rouspéteur, non ?

rouspétance Protestation. Mot que l'on accole traditionnellement au langage des agents de ville et des gendarmes à l'ancienne :

> ***Allez, pas de rouspétance, suivez-nous !***
> *(mais le mot signifiait à l'origine « résistance »)*

ORIGINE 1878 (G. Esnault) au sens de « protester ». « Résister, gronder, grogner, se plaindre ; argot populaire », indique H. France.

la ramener Protester avec une certaine verdeur, ne pas se soumettre à un ordre, à une décision :

> ***Au conseil de gestion ils ont décidé d'augmenter les charges. Eh bien moi, la prochaine fois, je vais la ramener, parce que c'est inadmissible !***

> ***Qu'est-ce que tu viens la ramener, toi ? T'étais pourtant d'accord !***

DÉRIVÉ ***un ramenard*** Un type qui veut toujours se montrer et parler de ses affaires à lui.

ORIGINE 1908 pour *la ramener* dans ce sens ; l'ellipse porte sur « sa gueule, sa fraise », etc. Mais, bizarrement, l'image se croisait au départ avec un autre *ramener* : « Rassembler les cheveux des côtés de la tête pour dissimuler la calvitie » (H. France). *Le rameneur* était alors ce chauve prétentieux se livrant à ce genre de coquetterie, le mot *ramenard* semble avoir conservé de cet ancêtre parallèle son aspect outrecuidant.

prudence

faire gaffe Faire attention, prendre garde. Très usuel.

> ***Toi, t'as intérêt à faire gaffe à ce que tu dis, parce que je te pète la gueule, moi !***
> *(tu ferais bien de surveiller tes paroles)*

> ***Il vaut mieux faire gaffe, on ne sait jamais ce que les affaires seront demain.***

> ***Fais gaffe au camion ! Tu feras gaffe en traversant la route.***

ORIGINE Vers 1920 pour *faire gaffe* (mais probablement dès la guerre de 14-18, pleine de dangers). De *gaffer*, « guetter, surveiller » dès 1836 (Vidocq).

se tenir à carreau Ne pas sortir du droit chemin, surtout pour quelqu'un qui a déjà eu des ennuis, avec la police ou avec quiconque, et qui a intérêt à « marcher droit » :

> ***Après son arrestation Jean-Marc s'est tenu à carreau pendant six mois, puis il a replongé dans la drogue.***

> ***[…] sa mère, guadeloupéenne bon teint, lui répétait tout le temps, à son traînard de fils, qu'il était « d'jà un nèg', donc il valait mieux qu'il se tienne à carreau ».***
> *(P. Merle,* Le Déchiros, *1991)*

ORIGINE Vers 1920 ; mais probablement très antérieur car l'expression existe en occitan dans les mêmes termes : *se tener a carel*, et dans le même sens d'autodiscipline – ce qui repousse très loin, en l'obscurcissant encore, une étymologie nullement élucidée.

puer

schlinguer Terme alternatif familier qui sert de superlatif à *puer* :

> ***Tu sais que ta poubelle, elle schlingue ?… C'est les restes de poisson d'hier midi.***

> ***Quand on passe à côté d'une porcherie, ça schlingue, c'est insupportable. Surtout l'été !***

ORIGINE 1846 dans le langage des prisons (G. Esnault). De l'allemand *schlagen*, « taper, fouetter » et « repousser » pour un fusil (verbes qui, dans l'argot de l'époque, signifiaient « puer »), la puanteur étant assimilée à un coup. La sonorité insolente du verbe lui a permis de se perpétuer à peu près seul dans la langue familière. «*Schlinguer des arpions*, infirmité commune à ceux qui ne se lavent les pieds que… quelquefois » (H. France, 1907).

cocotter Sentir mauvais, avec une nuance d'humour – du moins le verbe indique que l'odeur est mieux supportée par le locuteur que dans *schlinguer*. Du langage plutôt féminin.

> ***Dis donc ça cocotte chez toi, tu ouvres jamais les fenêtres ou quoi ?***

Tu sais mon chéri, c'est pas pour faire des remarques désagréables mais ton pull commence à cocotter...

REMARQUE Le verbe est très employé pour indiquer un excès de parfum :

Dans le métro, le matin, les gens se sont tous aspergés : ça cocotte dur !

ORIGINE 1890 (G. Esnault) ; étymologie mal établie. Le verbe ne semble s'être répandu qu'après 1910.

En complément *Taper*, *repousser*, *trouilloter* (*trouilloter du goulot*, « avoir mauvaise haleine »), tous très courants dans le français populaire des années 1930, sont tombés en totale désuétude du fait de l'évolution des mœurs, et de la quasi-disparition des odeurs fortes de notre vie quotidienne. Par contre, *cogner* et *fouetter* sont toujours en usage occasionnel.

q

quémander
querelle
quitter

quémander

taper quelqu'un Lui emprunter de l'argent, de petites sommes qui ne seront jamais rendues la plupart du temps :

> ***À la fin du mois Gérard vient toujours me taper 100 balles. Qu'il me rend, d'ailleurs, presque toujours !***

ORIGINE Milieu 19e siècle dans ce sens ; étymologie obscure. G. Esnault cite le voyage de Dassoucy (1650) avec le sens de « gruger » : « Dans chaque Hostellerie je fus tappé, volé, grippé, mis en chemise. »

faire la manche Faire la quête ou mendier. Très usuel.

> ***Maintenant y a toujours des types qui font la manche dans le métro.***

ORIGINE 19e siècle. G. Esnault cite des saltimbanques en 1790 : « Tu auras un sixième de la manche », c'est-à-dire de la quête. Le mot viendrait apparemment de l'italien *mancia*, « offrande ». L'expression, complètement inusitée dans la première partie de ce siècle, a ressurgi au cours des années 1960 à Paris ; elle s'est diffusée dans le grand public par la pratique des acteurs du café-théâtre qui « faisaient la manche », passant un chapeau parmi les spectateurs à la fin du spectacle.

taxer quelque chose « Emprunter » sans intention de rendre, à la limite voler. Très usuel chez les jeunes.

> ***Les salopards, ils lui ont taxé son blouson à Antoine !***
> *(ils l'ont obligé à leur donner son blouson, en le menaçant)*

ORIGINE Années 1980. Parodie des *taxes* multiples qui frappent les consommateurs (exemple : la TVA).

querelle

engueuler quelqu'un L'invectiver, lui faire de violents reproches, le plus souvent avec de grands éclats de voix. Ce terme familier est devenu si naturel qu'il a supplanté, dans le langage oral du moins, tous les autres verbes exprimant une réprimande ; *gronder*, *fâcher* sont à présent des euphémismes ou des mots pour jeunes enfants, tant *engueuler* et *s'engueuler* ont pris de place dans le langage courant.

> ***On va se faire engueuler par la prof.***

> ***Ils se sont engueulés toute la soirée.***

DÉRIVÉ **une engueulade** Voir RÉPRIMANDES.

> ***Il nous a passé une belle engueulade !***

ORIGINE Pour *engueuler*, milieu 18e siècle. De *gueuler*, « crier », dès le 17e siècle.

chercher des crosses Chercher querelle. Le mot, plus argotique que familier, demeure d'un usage assez large.

> ***Il arrêtait pas de me chercher des crosses pour un oui pour un non, alors je l'ai envoyé balader !***

ORIGINE Fin 19e siècle. De l'argot *crosser*, « s'opposer, provoquer ».

faire de la provoc Attaquer, provoquer une personne et le plus souvent un groupe, en exprimant des opinions diamétralement opposées à l'opinion admise :

> ***Dis donc, tu fais de la provoc là !***

Au lieu de propos, ce peut être une action provocante :

> ***Les intégristes catholiques sont allés faire de la provoc devant l'hôpital pour faire cesser les avortements.***

ORIGINE Vers 1970. Par apocope de *provocation*, sans doute sous l'influence des *provos* hollandais qui lancèrent la mode des protestations publiques chez les jeunes par des violences de rue dans les années 1960.

En complément On parle usuellement d'*une prise de bec* pour une querelle en paroles : « Ce matin j'ai eu une prise de bec avec mon chef. Je me suis pas laissé faire. »

quitter

plaquer Quitter quelqu'un, le planter là, sans son accord et brusquement :

> ***Robert m'a dit qu'il ne voulait pas venir, alors je l'ai plaqué là devant son demi, et j'ai pris l'autobus.***
> *(il s'agit d'un demi de bière dans un bar)*

Se dit habituellement pour un couple qui se sépare lorsque l'un laisse tomber l'autre, au grand dam de l'abandonné :

> ***Sa femme l'a plaqué. Alors il boit. – Oui mais elle l'a plaqué justement parce qu'il buvait !***

Abandonner sur un coup de tête, par exaspération :

> ***Oh écoute, j'ai plaqué le bureau ! J'en avais par-dessus la tête.***

ORIGINE Milieu 19e siècle, mais bien avant régionalement ; Provence et Suisse pour G. Esnault : « Calvin écrit *plaquer là l'Évangile.* » Le mot était en usage courant à Paris à la fin du 19e siècle : « *Plaquer le boulot*, abandonner le travail ; quitter l'atelier » (H. France, 1907).

En complément On utilise aussi le verbe *larguer* (1899 dans l'argot) : « Sa copine l'a largué, il déprime dur », ainsi que *laisser en plan* ou *en carafe*.

r

réfléchir

regarder

rendez-vous

renvoyer

repas

repousser

réprimandes

restauration

retard

réussir

riche

rien

rire

rougir

réfléchir

gamberger Réfléchir ; envisager dans sa tête des organisations futures, établir des projets. Usuel.

> ***Bon je vais gamberger là-dessus, je te téléphone demain.***
> *(je vais réfléchir, retourner ta proposition dans ma tête pour évaluer les possibilités)*

> ***J'ai un peu gambergé à notre sortie de dimanche prochain : il faudrait partir à 6 heures du matin…***
> *(j'ai établi un programme)*

Au sens de « rêvasser », de « se faire des illusions un peu vagues » :

> ***Ah oui Loulou, pour gamberger, ça il gamberge ! Mais ça va pas plus loin !***

DÉRIVÉ ***la gamberge*** La pensée un peu imprécise, les châteaux en Espagne, etc. Le terme est péjoratif.

> ***Pour la gamberge il est bon, mais à part ça, je le connais, il veut rien foutre !***

ORIGINE Vers 1920. Le mot est devenu à la mode dans un milieu argotier ouvrier au sens de « combiner », de « réfléchir à un agencement pratique de pièces », de « trouver une combine ». Étymologie complexe d'après *comberger*, « compter, calculer » au début du 19e siècle. *La gamberge* est un mot des années 1940.

regarder

reluquer Regarder, examiner avec attention, fixement, avec l'expression d'un vif intérêt pour la chose ou la personne :

> ***Qu'est-ce que tu reluques dans la vitrine ? Tu veux m'offrir un bracelet ?***
>
> ***Pierrot, il est toujours à reluquer les filles qui passent, aux terrasses des cafés...***

DÉRIVÉ ***un reluqueur*** Terme un peu suranné mais non sorti de l'usage ; son sens n'a pas varié : « Oisif qui passe son temps à larguer, à reluquer les femmes » (H. France, 1907).

ORIGINE 1750. « Du picard *relouquer*, même sens » (J. Cellard). Mot d'origine flamande, de la famille de *to look*.

mater À peu près le même sens et le même usage que *reluquer*, mais plus fréquent aujourd'hui, et même un peu plus à la mode.

> ***Qu'est-ce que tu mates dans la vitrine ? Ah c'est l'auto-radio... Il a l'air bien.***
>
> ***Le voisin, il mate par la fenêtre de sa cuisine, il épie tout ce que nous faisons.***
>
> ***T'as pas honte de mater les gonzesses comme ça ? – Elles sont là pour ça, non ? Je fais mon boulot !***

DÉRIVÉ ***un maton*** Un surveillant de prison.

ORIGINE 1897 dans l'argot, mais le mot ne semble s'être répandu qu'après 1930. Il n'est devenu familier qu'après 1960. Étymologie obscure.

rendez-vous

un rencard Un rendez-vous quelconque. Très usuel.

Baratine un peu la nana qu'on lui file un rencard.

Bon, je me tire, j'ai un rencard.

Avec la locution *donner rencard* :

On s'est donné rencard à la gare du Nord à 9 heures moins le quart, mais j'ai vu personne.

DÉRIVÉ **rencarder** Une ambiguïté intervient ici : *rencarder quelqu'un* au sens de « lui donner rendez-vous » est sorti de l'usage, à cause de la banalisation d'un autre verbe *rencarder* qui signifie « renseigner » (avec *se rencarder*, « se renseigner ») devenu très usuel.

Je me suis rencardé sur les horaires du TGV...

Le type, il était bien rencardé pour savoir que nous aurions nos valoches avec nous.

Ce sens dérive d'un autre *rencard*, « renseignement confidentiel », 1899 (G. Esnault).

ORIGINE 1898 pour *rencard*, « rendez-vous confidentiel ».

renvoyer

virer Renvoyer d'un travail, d'un emploi, d'un endroit. Très usuel.

Gérard va se faire virer de son boulot s'il continue à s'absenter pour un oui pour un non.

Quand les Durousseau se sont fait virer de leur appart, je les ai hébergés quelque temps.

Regarde tout ce fouillis sur la table... Allez, vire-moi tout ça !

ORIGINE 1913 dans Robert. Étymologie incertaine, peut-être de *virer de bord*, expression maritime.

sacquer Congédier quelqu'un de son emploi, exclure, etc. Le mot n'est plus courant en ce sens.

Antonine ne travaille plus chez Leclerc : elle a été sacquée.

Par contre, le verbe est très usuel au sens de « traiter durement, avec une sévérité imméritée », surtout dans le milieu scolaire :

Le prof d'anglais nous a sacqués : y avait pas une note au-dessus de 8 !

Au sens de « sanctionner » :

Guillaume s'est fait sacquer par la chef du personnel à cause de son retard. Elle lui a fait sauter sa prime.

ORIGINE Fin 19e siècle. Étymologie mal établie, peut-être de « donner son sac », congédier.

repas

une bouffe Un repas. Le mot familier de loin le plus fréquent aujourd'hui pour un repas en commun est *la bouffe* (voir NOURRITURE).

un gueuleton Un festin, un banquet ou simplement un bon repas copieux. Le mot, aujourd'hui largement concurrencé par *une grande bouffe*, demeure d'usage courant :

> ***On a fait un de ces gueuletons pour fêter les noces d'or d'Henri et de Marie-Louise !***

ORIGINE Dérivé de *gueule* dès le 18e siècle.

le casse-croûte Ainsi défini, « *le* » *casse-croûte* est le repas que l'on prend le matin vers 8 ou 9 heures, partout en France, dans les milieux ouvrier et paysan ; autrement dit, c'est le « petit déjeuner » dans le monde du travail manuel (où le terme *petit déjeuner* ne s'emploie pas). Le casse-croûte est même l'élément sociologique le plus sûr qui sépare aujourd'hui les travailleurs manuels, sur les chantiers ou aux champs, des employés et des autres professionnels qui ne mangent généralement pas le matin – une tartine beurrée leur suffit. *Le casse-croûte* comprend quelquefois une soupe (à la campagne) ou une omelette, et le plus souvent du jambon, du saucisson, du pâté, du fromage, une viande froide, etc., le tout accompagné de pain, naguère élément principal du « casse-croûte », d'où le nom. Dans les pays de viticoles, il est arrosé d'un ou deux verres de vin.

> ***Chez nous, on débraye à 8 heures et demie pour le casse-croûte.***

« Un » casse-croûte est une petite « collation » que l'on prend à un autre moment de la journée. Certains restaurants populaires situés le long des routes affichent :

> ***Casse-croûte à toute heure.***

Enfin, l'habitude s'est prise d'appeler *casse-croûte*, par extension, un sandwich.

ORIGINE Début 20e siècle. De *casser la croûte*.

repousser

rembarrer Repousser une avance, une offre, sans ménagement, de manière catégorique et brutale :

> ***Nous, on s'est proposés pour l'aider à ranger la boutique : il nous a salement rembarrés ! Il a dit : « Foutez le camp, je vous ai assez vus !… »***

> ***Paul a essayé de baratiner un peu la Marcelle. Il s'est fait rembarrer, et vite !***

Origine incertaine, étymologie floue. Le verbe existe aussi dans les dialectes. Je proposerai la possibilité d'une extension de *rembarar*, *rembarrer*, « border ». « Ce mot du patois du Centre ne s'emploie que dans l'expression *rembarrer un lit* ou une personne – précise H. France –, expression qui viendrait de l'ancien usage de garnir d'une *barre* le devant des lits pour empêcher d'en tomber » (1907). Ou pour empêcher un malade récalcitrant de se lever, comme c'est le cas aujourd'hui dans les hôpitaux pour les gens âgés ou agités. *Se rembarrer dans son lit* serait une excellente hypothèse, mais les attestations font défaut pour l'instant.

envoyer paître Envoyer au diable, refuser d'entendre une demande :

> ***Si tu lui demandes de payer les heures supplémentaires, tu es sûr qu'il va t'envoyer paître !***

Origine 17e siècle. Image parlante des pâturages.

envoyer sur les roses Même emploi qu'*envoyer paître*, mais avec un peu plus d'élégance :

> ***Nous voulions organiser une petite fête à Noël dans le service. Le directeur nous a envoyés sur les roses.***
>
> ***Jojo faisait du gringue à ma sœur, elle l'a envoyé sur les roses.***

Origine Début 20e siècle.

réprimandes

une engueulade Une vive réprimande ou une querelle. Le mot, certes familier, est d'un usage courant pour tous les Français, de tous les milieux sociaux. Il est même irremplaçable dans la langue courante, faute d'équivalent, et je partage l'opinion de Jacques Cellard à propos du verbe correspondant *engueuler* : « La très large diffusion du mot, aujourd'hui à peine familier, tient à ce que le français conventionnel ne dispose, pour exprimer cette notion, que de verbes faibles *(attraper)* ou isolés, d'allure archaïque *(tancer, réprimander, morigéner)* ou de périphrases peu expressives » *(DFNC)*.

Les réprimandes, sous l'effet de la colère :

> ***Il s'est pris une belle engueulade par sa mère.***

Les disputes avec éclats de voix et insultes :

> ***Personne ne voulait payer, ils ont discuté pendant une heure et ça s'est terminé par une engueulade monstre.***

ORIGINE Milieu 19e siècle. De *gueuler*, qui date du 17e siècle.

passer un savon Donner une verte réprimande, un blâme. C'est la plus parlante des « périphrases peu expressives » lorsqu'on veut éviter le mot *engueulade* :

> ***Le directeur lui a passé un savon.***

Ton père t'attend pour te passer un savon.

ORIGINE Milieu 18e siècle. Métaphore à partir de la tête que l'on « savonne », que l'on frotte.

restauration

le restau (ou ***resto)*** Familièrement, le restaurant. Le mot est d'une grande fréquence dans tous les milieux sociaux – particulièrement pour les catégories qui vont souvent au restaurant :

Dimanche dernier nous avons mangé au resto.
(par opposition à « manger chez soi »)

Je connais un petit resto sur la place du marché qui n'est pas dégueulasse.
(il y a un restaurant modeste place du marché qui sert une nourriture délicieuse dans une ambiance sympathique)

DÉRIVÉ ***le restau U*** Abréviation courante chez les étudiants de *restaurant universitaire* :

En semaine je bouffe au restau U.

ORIGINE Début 20e siècle. Abréviation de *restaurant*.

la cantoche Appellation familière de la cantine. En usage constant pour les cantines scolaires.

À midi je reste pas à la cantoche.
(je vais manger à la maison)

ORIGINE Milieu 20e siècle. Resuffixation à consonance argotique de *cantine*.

un boui-boui Le mot, assez mal défini, a désigné un tripot, un café-concert de bas étage et une maison de tolérance. Il s'emploie encore, mais assez rarement, pour un petit restaurant minable et sale :

> ***On a mangé dans un boui-boui infect.***

ORIGINE Début 20e siècle dans ce sens avec l'orthographe *bouibouis*. Évolution mal établie au 19e siècle.

un self Un restaurant self-service, où l'on compose soi-même son menu sur un plateau, en choisissant des plats le long d'un présentoir à glissière :

> ***Pas la peine de s'embêter, on peut aller au self.***

ORIGINE Abréviation familière du mot anglais *self-service* (en usage depuis les années 1950). La forme raccourcie *self* est entrée dans l'usage courant vers 1965, avec l'expansion considérable de ce type de restauration dans les grandes villes.

retard

à la bourre En retard. Très usuel, à peine familier.

> ***Je m'arrête pas, je suis déjà à la bourre !***
>
> ***Ils sont à la bourre, tes copains, il est 10 heures.***

Dépêchez-vous un peu, on va être à la bourre.

DÉRIVÉ **bourrer** Se hâter de terminer un travail :

Voilà, on a réussi à partir à l'heure, mais on a dû bourrer !

ORIGINE Vers 1940. Étymologie inconnue.

réussir

faire un tabac Obtenir un succès éclatant, une réussite complète :

Hier soir le groupe country a fait un tabac à Périgueux ! Ils ont eu dix rappels !

Avec ce produit, tu le commercialises, tu fais un tabac !

REMARQUE L'expression usuelle *casser la baraque* (vers 1960) pour désigner un succès « fracassant » paraît être une hyperbole de *faire un tabac* :

La semaine dernière, Maxime Le Forestier, avec son tour de chant sur Brassens, il a cassé la baraque.

ORIGINE Début 20e siècle, pour le succès d'un spectacle ; étendu après 1930 à une réussite commerciale. Il s'agit peut-être d'une assimilation par les comédiens du *tonnerre d'applaudissements* (1901) au *coup de tabac*, « bourrasque qui secoue un navire » (1864) ; le vocabulaire de la scène a été emprunté à celui de la marine à voile. On peut considérer aussi les querelles et chamailleries qui contribuent souvent à un gros succès ; or l'expression *il y a du tabac dans la turne*, « on s'y chamaille, on s'y bat » (H. France, 1907), était employée dans le même sens de « manifestation bruyante ».

rupiner Réussir un devoir scolaire, très bien se débrouiller à un examen. Le mot, encore en usage dans les années 1950, est fort vieilli, sinon désuet.

> ***T'as rupiné à la compo ?***
> *(tu as réussi ta composition ?)*

ORIGINE 1890 dans les « grandes écoles », 1920 dans les lycées. De *rupin*, « riche ».

En complément On dit aussi, dans un registre de bon ton, pour exprimer une réussite éclatante *faire des étincelles* : « Ce matin j'ai été interrogé en histoire, j'ai pas fait des étincelles. »

riche

être friqué Être plein de fric, que l'on soit récemment enrichi ou que ce soit par tradition de famille :

> ***Quand tu sors avec un mec friqué il t'emmène au restaurant.***

Remarque Ce terme joue le rôle de l'expression, naguère courante, mais à peu près inusitée aujourd'hui, sauf par quelques vieilles personnes : *être plein aux as*.

Origine Vers 1970. Par dérivation normale de *fric*, sur le modèle de *sape/sapé*.

un rupin Une personne riche, appartenant aux classes aisées, qui mène une existence plutôt fastueuse. Toujours en usage.

> ***Les Chauffier-Vergé c'est des rupins, ils passent leurs vacances en Floride.***

Origine En 1725, l'argot de Cartouche donne *rupin*, « gentilhomme », et *rupine*, « dame ».

du beau linge Les gens riches ou connus, influents, particulièrement ceux que l'on trouve dans une réception mondaine. Terme ironique assez fréquent.

> ***À la petite sauterie du préfet il y avait non seulement plusieurs grosses légumes, mais du très beau linge : le président des GCDLL et sa femme, la baronne de Sainte-Pélagie, les Lareine-Leroy de Granval, Marcel Amont et son épouse, le Dr Bernard Labbé, Régine, Paul-Émile Debraux et pas mal d'autres...***

Origine Fin 19e siècle. Par extension du sens de *linge*, « fille bien vêtue » en langage ouvrier – « un linge convenable » (1865, G. Esnault).

rien

que dalle Rien du tout, absolument rien. Très usuel.

> ***J'ai cherché partout dans la maison, j'ai trouvé que dalle.***
>
> ***Elle t'a donné combien pour ta course ? – Que dalle ! – Non ? – Je te dis : absolument que dalle !***
>
> ***Dis donc y a que dalle dans ton réfrigérateur ! Il est temps que tu fasses des courses.***
>
> ***T'as lu le problème ?... Moi j'y comprends que dalle !***

ORIGINE 1884 (G. Esnault), mais la locution ne semble avoir connu son essor que pendant la guerre de 14-18. Étymologie très controversée.

que couic Rien. S'emploie volontiers comme une alternative primesautière à *que dalle*.

> ***J'y comprends que couic à votre affaire, expliquez-moi !***

ORIGINE 1914 chez les voyous. Étymologie obscure.

pas un poil Rien du tout :

> ***C'est étouffant ici, y a pas un poil d'air.***
>
> ***Je suis désolé, j'ai plus un poil de monnaie.***

Le pauvre homme, il est complètement sonné, il n'a plus un poil de bon sens.

ORIGINE Vers 1920. G. Esnault note au 19e siècle dans le Berry : « *Pas le poil!* pas du tout », mais la locution ne semblait pas encore être passée dans l'usage en 1910.

des clopinettes Presque rien, et le plus souvent rien du tout :

Combien t'as touché pour ton déménagement ? – Oh ! des clopinettes ! Elle m'a filé 100 balles.

ORIGINE 1925. Étymologie obscure.

En complément Les mots signifiant « rien » étaient nombreux dans la langue populaire – la plupart sont sortis de l'usage. *Des clous ! des nèfles ! de la roupie de sansonnet* et même l'espagnol *nada !* survivent sporadiquement. Quant aux argotismes classiques *peau de balle* et son frère *peau de zébi* (« ça m'a coûté peau de balle ; tu auras peau de zébi ») ils sont en voie d'extinction. Il faudrait qu'un personnage très médiatique les relevât, leur redonnât vie pour un autre siècle !

rire

Note préliminaire Le rire étant le propre de l'homme, il est compréhensible que l'homme français se soit donné très largement les mots pour l'exprimer. La plupart de ces termes sont employés métaphoriquement pour dire « bien s'amuser, faire les fous », bien entendu en riant... Il est remarquable d'ailleurs qu'ils ne servent pas à préciser la nature ou la qualité du rire lui-même ; on continue à devoir préciser cela par des expressions conventionnelles : *rire à gorge déployée* c'est faire un long rire sonore, *rire aux éclats* c'est rire par saccades fortes et répétées, *avoir le fou rire* désigne ce rire fusant, incontrôlable mais étouffé des occasions solennelles ou sinistres, etc. Là où la langue anglaise possède des verbes d'usage commun pour décrire le rire en tant que phénomène – *to laugh* et *to guffaw*, grand rire éclatant, *to giggle*, petit rire aigu de jeunes filles, souvent réprimé en fou rire – le français évoque plutôt par ses verbes familiers les circonstances du rire et le climat sociologique de l'hilarité ; il en distingue son niveau d'urbanité.

rigoler Ce verbe extrêmement usuel dans tous les milieux appartient au français général mais il a conservé – du fait de la nature de ce qu'il indique : le rire, le non-sérieux – une coloration familière, ou qui sera jugée telle dans une rédaction d'élève, par exemple ; il sera biffé par un professeur de français.

Au sens particulier de « rire » :

Qu'est-ce qui te fait rigoler ? Ce que je dis ? C'est pourtant vrai.

Quand elle rigole elle remue le bout du nez.

Quand je lui ai raconté cette histoire il s'est mis à rigoler comme une baleine !

Au sens général de « rire et s'amuser, faire la fête » :

On a bien rigolé hier soir chez Léon, c'était très sympa !

La semaine prochaine c'est le mariage de Marie-Aimée… Je sens qu'on va bien rigoler.

Au sens de « plaisanter » :

Mais non, te fâche pas, j'ai dit ça pour rigoler…
(par pure plaisanterie, sans que ce soit vrai)

Au négatif, par euphémisme : « être strict, ou pénible ».

Au boulot, tu sais, avec Monsieur Jacques, ça rigole pas !

Cet hiver avec l'atelier ouvert à tous les vents et le poêle qui marche pas, on va pas rigoler, je te le dis !

DÉRIVÉS :

■ ***rigolo*** Drôle, amusant, voire curieux, étrange. Très usuel.

Il nous a fait un sketch très rigolo.

C'est rigolo ce que tu dis là, parce que j'avais eu la même idée le mois dernier.

Au féminin, *rigolote* :

Elle est très rigolote ta sœur !

Au négatif, « dur, triste » :

C'est pas rigolo de travailler dans le froid.

C'est pas rigolo non plus d'être en chômage.

■ ***un rigolo*** Le substantif est péjoratif : un homme sans parole, un paltoquet, un mauvais plaisant.

Ton copain là c'est un rigolo, il m'a jamais payé sa bouteille de whisky.
(le féminin n'a pas cette valeur péjorative : une rigolote *est une femme drôle, qui aime à rire)*

■ ***un rigolard*** Un individu qui aime à rigoler :

Fernand, c'était un grand rigolard qui aimait bien la bouteille.

la rigolade L'amusement :

Nous on est pour la rigolade, et pas pour se ronger de soucis. Et puis une bonne rigolade ça fait du bien.

Pardi ! Tu prends tout à la rigolade !
(tout à la légère, rien au sérieux)

Se dit de quelque chose de minime, de peu important :

Ton moteur c'est de la rigolade. Il te faut un 200 chevaux pour une barque de cette dimension.

Arracher un clou ? Tu parles, c'est de la rigolade... Tiens, donne-moi les tenailles.

Au contraire, négativement :

Opérer une appendicite à chaud, c'est pas de la rigolade !
(ce n'est pas une petite affaire, c'est très délicat)

ORIGINE *Rigoler*, en ancien français, signifiait « se divertir, s'amuser ». Mais le verbe n'est employé en langage familier ou vulgaire au sens de « rire » que depuis le début du 19e siècle. *Rigolard* fut d'abord le nom d'un personnage de théâtre (1828), et *Rigolo* un chansonnier (1849). *La rigolade* date de 1815.

se marrer Rire. Le verbe est employé comme synonyme exact de *rigoler* dans toutes ses acceptions. Il est devenu seulement familier et très usuel depuis les années 1950.

Qu'est-ce qu'on se marre bien ensemble !

J'ai dit que j'allais partir, il s'est marré, il ne m'a pas crue.

Georges a réellement un don comique, il fait marrer tout le monde.

Dérivé **marrant** Amusant. Cependant, le sens de « bizarre, étrange » tend à dominer dans le langage courant.

C'est marrant qu'il n'y ait aucune trace d'effraction sur la porte, pourtant elle a été forcée !
(c'est très bizarre)

Je ne retrouve pas mes clés, et pourtant je les ai laissées sur l'étagère... C'est marrant.
(c'est tout à fait étrange, je ne comprends pas)

Le spectacle était très marrant.
(très drôle, très amusant)

Origine 1883 pour « rire ». Cependant, un sens opposé (*se marrer*, « s'ennuyer ») était encore seul présent chez H. France en 1907. Le rire a bizarrement pris le dessus sur l'ennui durant la guerre de 14-18. Après 1930 pour « s'amuser » (G. Esnault). *Marrant* est relevé en 1901 au sens de « rigolo » et dans les années 1930 pour « amusant » au sens large. La valeur « étrange » s'est développée dans les années 1940. Étymologie obscure et controversée.

se *fendre la gueule* La locution assume toutes les valeurs de *rigoler* avec une certaine vulgarité en plus pour les groupes d'âge élevé ; elle marque une simple vivacité chez les jeunes. Très usuel.

Ouah l'autre ! Je lui dis un truc, il se fend la gueule !...
(il rit)

Quand on est entre potes, on boit une mousse, on se fend la gueule.
(on s'amuse)

ORIGINE Vers 1900 ? La locution n'ayant pas été enregistrée par H. France elle ne devait pas être courante en 1907. La bouche *(gueule)* se fend dans un large sourire.

se fendre la pêche Même sens que *se fendre la gueule*, mais avec valeur d'euphémisme. Souvent préféré par les femmes :

> ***J'ai raconté toute l'histoire à Barbara, elle se fendait la pêche !***

> ***Oh tu sais, en Normandie, on s'est pas fait de souci, on s'est bien fendu la pêche !...***

ORIGINE Vers 1950, en concurrence avec *se fendre la poire* qui avait précédé, mais qui est à l'heure actuelle moins usité. *Pêche* et *poire* étaient tous deux usuels pour « tête » et « visage » en 1900. Le modèle était toutefois *se fendre la pipe* (vers 1940) qui est aujourd'hui à peu près inusité.

se bidonner Rire franchement. Familier de bon ton.

> ***Qu'est-ce qu'on a pu se bidonner au cirque Plume ! Il y a longtemps que je n'avais pas autant ri.***

> ***Je leur ai répondu une lettre qui a dû les faire se bidonner.***
> *(Jehan Rictus,* Lettres à Annie, *1911)*

DÉRIVÉ ***bidonnant*** Drôle, à se tordre de rire :

> ***Quand le petit Henri a commencé à marcher, il se pavanait, il était bidonnant.***

ORIGINE Robert donne 1888. Cependant, le mot est inconnu d'Hector France, qui a seulement le sens de « boire ». Par contre, l'exemple de Jehan Rictus atteste que le mot était courant en 1911. Étymologie mal élucidée, probablement du geste de se taper sur *le bidon*, « le ventre » (dès 1883 chez G. Esnault).

se gondoler Se tordre de rire. Peu usuel.

Qu'est-ce qu'il nous a fait gondoler Frédo, avec son numéro de chanteur rock !

ORIGINE 1881 dans Robert. Le mot était à la mode à la fin du 19e siècle, avec une construction transitive. Cf. Alphonse Allais : « Votre histoire d'omnibus, surtout, nous a beaucoup gondolées, car nous les connaissons, les omnibus. » C'est l'idée de « se tordre ».

se poiler Rire. Le mot est usuel, quoique en déclin.

Les films de Charlot nous faisaient poiler !

ORIGINE Début 20e siècle. Par fausse coupe de *s'époiler* qui était le mot au 19e siècle. Il est relativement sorti de l'usage au cours des années 1960, au profit de *se marrer*.

En complément Le verbe *se boyauter*, autrefois usuel dans le milieu populaire parisien, semble inconnu aujourd'hui.

rougir

piquer un fard Rougir soudainement sous l'effet d'une émotion secrète :

> ***Quand j'ai parlé de Gabriel, Louise a piqué un fard, c'est bien la preuve qu'elle le connaît.***

On dit aussi *piquer son fard* :

> ***En la voyant, il a piqué son fard.***

REMARQUE D'aucuns disent *piquer un soleil*, métaphore qui parle d'elle-même.

ORIGINE 1867 chez Delvau.

faloter Rougir jusqu'aux cheveux, devenir cramoisi :

> ***Les filles ne falotent plus comme autrefois, même les plus timides font bonne contenance.***

ORIGINE Probablement vers 1930. Le mot était en usage dans les années 1950. Du *falot* rouge qui signalait la nuit l'arrière d'un véhicule, carriole, train, etc.

S

salaud
sale
sans issue
secret
séduire
seins
sensationnel
sévère
sexe enfantin
sœur
solide
soucis
souffrir
sourd

supplément
supprimer
surprise

salaud

Note préliminaire Il est évident que les individus peu recommandables ou malfaisants reçoivent une infinité de noms infamants dans la langue familière – cela d'autant plus que ces appellations servent aussi d'insultes à l'égard des intéressés ! Nous ne donnons que les plus usuels, qui ne sont pas tous bienséants.

un enculé Ce terme peu convenable, dont la profération en public aurait conduit devant les tribunaux en 1930, et à un sérieux cassage de gueule en 1950, est aujourd'hui l'exclamation favorite des enfants de 4 ans envers leurs camarades dans les classes de maternelle. Le mot est d'un usage banalisé et constant chez les jeunes gens des deux sexes.

Bande d'enculés, vous avez déchiré ma page !

ORIGINE désastreuse.

un enfoiré Un lâche, un triste individu sur lequel on ne peut pas compter :

Il m'a chouravé 100 balles, cet enfoiré !

REMARQUE Le fantaisiste Coluche avait choisi de saluer son auditoire d'un « Salut les enfoirés », ce qui a donné au mot une fréquence inhabituelle et l'a considérablement usé.

ORIGINE Début 20e siècle. Le mot ne s'est banalisé que vers les années 1960. *La foire* désigne « la colique ».

une salope Ce terme, encore très agressif lorsqu'il est adressé à un homme, est devenu simplement désobligeant s'il concerne une femme. Cf. le slogan machiste proféré le plus souvent par plaisanterie, voire quelquefois par antiphrase : *Toutes des salopes !*

> ***La femme d'Hector est une salope, elle m'a vendu les tomates deux fois plus cher que leur prix !***

Une *belle salope* renforce le degré de l'indignation :

> ***Virginie ? C'est une belle salope ! Tu sais pas ce qu'elle m'a fait ?... Je te raconterai.***

> ***Allez, sois pas salope, Sophie... Rends-moi mon bouquin !***

Pour un homme, *salope* désigne, en fait, un salopard dangereux, et surtout un dénonciateur sans scrupules :

> ***Tu sais ce qu'il a fait Lafeuille ? Il a fait virer cinq de ses collègues la même semaine. C'est une salope finie ce mec.***

ORIGINE 18e siècle au sens de « prostituée ». Puis « femme débauchée ». Puis « garce » en général.

un salopard Dans la famille des salauds, *le salopard* oscille entre un « vrai salaud » (ce qui est son sens d'origine) et un petit plaisantin sans envergure. On l'applique à un enfant désobéissant.

> ***Et alors, petit salopard, je t'avais bien dit de ne pas toucher à la machine à laver !... Hein !***

> ***Ah les salopards ! Ils ont emporté mes clés !***

> ***Nanard ? Je te dis que c'est un vrai salopard, ce type, il finira par te créer des ennuis, tu verras !***

ORIGINE Début 20e siècle chez les soldats français en Afrique, au sens fort.

une peau de vache Un individu méchant, implacable, en particulier un chef d'une sévérité, d'une intransigeance qui le font haïr de tous.

> ***Au régiment, on avait un adjudant, c'était la vraie peau de vache ! J'espère qu'il est crevé à l'heure qu'il est !***
>
> ***T'as vu cette peau de vache ! Elle m'a foutu une contravention, dis donc !***

ORIGINE Vers 1920, et sans doute durant la guerre de 14-18. Par renforcement de *vache*, « méchant ». L'expression a été notablement adoucie par un refrain célèbre de Georges Brassens :

> *Une jolie fleur dans une peau d'vache*
> *Une jolie vache déguisée en fleur*
> *Qui fait la belle et qui nous attache*
> *Et qui nous mène par le bout du cœur.*

un saligaud Un salaud qui ne s'ignore pas, qui est même un individu assez ignoble si on l'entend au sens fort. Heureusement, il sert aussi à la plaisanterie innocente, s'il est *petit* :

> ***Voyez-moi ce petit saligaud qui s'amuse dans les flaques d'eau ! Sors-moi de là tout de suite !***

Si, au contraire, il est *beau*, c'est autre chose :

> ***T'es un beau saligaud, toi ! Tu lis les lettres de ma fiancée ? Ah on s'emmerde pas ici !...***
> *(on ne se gêne pas)*

ORIGINE Très ancien mot de la langue (12e siècle en Wallonie selon J. Cellard).

sale

dégueulasse Sale.

Au physique :

Cette cuisine est dégueulasse. Regarde, la table est dégueulasse, l'évier est dégueulasse, la cuisinière n'en parlons pas ! Tout est dégueulasse !...

Au sens moral, « injuste, ignoble, honteux, immoral » :

C'est dégueulasse ce que tu dis là, les chômeurs ne font pas exprès d'être en chômage !

Ces crimes de sadiques que l'on découvre, c'est vraiment dégueulasse !

T'es un beau dégueulasse, toi ! Tu pouvais pas venir m'attendre à la gare ?

On n'a pas le droit de traiter les gens comme ça, c'est dégueulasse.

À la forme négative, le mot a la valeur de « très bon, exquis » :

Dis donc, il est pas dégueulasse ce petit beaujolais, tu l'as acheté où ?

DÉRIVÉ **dégueu** Par apocope de *dégueulasse*. Très usuel chez les jeunes. S'applique plutôt dans un sens physique :

Ton frigidaire il est dégueu, t'as vu toute cette merde qu'il y a dedans ?

ORIGINE 1867. Écrit *dégueulas* par A. Delvau. À partir de l'idée « repoussant, à faire vomir (dégueuler) ».

cradingue Très sale, physiquement :

> ***Mon pantalon est complètement cradingue, il faut que je l'apporte au nettoyage.***

DÉRIVÉ **crado (**ou **cradot)** Très sale :

> ***Il est crado ton mouchoir, mets-le au sale.***

On dit aussi, par dérivation successives, *crade*, *cracra* ou *craspec* :

> ***Elle est cracra la baignoire, je prendrai une douche une autre fois.***

ORIGINE Vers 1930. Par dérivation de *cracra* (1916). *Cradot* était relevé en 1935. Tous ces mots sont formés sur *crasseux*.

salingue Sale, au physique ou au moral :

> ***Ta chemise pue. T'es vraiment salingue !***
>
> ***Vous avez vu le vieux salingue qui présente des chocolats aux petites filles !***
> *(dans cet emploi, le mot est synonyme de* saligaud*)*

ORIGINE 1925. Resuffixation argotique de *sale*.

sans issue

c'est la fin des haricots Il n'y a plus moyen de s'en sortir, la dernière possibilité qui s'offrait s'évanouit :

> ***Si la roue de secours est crevée, c'est la fin des haricots !…***
> *(nous n'avons plus aucun moyen de repartir, nous sommes bloqués ici en rase campagne)*

> ***Les trains ne roulent plus, les routes sont bloquées et il faut que je sois à Nîmes demain matin à 7 heures. Si les pilotes se mettent en grève à leur tour, c'est la fin des haricots !***
> *(je n'ai plus aucun moyen de rejoindre Nîmes à temps)*

ORIGINE Vers 1910. L'expression était à la mode dans les années 1920, à Paris, en milieu ouvrier. La formation de cette locution amusante est pour l'instant un mystère ; il s'agit peut-être d'une expression de caserne ou de cantonnement.

secret

en douce Discrètement, sans se faire remarquer :

> ***Il lui a filé une enveloppe en douce.***
> *(il lui a fait passer de l'argent sans que personne soit au courant)*

Ils sont partis en douce pendant la réception.
(ils se sont éclipsés sans qu'on les voie)

En début de phrase, *en douce* est un équivalent familier de « cependant, en attendant, il n'empêche que » :

En douce, je vais beaucoup mieux.
(en attendant, le remède agit)

REMARQUE Un dérivé par le procédé argotique du louchébem avait donné *en loucedé* qui fut en grande vogue vers 1920-30.

Ils sont arrivés en loucedé à la turne.
(ils sont arrivés clandestinement à leur logement)

ORIGINE Vers 1880, mais de grande diffusion après 1910. Du reste, *en loucedé* apparaît en 1914 (G. Esnault). Apocope de *en douceur*.

séduire

draguer Mot le plus usuel et le plus général pour être à la recherche d'une compagnie amoureuse, de rencontres intéressantes, ou faire des efforts pour séduire quelqu'un en particulier :

Il drague beaucoup dans les bals.

Il est en train de draguer sa voisine de palier.

Elle s'est fait draguer dans la rue.

DÉRIVÉS :

la drague Les déploiements de séduction à des fins amoureuses :

Georges ne pense qu'à la drague, il finit par être fatigant.

▪ ***un dragueur*** Celui qui a l'habitude de draguer, qui est « porté sur les femmes » :

Il est gentil, mais un peu dragueur.

ORIGINE Vers 1950 (Robert).

faire du plat à quelqu'un Tâcher de séduire quelqu'un en particulier par de belles paroles, des compliments et des flatteries :

J'ai fait du plat à Suzanne pendant huit jours, ça n'a rien donné.

Elle fait du plat à sa patronne pour avoir de l'augmentation.

ORIGINE Fin 19e siècle. Probablement l'aboutissement de la vieille expression *donner du plat de la langue*, peut-être sous l'influence de *en faire tout un plat*, « donner beaucoup d'importance ».

faire du gringue Se livrer à une tentative amoureuse par des assauts de belles paroles :

Il faisait du gringue à la serveuse.

ORIGINE obscure. S'emploie depuis le début du 20e siècle.

faire du rentre-dedans Insister vivement, et parfois lourdement, dans une drague directe et sans nuance – à la manière qu'on disait autrefois *à la hussarde* :

La première fois qu'il l'a vue il lui a fait du rentre-dedans.

ORIGINE Vers 1920. Métaphore d'origine militaire évoquant probablement les assauts des tranchées de la guerre de 14-18.

emballer Séduire et attirer près de soi un homme, ou une femme, pour arriver à ses fins amoureuses avec lui, ou avec elle :

Jojo a emballé la serveuse dès le second jour.

ORIGINE Métaphore d'un paquet qu'on enveloppe pour le transporter.

✤ ***chanter la pomme*** Conter fleurette, faire la cour. Usuel familier au Québec.

Hier, je me suis fait chanter la pomme par mon voisin !

seins

Note préliminaire Les dénominatifs familiers des seins sont par la force des choses utilisés par des hommes, avec une connotation érotique, forcément teintée de machisme. Les exemples ci-dessous reflètent la réalité des emplois – ce ne sont pas nécessairement des exemples à suivre !

les doudounes Les seins. Terme enfantin passé dans le langage des adultes par affectation de mignardise.

> ***Oh elle a des jolies doudounes la demoiselle !***

Une femme dira d'elle-même :

> ***Tu veux voir mes doudounes ?***

ORIGINE Vers 1930. Par redoublement enfantin de *doux*.

les nichons Les seins, considérés sous un angle érotique :

> ***Odile, elle a des petits nichons bien sympathiques, tu ne trouves pas ?***

DÉRIVÉ ***les nibards*** Même sens, mais la resuffixation en *-ard* donne une connotation plus argotique et machiste :

> ***La Suzanne, elle a des gros nibards à bouts roses.***

> ***Ouah la meuf ! Mate les nibards !...***
> *(ah dis donc, la fille, regarde les seins qu'elle a !)*

ORIGINE Fin 19e siècle pour *nichons*. « Appelés ainsi de la double niche qu'ils remplissent dans le corset », estimait Hector France en 1907.

les nénés Terme gentiment désuet pour « les seins », plutôt façon nourrice :

> ***Pour s'assurer sans doute que les nénés de la particulière étaient bien à leur place il risqua de ce côté une reconnaissance.***
> *(H. France, 1907)*

ORIGINE Milieu 19e siècle. Mot probablement enfantin, mais d'étymologie obscure.

les roberts Les seins. Le choix du mot évoque plutôt des seins d'assez belle taille :

> ***Ah mon vieux, la Niniche, si tu voyais ses roberts ! Une merveille !***

ORIGINE Vers 1920 pour la métaphore, d'après un biberon nommé *Robert*, à la fin du 19e siècle, du nom de son inventeur.

du monde au balcon Expression humoristique courante, et admirative, signifiant que la poitrine d'une femme est bien fournie et proéminente. S'emploie le plus souvent seule en interjection :

> ***T'as vu Michèle ?... Il y a du monde au balcon !***

ORIGINE Fin 19e siècle. Par l'image directe d'une avancée en encorbellement.

deux œufs sur le plat Exactement l'inverse de la précédente, désigne une poitrine de femme très peu fournie :

> ***Ninon, question doudounes, tu repasseras : elle a deux œufs sur le plat ! – Tu les as vus ?***

ORIGINE Vers 1940. Par l'image parlante des « œufs sur le plat », c'est-à-dire frits à la poêle.

sensationnel

un effet bœuf Un effet énorme, sensationnel. Encore usuel, mais en nette régression.

> ***La déclaration du ministre de la Santé sur la Sécurité sociale a fait un effet bœuf dans tout le pays et au gouvernement.***

> ***Crois-moi, avec ce chapeau, tu vas faire un effet bœuf.***

ORIGINE *C'est bœuf !* était à la mode vers 1900 pour « c'est chic ! ». Il existait même un féminin : *une chance bœuve* (H. France). L'origine doit probablement être cherchée dans la pratique annuelle du « bœuf gras », un rite de Carnaval en grande faveur à Paris aux 18e et 19e siècles. On promenait un bœuf décoré à l'extrême en tête des processions de masques.

En complément Au cours des années 1950 et 60, la mode était de dire *c'est sensas !* Le mot s'emploie encore, mais il a une connotation vieillie.

sévère

ne pas faire de cadeau Euphémisme pour « être inflexible », voire « impitoyable » :

> ***Le sida, ça fait pas de cadeau.***
> *(c'est une maladie absolument mortelle, de laquelle on ne réchappe pas)*
>
> ***Un type comme ça, qui martyrise des enfants, moi je ferais pas de cadeau.***
> *(je serais impitoyable dans le châtiment)*

ORIGINE Vers 1940. Métaphore évidente.

sexe enfantin

Note préliminaire Dans un ouvrage destiné à un public vaste et varié à travers le monde, dont les pudeurs sont diverses, il ne paraît pas opportun de s'étendre sur les multiples dénominations du sexe masculin et féminin, dont presque toutes sont marquées d'une connotation érotique. Il suffira de connaître les termes que l'on emploie en compagnie des petits enfants, et qui peuvent toujours servir d'euphémismes dans une conversation entre adultes.

le zizi Terme enfantin pour le sexe du garçon, rendu très familier par une chanson célèbre de Pierre Perret dont le refrain est : « Vous saurez tout sur le zizi ! » S'emploie par euphémisme pour « le pénis » :

Oh ! Il a un zizi tout rouge !

ORIGINE Milieu 20e siècle, mais en 1900 *un zizi* est « un enfant gringalet, chétif », dans le parler du Doubs, et aussi « une trempette de vin sucré ».

une zézette Sorte de féminisation de *zizi* à connotation également enfantine :

Papa ! Luc m'a montré sa zézette !

Le mot sert également à désigner le sexe des petites filles.

ORIGINE Milieu 20e siècle.

une quéquette (ou ***quiquette***) Vers 1900. H. France faisait cette distinction entre les deux mots : «*Quéquette*, nom que les enfants donnent à leur verge. *Quiquette*, nom que les petites filles donnent à la verge des petits garçons. » Il semble que les deux mots soient aujourd'hui employés indifféremment, mais plutôt par les adultes, les enfants aimant mieux utiliser des termes plus franchement grossiers !

ORIGINE 19e siècle ; obscure.

En complément La verge du petit garçon est aussi appelée *le robinet*, par une image claire à comprendre : « Tiens ton robinet pour faire pipi. » On appelle *le cucu* l'ensemble du postérieur : « Cache ton cucu ! » (voir POSTÉRIEUR).

sœur

une frangine Une sœur, au sens de lien familial. Très usuel, surtout chez les jeunes.

Ma frangine passe le bac cette année.

S'emploie aussi, mais un peu par dérision, pour une religieuse (sœur de charité) :

Il y avait une frangine qui faisait la quête pour les enfants malades.

S'emploie pour les femmes en général, plutôt au pluriel dans un contexte familier et humoristique :

Salut les frangines ! Passez un bon week-end !

ORIGINE Début 19e siècle. Par simple féminisation de *frangin*, « frère », dont l'étymologie est assez incertaine. Une forme *fraline*, courante au 19e siècle, fut en usage jusqu'en 1914.

En complément Le verlan de *sœur, reus,* semble très employé par les jeunes.

solide

mastoc Solide, épais et lourd. Se dit d'un objet, d'un outil…

> ***La grille du portail est tellement mastoc qu'elle arrache les gonds.***
>
> ***Ce tournevis est beaucoup trop mastoc. T'en as pas un plus fin ?***

ORIGINE Fin 19e siècle au sens d'« homme lourd, épais ».

béton Solide, inattaquable, dans les tournures *c'est béton* ou *c'est du béton* :

> ***L'avocat de la défense avait préparé une argumentation béton, absolument sans faille.***
>
> ***Tu peux y aller, l'organisation que nous avons mis sur pied pour la traversée du désert, c'est du béton !***

ORIGINE Vers 1970. Il s'agit de l'évolution d'une image du sport, le football en particulier, où lors d'un coup franc la défense s'établit selon la technique du *mur*. Au cours des années 1960, ce « mur » fut dit « en béton » lorsque les joueurs le rendaient infranchissable pour le ballon, d'où aussi le verbe *bétonner* : « La défense a bétonné. » *C'est béton* est donc un second degré de la métaphore.

soucis

se faire de la bile Se faire du souci, être tracassé. La locution appartient au registre conventionnel, mais elle est ressentie comme légèrement familière par beaucoup de locuteurs.

> ***Son père va se faire de la bile si elle n'est pas rentrée à 11 heures.***
>
> ***Vous faites pas de bile, on va vous arranger tout ça vite fait bien fait !***

ORIGINE 19ᵉ siècle. D'après la notion de *bile noire*, humeur traditionnellement censée causer la tristesse.

se casser la tête Chercher activement des moyens, des solutions :

> ***C'est pas la peine de se casser la tête, on va acheter un autre réfrigérateur, celui-là est foutu.***
>
> ***Vous cassez pas la tête, tout s'arrangera ! Il suffit d'un peu de patience.***
>
> ***Dire que François s'était cassé la tête pour trouver un horaire qui aille, et maintenant plus personne ne part ! C'était bien la peine !***

ORIGINE Fin 17ᵉ siècle (Sévigné) pour la formulation métaphorique ; 19ᵉ siècle pour le sens étendu.

se faire du mouron Se faire de la bile, avec une connotation populaire accentuée :

Te fais pas de mouron ma cocotte, il va arriver ton Jérôme, il est pas perdu !

Dis donc, il est minuit, je commence à me faire du mouron, moi… Qu'est-ce qui leur est arrivé ?

ORIGINE Vers 1920. La locution était en usage à Paris, en milieu ouvrier, dès les années 1920. Variante de *se faire des cheveux* par le sens de *mouron*, « poils, cheveux » (1878) (Rigaud, *Jargon parisien*).

souffrir

déguster Souffrir, éprouver une douleur vive. Très usuel.

Mon cousin a eu une crise de colique néphrétique, il a dégusté !
(il a souffert intensément)

La douleur peut venir par l'intervention d'un tiers :

Le dentiste m'a ouvert l'abcès à chaud, je t'assure que j'ai dégusté !

Il peut s'agir d'un châtiment corporel :

Après ce qu'il a fait, si les flics le rattrapent il va déguster…

ORIGINE Début 20e siècle. Par antiphrase sur « déguster » une friandise : la savourer.

morfler Recevoir des coups de toutes sortes, y compris des coups de feu. Le mot, assez courant (mais vedette dans la littérature spécialisée voyou), est d'un registre plutôt argotique :

> ***Quand Mesrine a essayé de saisir son arme, il a morflé.***
> *(il a été mitraillé et tué sur le coup – Mesrine était un célèbre hors-la-loi des années 1970)*

Par extension, « être condamné à une lourde peine », dans le contexte d'un tribunal :

> ***S'il passe en cour d'assises il va morfler.***

Par image, « souffrir intensément » :

> ***Élie a été opéré d'un cancer à l'estomac. Il a rudement morflé !***

ORIGINE Vers 1920. Évolution mal déterminée, à partir de *morfiler*, « manger ».

En complément On emploie aussi dans ce sens *en baver*, *en chier* (voir PÉNIBLE).

sourd

sourdingue Sourd, dans un contexte d'agacement ou de moquerie. Assez usuel.

> ***T'es sourdingue ou quoi ? Je te dis de te pousser, tu vois bien que je suis chargé !***

> ***Le pauvre vieux, il est complètement sourdingue, tu peux toujours gueuler.***

ORIGINE 1926 chez G. Esnault. Resuffixation ironique du parler populaire du type *crade*/*cradingue*, etc.

supplément

le rabiot Désigne un supplément ajouté à une quantité fixe de nourriture ou de temps qui est attribuée à quelqu'un :

> ***La bouffe est rationnée, mais de temps en temps on nous donne du rabiot de viande, ou de chocolat.***

> ***Le problème doit être fait en deux heures, mais souvent on a droit à un rabiot de dix minutes.***

Le mot, toujours usuel, évoque une complicité réjouie, comme son abrégé *rab*.

DÉRIVÉS :

- **rab** Même sens, mais avec une fréquence d'emploi beaucoup plus grande chez les jeunes où il est oublié qu'il s'agit d'une forme supérieurement familière de *rabiot*, qu'ils n'utilisent presque pas.

> ***Si y a du rab de crème, j'en veux !***

> ***Je devais partir le 8 septembre mais j'ai fait du rab : je suis restée jusqu'au 20.***

- ***rabioter (sur quelque chose)*** Diminuer légèrement la ration normale :

> ***Ils rabiotent sur le sucre, le lait, tout !***
> *(les quantités servies sont de plus en plus réduites)*

> ***Ils rabiotent sur nos salaires, nos vacances, etc.***

Origine Le mot s'est diffusé au 19e siècle dans les casernes pour la distribution de nourriture – peut-être à partir d'un mot dialectal *rabiot* qui aurait été en usage au 18e siècle dans les communautés religieuses.

supprimer

faire sauter Supprimer. Le verbe suppose la décision d'une autorité à caractère administratif.

> ***Il fait sauter toutes les contraventions parce que son frère travaille à l'Hôtel de Police.***
>
> ***Si tu continues à être à la bourre, ils vont te faire sauter la prime.***

Origine Fin 19e siècle. Probablement d'après l'idée de *sauter*, « manquer » (sauter des pages, sauter un nom dans la liste). Une permission qui *saute* est une permission supprimée.

sucrer Supprimer quelque avantage ou commodité de manière autoritaire, souvent par sanction :

> ***Les vaches, ils ont sucré sa prime !***
>
> ***On s'est fait sucrer nos indemnités de logement.***

Origine Vers 1930. Par évolution d'un sens de *sucrer*, « punir ».

passer au bleu Être supprimé sans qu'on sache trop comment ni pourquoi. Disparaître des comptes, des listes. Appartient à un registre familier de bon ton, celui de la ménagère !

Dans tout ça mon augmentation a passé au bleu (ou « est passée »).

Je suis ravi, je n'ai pas payé ma contredanse, elle a passé au bleu !

ORIGINE Milieu 19e siècle. Il est probable qu'il s'agit d'une allusion à la lessive, selon la technique qui consiste à passer le linge au bleu de cobalt pour finir de le blanchir, pour faire disparaître les dernières taches. La locution couvrait un usage plus étendu à l'origine. Cf. « Se dit d'une chose perdue, vendue, supprimée. – Où est ta montre ? – Passée en bleu » (H. France, 1907). Il semble que ce soit là une variante de *laver* au sens de « vendre » au 19e siècle.

passer à l'as Être supprimé. Même chose que *passer au bleu* mais dans un registre plus argotique.

Et voilà ! mon jour de congé est passé à l'as.
(il ne comptera pas, il sera supprimé, il va « sauter »)

ORIGINE Début 20e siècle ; obscure, la nature de l'*as* n'étant pas établie.

surprise

rester baba (ou ***être baba)*** Être saisi d'un étonnement admiratif. Connu mais peu utilisé.

Quand j'ai vu arriver Sylvie en mariée, tout en blanc, couverte de fleurs, j'en suis resté baba.

Au cirque Plume les enfants étaient tous baba.

ORIGINE Vers 1850 sous la forme actuelle. « Ils [les députés] s'occuperaient sérieusement du pauvre monde et nous en resterions tous baba » (François Coppée). D'après *comme baba* (1790, G. Esnault). L'éléphant Baba fit courir tout Paris en 1807, et sa célébrité éphémère explique sûrement le *comme Baba la bronche ouverte* relevé par G. Esnault à cette date précisément. Mais le pachyderme devait probablement son nom à son air étonné et n'explique pas le *comme baba* révolutionnaire.

rester comme deux ronds de frite Surpris, plus précisément « pris au dépourvu » :

Le flic m'a rendu ma carte d'identité, il m'a fait signe de partir ; j'en suis resté comme deux ronds de frite !

ORIGINE Vers 1930. Remotivation absurde de *deux ronds de flan* à une époque de grande expansion de la frite comme aliment.

rester comme deux ronds de flan Rester baba, ébahi, sans réaction. La locution est aujourd'hui en déclin.

Elle est partie sans un mot : elle a quitté la table et hop ! disparue. Je suis resté comme deux ronds de flan, j'te jure !

ORIGINE Vers 1910. N'est pas connu d'Hector France. Origine peu claire ; il faut comprendre *deux ronds* comme *deux sous* (10 centimes), soit une part de flan – pâtisserie molle et « tremblotante » – à ce prix-là. Mais la motivation reste mystérieuse.

avoir son voyage Être surpris, ébahi, étonné. Usuel familier au Québec.

Il a gagné à la loterie ? J'ai mon voyage !

t

se taire

taxi

téléphone

télévision

tête

tirer sur

toilettes

tomber

travail

travailler

triste

tromperie

trouver

tuer

se taire

la fermer C'est-à-dire « fermer sa bouche » ; la locution est mise, en fait, pour *fermer sa gueule*. Usuel, mais grossier.

> ***Je voudrais expliquer la situation... – Ferme-la ! Tu l'ouvriras quand on te le demandera.***
> *(ordre stéréotypé pour contraindre quelqu'un à se taire)*

> ***Il est agaçant Jean-François avec sa tchatche ! Il peut jamais la fermer !***

REMARQUE La variante *la ferme !* – équivalent impérieux de *vos gueules !*, « taisez-vous » – serait née vers 1900, selon Gaston Esnault, d'une plaisanterie populaire : « Tu as vu la ferme ? – Quelle ferme ? – La ferme ta gueule ! » (« La ferme » a pu être non pas une ferme agricole, mais une charpente de décors de théâtre appelée *ferme* par les machinistes. Le jeu a dû naître, plus vraisemblablement, d'une plaisanterie de coulisses.)

ORIGINE Début 19e siècle. Par image « parlante ».

la boucler Autre façon un peu plus rude et sans réplique de dire *la fermer* :

> ***Vous allez la boucler oui ou merde ? On s'entend plus ici !***

> ***Mon vieux, les dirigeants n'arrêtaient pas de nous bassiner les oreilles avec leur restructuration, on la leur a fait boucler.***

ORIGINE Vers 1900. Le verbe *boucler* était alors à la mode. Cf. «*Boucler son portemanteau*, partir ou mourir. *Boucler sans carmer*, partir sans payer, etc. » (H. France).

ferme ta boîte à camembert ! Usuel chez les enfants pour dire *tais-toi !*

ORIGINE Vers 1930. Il s'agit de l'expansion facétieuse de *fermer sa boîte*, euphémisme à la mode à la fin du 19e siècle et qui a été en usage à l'égard des enfants jusqu'aux années 1940. Cf. une blague vers 1890 : « Voyez, dit un bavard, l'huître même a de l'intelligence. – Beaucoup d'intelligence, répond un homme d'esprit : elle sait fermer sa boîte ! » (*in* H. France).

s'écraser Se taire sous la contrainte, sous la menace. Le verbe inclut une certaine violence d'une part et de la soumission de l'autre. Usuel mais vulgaire.

Toi, mon petit gars, si tu veux pas que je t'en mette une, tu t'écrases !

Écrase, Léon ! C'est pas la peine que tu discutes, tu ne fais que l'énerver... Laisse tomber.
(n'insiste pas, tais-toi)

ORIGINE Vers 1930. G. Esnault ne relève le mot qu'en 1956 mais il s'employait déjà avant la guerre de 39-45.

En complément Des expressions plus vertes sont encore dans l'usage discourtois : *mets-la en veilleuse !*, *ferme ton claque-merde !*

taxi

un tacot Un taxi. Usuel chez les jeunes.

> ***T'as vu l'heure ? Je rentre pas en métro, on appelle un tacot.***

ORIGINE Années 1940. Il s'agit du croisement de deux influences : une vieille voiture était appelée *tacot* (1904 dans Robert), mais le mot a été ressenti comme une resuffixation de *taxi*. Le mot revient en force dans l'usage après une éclipse due à son abrègement des années 1960-90 : *tac*. En réalité, les jeunes ont dit vers 1982-86 *tacos'* par resuffixation en *-os'* de *tac*. Puis, un nouvel abrègement de *tacos'* leur a fourni *taco*, sans qu'ils aient conscience qu'ils retombaient par là sur le mot d'origine, inconnue d'eux : *tacot*. Ce qui fait une belle histoire en boucle !

un tac Un taxi. Terme usuel à Paris et dans la région parisienne.

> ***Il pleut, on va prendre un tac.***

ORIGINE Années 1960. Par abrègement progressif de *tacot*.

un bahut Terme courant du métier pour la voiture qui sert de taxi :

> ***J'avais un vieux bahut qui tombait en panne tout le temps.***

ORIGINE Vers 1930 dans ce sens. Voiture de livraison à cheval à la fin du 19e siècle, puis fiacre.

un sapin Très ancien terme familier pour « un fiacre », longtemps désuet, voire entièrement sorti de l'usage ; il réapparaît de nos jours avec une fréquence significative.

> ***Je suis en retard, je vais prendre un sapin !***

ORIGINE Fin 18e siècle pour le fiacre. Construit en bois léger, donc du sapin. Très usuel dans la langue populaire du 19e siècle.

téléphone

un bigophone Mot courant pour le téléphone dans son usage pratique. Dans un langage décontracté :

> ***Je lui ai passé un coup de bigophone, il arrive !***

> ***Attends ! Charlie est au bigophone, il n'en a pas pour longtemps.***

DÉRIVÉS :

- ***le bigo*** Même usage que le mot long :

> ***Tu me passes un petit coup de bigo de temps en temps ?***

- ***bigophoner*** Téléphoner. Usuel dans tous les milieux.

Bon, on se bigophone et on voit ce qu'on fait, d'accord?...

T'as qu'à lui bigophoner pour lui dire de pas venir.

ORIGINE Vers 1910. Par analogie et attraction d'un « instrument de musique en carton » (écrit *bigotphone*) qui faisait fureur en même temps que le téléphone se développait. Cf. Hector France (1907) : « Le *bigotphone* est le mirliton perfectionné et c'est en commençant par jouer du mirliton que l'on acquiert ensuite l'art de jouer du *bigotphone*. Lorsque, en 1884, un monsieur Le Borgne eut l'idée de fonder la première société de *bigotphonistes*, il ne parvint tout d'abord à réunir que de gais et joyeux lurons dont le but principal était de faire beaucoup de bruit et d'organiser des parties de campagne. Aujourd'hui il existe, rien qu'à Paris, plus de cinquante sociétés, comprenant plus de deux mille exécutants, qui s'astreignent, comme les membres des sociétés musicales, à des répétitions bimensuelles et arrivent à fredonner fort agréablement, dans un parfait ensemble, des fantaisies sur *La Mascotte* et *La Fille de Mme Angot*. »

grelot Uniquement dans la formule *un coup de grelot*, « un coup de téléphone » :

Je te passe un coup de grelot demain matin.

ORIGINE Vers 1930, un temps où les sonneries de téléphone étaient constituées par un timbre « grelottant », extérieur à l'appareil lui-même.

télévision

la téloche La télévision s'est acclimatée dans les familles avec une appellation de gentillesse : *téloche*, qui indique la possibilité d'un plaisir sans façon :

> ***Hier soir on a regardé la téloche, ils repassaient un film de Tati,* Mon oncle.**

Pour une occasion plus sérieuse, on dira plutôt *la télé* :

> ***On a regardé les résultats des élections à la télé.***

ORIGINE Vers 1965. Par resuffixation immédiate de *télé* sur le modèle *ciné/cinoche*.

tête

la tronche Terme familier courant pour « la tête » :

> ***Voyons, fais pas cette tronche ! Tu vas bien retrouver du travail.***

> ***J'ai très mal à la tronche, passe-moi une aspirine.***

Avoir une sale tronche désigne soit la mauvaise mine…

> ***Le pauvre Édouard est bien fatigué, il a une sale tronche.***

… soit un air méchant, vicieux :

Il a une sale tronche, ton type, je lui fais pas confiance.

Origine Fin 16e siècle dans l'argot. Le mot appartient au lexique de Cartouche en 1725. Altération de *tronc* désignant un « billot ».

la caboche La « tête dure » d'une personne entêtée ou stupide :

Il n'arrive pas à se mettre ça dans la caboche.
(il ne parvient pas à comprendre la chose)

Dérivé ***un cabochard*** Un obstiné, qui refuse de changer d'avis.

Origine 15e siècle. Étymologie obscure.

le ciboulot Surtout en rapport avec les facultés intellectuelles :

Il a rien dans le ciboulot, ce type !
(il est stupide)

Toi, tu dois pas te fatiguer le ciboulot !

Creusez-vous un peu le ciboulot !
(réfléchissez)

Origine Fin 19e siècle. Image de l'oignon, *ciboule* en occitan.

la cafetière Surtout pour l'aspect résistant de la tête :

Jojo a reçu un coup sur la cafetière : une planche lui est tombée dessus.

Origine Fin 19e siècle. Image parlante.

En complément Plusieurs autres vocables de faible fréquence aujourd'hui ont désigné la tête : *le cigare*, à peu près le même usage que *ciboulot*, en plus sarcastique. *Le citron*, à peu près le même usage que les précédents : « J'ai beau me creuser le citron, je ne trouve pas la solution à ce problème. » *Le cassis*, variante du *citron*, peut-être un peu plus désinvolte. *La tirelire*, image de la bouche qui sert de « fente » ; terme plutôt désuet.

tirer sur

canarder Tirer des coups de feu sur quelqu'un, en particulier depuis un abri :

> ***C'est très imprudent de se promener dans le bois le jour de l'ouverture de la chasse, on peut se faire canarder à tous les carrefours.***
>
> ***Les flics attendaient Mesrine à la porte de Clignancourt. Lorsque sa bagnole est arrivée, ils l'ont canardé.***

ORIGINE 16e siècle. Cf. d'Aubigné : « Il passe la rivière malgré ces arquebusiers qui le canardaient dans l'eau. » Vieille image de la chasse aux canards. Malgré cette antiquité, le verbe a gardé un parfum de langue verte : un professeur exigerait des guillemets dans une rédaction d'élève.

toilettes

les chiottes Terme le plus usuel, bien que très vulgaire, pour désigner les toilettes. Très cru et carré.

> ***Bon, excusez-moi, faut que j'aille aux chiottes.***
>
> ***Qu'est-ce que tu cherches ? – Les chiottes. – Là-bas.***

ORIGINE Fin 19e siècle. Cf. « Tout au plus sont-ils d'avis que de temps à autre on répare les chiottes et nettoie les cuvettes » (*Le Père Peinard*, 1894).

les gogues Même registre que *les chiottes*, d'une fréquence moindre.

> ***C'est pas très moderne ici, les gogues sont sur le palier.***

ORIGINE 1903, « vase de nuit, lieu d'aisances » (G. Esnault). Abrègement de *goguenots*, même sens (1861). « On appelle les balayeurs des rues, *hirondelles à goguenots* » (H. France, 1907). D'un mot normand signifiant « pot à cidre ».

les pissotières Le mot désignait les vespasiennes, à Paris, avant que celles-ci ne disparaissent, chassées par le progrès sanitaire et la police des mœurs. Ce terme est resté usuel pour désigner les urinoirs pour hommes dans un établissement public. Se dit aussi par familiarité des WC dans une maison.

Vous désirez...? – Rien. Sauf que je cherche les pissotières. – C'est par ici.

ORIGINE Milieu 19e siècle. En concurrence alors avec *pissote* pour « vespasienne », et *pissoir*.

les pissoirs Le terme continue à s'employer – mais au pluriel – pour désigner les urinoirs. Il est même préféré par certains messieurs, car il ne comporte pas la connotation para-sexuelle attachée aux anciennes pissotières des rues.

En Finlande les hommes sont tellement grands que les pissoirs y sont trop hauts et impraticables pour le commun des mortels méditerranéens.

REMARQUE Au Danemark, ce mot français désigne les urinoirs publics dans la rue indiqués par une plaque bleue portant une flèche et *Pissoir*.

ORIGINE Milieu 19e siècle, au singulier. Cf. « Juste au-dessous du chef d'orchestre, bien en vue de tous les consommateurs, un énorme écriteau blanc portait cette inscription en lettres noires : "Le pissoir est au fond du jardin" » (François Coppée).

le petit coin Euphémisme pour enfants que les enfants n'utilisent plus, mais que beaucoup de dames, anciennes fillettes, disent encore usuellement, ainsi que quelques messieurs. Locution parfaite pour les étrangers soucieux de montrer qu'ils connaissent les finesses de la langue, et veulent éviter l'international *toilettes*. Ne se dit toutefois que dans une maison particulière ou un restaurant de caractère intime.

Excusez-moi, où est le petit coin, s'il vous plaît ?
(cette phrase traduit une excellente éducation)

ORIGINE Vers 1920. On disait au 19e siècle et dans les années 1900 *faire le petit* pour « uriner » (et *faire le gros* pour le reste). Cependant, l'idée est ici celle d'un « petit coin » discret.

✤ ***les bécosses*** Toilettes, latrines, au Québec. S'utilise de moins en moins. Familier vulgaire.

> ***Il est aux bécosses.***

ORIGINE De l'anglais *back-house*.

tomber

se casser la gueule Tomber, faire une chute, au sens très banal. Usage constant, un peu vif seulement.

> ***Attention, Clément ! Descends du mur, tu vas te casser la gueule !***

> ***Je suis monté sur le toit, une tuile a cédé, je me suis cassé la gueule.***

Métaphoriquement, « s'écrouler, subir un échec spectaculaire » :

> ***Son grand projet d'entreprise informatique s'est cassé la gueule.***

REMARQUE La métonymie *gueule* pour la personne elle-même joue aussi avec l'équivalent *figure* qui sert d'euphémisme dans toutes les situations : « Tu vas te casser la figure », « Son entreprise s'est cassé la figure », etc. Au sens concret de chute, on dit aussi *se casser la binette.*

ORIGINE Fin 18e siècle. Par vulgarisme de la série *se rompre le cou*, *se casser le cou*, etc.

se rétamer (la gueule) Tomber avec une certaine violence, avec le sous-entendu que la chute crée des dégâts :

> ***Y avait longtemps que Victor n'avait pas fait de ski, il a voulu faire une descente et naturellement il s'est rétamé.***

Métaphoriquement, « subir un échec complet » :

> ***Non, non, ça marche plus son magasin de jouets : il s'est rétamé.***

REMARQUE *Se rétamer la gueule*, sorte d'aggravatif de *se casser la gueule*, a probablement induit par imitation la forme réfléchie *se rétamer.*

ORIGINE Vers 1930. Une version allongée *se rétamer la gueule par terre* semble plus récente (années 1950). La conjonction des sens de *rétamer* – « vider entièrement » (rétamer une bouteille), puis « tuer » (1900) – a engendré une acception de « destruction » aboutissant à *se rétamer la gueule.* L'image de départ doit être celle d'un pot, d'une casserole, vidés et nettoyés au point qu'on les croirait tout juste rétamés.

ramasser une pelle Faire une chute, au sens concret :

> ***Heureusement qu'ils avaient tous les deux un casque : ils ont ramassé une de ces pelles !***

S'emploie avec le verbe *prendre* :

> ***Pendant le match le terrain était gras, on arrêtait pas de prendre des pelles.***

ORIGINE Vers 1880. L'expression paraît liée, à son origine, aux chutes de bicyclette, et même aux « courses folles en vélocipède », cet engin haut et lourd. Cf. *Le Journal*, vers 1890 : un petit garçon, ayant égaré sa pelle et son seau, les demande à un cousin « qui revient en boitant d'une excursion à bicyclette : "Je n'ai pas vu de seau, répond le cousin, mais je suis sûr d'avoir ramassé une pelle" ». Voici comment les contemporains des premières *pelles* comprenaient la locution : « Tomber, faire une chute, mais plus particulièrement pour le cas où le corps est projeté obliquement sur le sol, comme si on voulait s'y enfoncer, les bras en avant et en soulevant une partie, en somme, faire œuvre de pelle » (H. France, 1907). Au fond, c'est l'idée de « se planter ». Un autre commentateur d'époque explique *ramasser* par le fait que *pelle* signifie « pelletée » – en tout cas il s'agit d'une plaisanterie de terrassier !

ramasser un gadin Variante de *ramasser une pelle*. Se dit fréquemment avec *prendre* :

> ***Paul a loupé une marche en descendant de l'église... Il a pris un gadin pas possible !***

ORIGINE 1900. Un *gadin* est un « bouchon » ou un « chapeau » et il s'agit de la même « démarche » que pour la « pelletée ».

ramasser une gamelle Même chose que *ramasser un gadin* :

> ***La pauvre garçon a ramassé une gamelle terrible avec le verglas.***

ORIGINE Vers 1930. La motivation pour la *gamelle* n'est pas claire. Peut-être y a-t-il l'attraction de *se rétamer* avec une sorte de féminin fantaisiste de *gadin*.

travail

le boulot Le travail, généralement parlant. Terme alternatif usuel.

> ***Alors les gars, ça marche le boulot ?***
>
> ***Dites donc, vous avez abattu un sacré boulot depuis la semaine dernière !***
>
> ***Il n'y a plus de boulot pour tout le monde dans le monde industrialisé.***

Chacun se rend à son boulot tous les matins et revient chez lui le soir – ce qu'un poète (plagié en mai 68) avait traduit par la formule *métro, boulot, dodo* passée en proverbe pour une « existence monotone ».

Se dit pour un effort particulièrement soutenu :

> ***Ah quel boulot ! Je suis vanné.***
>
> ***Pour que tu aies une allure présentable, ça va être un sacré boulot.***
> *(il y aura beaucoup à faire !)*

DÉRIVÉ ***être boulot-boulot*** Être consciencieux et rigoureux dans son travail ; ponctuel :

> ***Oh Simone, elle est boulot-boulot ! Ça m'étonne-***

rait qu'elle veuille prendre un jour de congé pour aller à Lourdes !

REMARQUE Le verbe correspondant, peu employé de nos jours, est *boulonner*, « travailler » (dérivé de *boulon*) et non pas *boulotter*, qui veut dire « manger ».

ORIGINE Avant 1900. Probablement de *boulotter*, à la fois « travailler » et « manger », et un sens général de ne pas s'en faire : « Vivre à l'aise sans trop se faire de bile, aller doucement, réaliser de petits bénéfices » (H. France).

le turbin Le travail, plutôt avec l'idée d'un travail pénible. Ne se dit jamais pour « un emploi ». Le mot, à la mode au 19e siècle, et encore très usuel jusqu'aux années 1930, est aujourd'hui en régression.

La neige c'est bien joli pour des vacances et tout ça, mais quand il faut aller au turbin c'est autre chose.

Je m'en fous, j'en ai marre de ton sale turbin, je me casse, voilà !

DÉRIVÉ ***turbiner*** Travailler dur. Apparaît en 1800 dans l'argot des « chauffeurs d'Orgères ». Sans rapport avec la « turbine » dont l'invention date de 1824. Le verbe est toujours usuel.

Dans les boîtes d'électronique actuellement, ça turbine ! Y a pas un moment à perdre face à la concurrence.

une planque Un emploi tranquille, pas fatigant et relativement bien payé. Familier usuel.

Dominique s'est trouvé une petite planque aux Télécom... Personne l'embête. Il ne souhaite qu'une chose, c'est que ça dure !

Origine 1918 chez les soldats (G. Esnault). Du sens de *se planquer*, « se cacher ».

travailler

bosser Travailler, ou travailler dur. Très usuel, hélas !

> ***Salut, je vais bosser.***
> *(je vais au travail)*
>
> ***Qu'est-ce qu'on a bossé hier toute la journée !***
> *(la journée d'hier a été chargée)*

Dérivé **bosseur** Quelqu'un qui aime travailler et qui est efficace. Adjectif ou nom, masculin ou féminin *(bosseuse)*.

> ***Quel bosseur, ton frangin ! Il veut faire fortune ou quoi ?***

Origine 1878 chez les maçons, puis dans tous les corps de métier en 1900 (G. Esnault). Il est remarquable en effet qu'Hector France ne connaisse du verbe *bosser* que « rire, s'amuser », qui est un autre verbe (*se payer des bosses*, c'est-à-dire du bon temps), cela dans le petit monde chic de la fin du 19e siècle à Paris. Ici il s'agit de *bosser du dos*, « s'échiner ».

trimer Travailler dur, longtemps, dans des conditions pénibles et ingrates :

> ***Les gens autrefois, avant les allocations familiales, ils devaient trimer pour élever leurs enfants.***

J'ai pas envie de trimer toute ma vie pour des clopinettes !

ORIGINE 1754. La racine est *la trime*, la navette du tisserand qui va et vient sans cesse.

marner Même chose que *trimer*, mais pendant un temps plus court :

La semaine prochaine on va marner : il arrive douze camions de pièces détachées !

ORIGINE 1846 ; obscure.

chiader Travailler minutieusement. Le mot, usuel dans les années 1950 chez les lycéens et étudiants, tend à sortir de l'usage.

Ça c'est chiadé ! Le croquis est très précis.
(très bien fait)

ORIGINE Fin 19e siècle à l'École polytechnique. De *chiade*, « travail acharné à l'approche des examens ».

aller au charbon Aller au travail, avec le sous-entendu d'un travail pénible et peu agréable. Locution devenue à la mode parmi les intellectuels et les hommes politiques par désir de « faire peuple ».

Monsieur se prélasse, écoute de la musique, et c'est sa femme qui va au charbon !

ORIGINE Vers 1970 dans l'emploi généralisé, d'après une expression plus ancienne (1939 dans le milieu de la prostitution, G. Esnault).

aller au chagrin Aller au travail, avec la nuance évidente d'un travail qui n'est pas très drôle :

> ***Bon, les gars, c'est pas tout ça, faut que je retourne au chagrin.***

ORIGINE Vers 1930 chez les ouvriers. Il est possible qu'il y ait eu un croisement entre *charbon* et *chagrin*.

triste

en avoir gros sur la patate Éprouver un fort ressentiment à l'égard d'un événement quelconque, d'une perte ; être d'une grande tristesse :

> ***La pauvre Anne, elle qui avait préparé son concours, quand elle a su qu'elle n'était pas reçue elle en a eu gros sur la patate !***

ORIGINE Vers 1920. Par réfection à volonté vulgaire de *en avoir gros sur le cœur*. Dans le langage populaire, la pomme de terre s'appelle *la patate*.

tromperie

baiser (quelqu'un) Le tromper, le rouler au cours d'une affaire, d'une négociation quelconque. Très usuel dans un registre vulgaire.

Le marchand de légumes m'a bien baisé, il m'a vendu des melons dégueulasses en me disant qu'ils étaient « parfaits » !

Au sens d'« attraper, capturer » :

J'ai pas envie de me faire baiser par les flics pour défaut de vignette. Je préfère laisser la voiture au garage.

Avec renforcement : *baiser la gueule.*

Albert a été trop confiant ! Il s'est fait baiser la gueule par son cousin qui a raflé tout l'héritage.

ORIGINE Fin 19e siècle. Par extension du sens obscène.

couillonner Tromper, rouler, duper, surtout dans les questions d'intérêt. Mot très en usage dans le Midi de la France.

Ils se sont fait couillonner, les agriculteurs. Le gouvernement leur avait promis monts et merveilles, et voilà qu'ils peuvent plus vendre leurs bovins.

ORIGINE 17e siècle. De *couillon*, « imbécile ».

niquer Équivalent de *baiser*, surtout parmi les jeunes :

J'ai niqué le contrôleur, sans déc, j'lui ai filé un ticket qui était plus bon.
(j'ai dupé le contrôleur : je lui ai présenté un billet périmé)

ORIGINE Début 20e siècle. Par extension du sens obscène. Mais le mot s'est diffusé très largement après 1960 sous l'influence des populations d'Afrique du Nord qui affectionnent ce vocable.

entuber Tromper, escroquer :

> ***Non ! Je marche pas là, tu cherches à m'entuber !***
>
> ***Je me suis fait entuber par le garagiste : il m'a vendu des pneus rechapés pour des neufs !***

ORIGINE Vers 1920 ; douteuse.

arnaquer La même chose qu'*entuber*. La notion d'escroquerie est encore plus évidente. Très usuel dans le langage des affaires.

> ***Si tu achètes une bagnole d'occasion à Paris t'as toutes les chances de te faire arnaquer.***
>
> ***Les traducteurs se font souvent arnaquer sur le prix de la page qu'on leur paye.***

DÉRIVÉS :

▪ ***l'arnaque*** Filouterie, exagération sur un prix, une dépense :

> ***L'enlèvement des voitures dans les villes est de l'arnaque pure et simple : c'est un moyen facile pour les municipalités de se procurer de l'argent.***

▪ ***un arnaqueur*** Quelqu'un qui a la réputation d'arnaquer ceux qui ont affaire à lui :

> ***Méfie-toi de Sylvain, c'est un arnaqueur. Avec lui tu es sûr de te faire entuber !***

ORIGINE Vers 1890. D'après le verbe picard *harnacher*, selon une évolution mal établie.

truander Tricher, manquer à un cours, agir par ruse :

> ***Nathalie a truandé pour sa compo : elle avait apporté des pompes.***
> *(elle a copié sur des aide-mémoire clandestins)*

Fais gaffe à ne pas te faire truander ta montre !

ORIGINE Vers 1950. Usuel chez les lycéens de cette décennie. L'étymologie « jouer au truand » a pu être influencée par les « films de truands », mais il est remarquable que *truander*, « ne pas venir au cours », se rencontre en anglais : *to play truand*, « faire l'école buissonnière ».

une entourloupette Une fourberie, un tour malhonnête, une petite illégalité. Mot à peine familier.

La Mairie lui a attribué une allocation de logement grâce à une petite entourloupette.
(il n'avait pas réellement droit à cette allocation, mais la Mairie s'est « débrouillée » pour lui faire un passe-droit)

Surtout dans l'expression *faire une entourloupette* :

Jacqueline m'a fait une entourloupette : elle a fait semblant d'être malade pour ne pas venir, et elle est allée voir Gertrude.

REMARQUE Le mot, très usuel jusqu'aux années 1960, a plus ou moins été remplacé dans l'usage par son dérivé *entourloupe*, avec une aggravation du sens.

DÉRIVÉ **entourlouper** Circonvenir, abuser par une ruse, entortiller quelqu'un de sorte qu'il se trouve berné :

Ils ont entourloupé le patron du magasin, si bien qu'il les a laissés partir avec la marchandise.

ORIGINE Vers 1920. Le mot était à la mode dans les milieux ouvriers à Paris dans les années 1920-30, de même que le verbe. Étymologie incertaine ; *entourlouper quelqu'un* était ressenti comme un équivalent d'*entortiller par de belles paroles*. *Entortiller*, désuet dans ce sens, signifiait alors « entreprendre quelqu'un pour le tromper ».

une entourloupe Mot usuel pour *entourloupette*, avec le sens aggravé d'escroquerie ou de « mauvais tour » :

> ***Y a eu une entourloupe et le logement promis a été attribué à une autre famille.***

ORIGINE Vers 1945, dans un milieu d'abord argotique, en abréviation d'*entourloupette* jugé trop « plaisantin » à cause de sa terminaison. Par la forme, *entourloupe* est une substantivation plus « normale » d'*entourlouper*, ce qui a probablement assuré son succès.

maquiller (une chose) La transformer de telle sorte qu'on ne la reconnaisse pas. S'emploie particulièrement pour les voitures volées :

> ***Ils ont maquillé la Mercedes avec une peinture bleue, et ils ont changé les plaques.***

ORIGINE Vers 1920 dans ce sens. Par transposition de *maquiller les cartes*, « tricher » (1847), et sous l'influence du maquillage d'un acteur, par exemple.

trouver

dégoter (ou ***dégotter)*** Trouver, le plus souvent après des recherches. Usuel.

> ***Où est-ce que tu as dégoté ce bouquin ?***

> ***Si on va régulièrement aux Puces, on finit toujours par dégoter quelque chose d'intéressant.***

T'as pas été foutue de te dégoter un mec avec tout le monde qu'il y avait à la fête ?... Tu m'étonnes.

Origine Vers 1880 dans ce sens. Cf. *Le Père Peinard*: « [Les policiers] n'ont pu rien dégoter qui donne un semblant de raison à leurs menteries. » Précédemment, le verbe *dégoter* signifiait (et encore vers 1910) « surpasser » – ce sens était usuel dans le langage populaire des années 1820 à Paris, cf. le refrain d'Émile Debraux : « Y a pas d'princesse qui la dégotte / La Javote du *Cadran bleu* ! » (1830). Le passage de « surpasser » à « découvrir » n'est pas expliqué.

dénicher Terme badin de bon ton pour « trouver après de patientes recherches, une enquête minutieuse », etc. Le mot est usuel et appartient au registre du français distingué.

Où as-tu déniché ce parapluie, Gaston ? Il est superbe !

Nous avons réussi à dénicher l'adresse du restaurant dont Pierre-Laurent nous a parlé.

Origine Vieille métaphore classique (17e s.) du chercheur de nids.

tuer

buter Mot d'argot, demeuré tel, pour « tuer intentionnellement, assassiner avec violence » (on ne dira pas *buter* pour « empoisonner ») :

Mesrine s'est fait buter par les flics à la porte de Clignancourt, dans sa voiture.

ORIGINE Début 19e siècle. De *être buté*, « guillotiné », à cause de la « butte » qu'évoquait l'échafaud où était installée la guillotine.

zigouiller Le mot, à peine familier, est demeuré usuel – il donne un ton humoristique (par sa forme en *zig*) pour dire « assassiner » :

Le type qu'on juge aujourd'hui a zigouillé trois vieilles dames.

Il signifie aussi « tuer à la guerre, ou par accident » :

Si on reste sur la route on risque de se faire zigouiller.

ORIGINE Fin 19e siècle dans l'argot. « Le mot se démocratise rapidement et marque l'encanaillement bourgeois » (J. Cellard).

faire la peau Tuer crapuleusement ou par vengeance. Les variantes *avoir la peau*, « parvenir à tuer », *crever la peau* (au couteau ou par balle), *trouer la peau* (par balle) sont également très courantes.

S'il touche à ma femme, je lui fais la peau !

Mon oncle s'est fait trouer la peau dans la Résistance.

ORIGINE Ces expressions apparaissent au 19e siècle sur l'image de la « peau d'un animal », symbole de sa mort après la chasse.

En complément D'autres mots désignent usuellement l'action fatale : *descendre* (« Il s'est fait descendre par les flics en attaquant un magasin d'armes »). *Estourbir* et *refroidir* sont des verbes familiers aux auteurs de romans policiers mais ils s'emploient assez peu dans la vie courante.

V

ventre
vêtements
viande
vigueur
village
vin
violence physique
visage
vitesse
voiture
voler
vomir

ventre

le bide Le ventre, dans un registre familier. Très usuel…

… soit pour décrire l'aspect :

> ***Le prof d'allemand est un pépère tranquille avec une moustache et un gros bide.***
>
> ***Ton mari a pris du bide depuis l'année dernière.***

… soit pour désigner les viscères :

> ***J'ai très mal au bide depuis hier… J'ai peut-être l'appendicite !***

Équivalent de « ventre » aussi en métaphore :

> ***Ce type-là c'est un dégonflé, il a rien dans le bide !***
> *(il est lâche, il n'a rien dans le ventre)*

REMARQUE L'expression courante *prendre un bide*, « essuyer un échec », vient du langage des comédiens des années 1930 : *faire un bide* (ou *faire un four*), « tomber à plat ».

ORIGINE Fin 19e siècle. Abrégé de *bidon* au sens de « ventre ». Peu usuel avant 1920.

le bidon Le ventre. Le mot est beaucoup moins usuel que naguère car il est remplacé par *le bide*, mais il est encore employé pour traduire l'obésité :

> ***Regarde le monsieur, il a un bon petit bidon !***

Pour une femme enceinte, on parlera plus volontiers de son *bidon* que de son *bide* :

Nathalie, il lui a poussé un joli bidon !

ORIGINE Années 1880. Une image influencée par l'appellation ancienne *bedon*, aujourd'hui à peu près désuète.

la bedaine Ventre. Usuel, familier au Québec. (Le mot, racine des précédents, est aussi employé en français conventionnel.)

Son mari a une grosse bedaine.

DÉRIVÉS :

- ***en bedaine*** Torse nu :

Il se promène en bedaine.

- ***faire de la bedaine*** Grossir :

Tu commences à faire de la bedaine !

vêtements

les fringues Les vêtements en général. Terme devenu alternatif.

Maintenant dans la rue y a plus que des boutiques de fringues.

Ce qu'il aime c'est les belles fringues, les belles godasses. C'est tout ce qui l'intéresse.

DÉRIVÉ ***se fringuer*** S'habiller :

Dépêche-toi de te fringuer, on est en retard.

ORIGINE Fin 19e siècle. Étymologie incertaine. Le vieux verbe *fringuer*, « briller, danser », a fourni le modèle, probablement par le participe *fringant*, « joyeux et bien mis », sous l'influence de *frusques*. Le mot est passé en tête de l'usage au cours des années 1950.

les frusques Les habits en général. Le terme est beaucoup moins utilisé depuis l'omniprésence de *fringues*.

Il a mis quelques frusques dans sa valise et il est parti !

Tu vois bien qu'il ne me reste que deux ou trois frusques ! J'ai plus rien à me mettre !

ORIGINE 1800 dans l'argot des « chauffeurs d'Orgères ». Apocope de *frusquin*, « habillement » (1628).

les nippes Ce vieux mot, qui a beaucoup servi, n'est plus employé depuis que *les fringues* ont pris sa place sur le marché du vêtement moderne, coloré et industriel.

J'ai trouvé de vieilles nippes dans une malle au grenier !

DÉRIVÉ ***se nipper*** S'habiller de neuf, acheter de beaux habits. Encore en usage sur un ton facétieux :

Alors on se nippe ! Mais tu es beau comme un camion !...

ORIGINE 19e siècle. Aphérèse de *guenippe*.

se saper S'habiller, et particulièrement avec le maximum d'élégance, le plus souvent pour un homme :

> ***Ah dis donc, tu es sapé aujourd'hui ! Qu'est-ce qui t'arrive ? Tu te maries ?***

> ***Oh, Jean-Aimé, il se sape toujours comme un prince, c'est prodigieux !***

> ***Qu'est-ce que tu peux être mal sapé, mon pauvre Claude ! Tu t'es vu dans une glace ?***

DÉRIVÉ **la sape** Les beaux habits :

> ***On peut dire que Jean-Aimé est très porté sur la sape !***

ORIGINE 1919 (G. Esnault). Étymologie inconnue.

viande

la bidoche Terme général et usuel pour désigner la viande, crue ou cuite, dans un registre familier :

> ***Mon boucher a de la très bonne bidoche, mais il vend cher.***

> ***Je me taperais bien un bon morceau de bidoche !***

> ***[...] on ne pense presque plus guère qu'à ça et chaque jour on consacre ses facultés à interroger le cours des œufs, de la bidoche ou des légumes.*** *(Jehan Rictus,* Lettres à Annie, *1921)*

S'emploie parfois par plaisanterie au sens de « chair » :

La saloperie de clou ! Il m'est rentré dans la bidoche...

ORIGINE Début 19e siècle (dans un « asile des mendiants, Saint-Denis, 1829», G. Esnault). Probablement une resuffixation en *-oche* de *bidet*, « mauvais cheval ». Le terme semble avoir désigné pendant longtemps une viande médiocre, particulièrement le bœuf bouilli. Hector France rapporte une anecdote significative : « Bidoche est le nom d'une marchande de soupes, qui, vers 1830, tenait près des Halles une gargote appelée *Le Restaurant des pieds humides.* [Citant Ch. Virmaître dans *Paris oublié* :] "Pour deux sous, la mère Bidoche donnait une portion de haricots, d'oseille, de pois cassés ou d'épinards. Les riches, pour trois sous, pouvaient s'offrir un bœuf entrelardé ou un ragoût de mouton [...] C'était un type que la mère Bidoche. Ancienne cantinière, elle avait conservé de son existence au régiment des habitudes militaires." » Il est possible que la célèbre cantinière ait contribué à la propagation du terme (la date de G. Esnault coïncide, de même que le type de clientèle), mais il est probable que son nom était un surnom soldatesque, ce qui tendrait à faire penser que le vocable *bidoche* avait pris naissance dans la troupe où les « bidets » étaient nombreux.

la barbaque Terme péjoratif un peu vulgaire pour « la viande », le plus souvent de médiocre qualité :

J'en veux pas de ta barbaque pourrie !

Par exemple, de la viande en ragoût :

Je vais reprendre un morceau de barbaque s'il en reste.

Pour la chair humaine (morte), le terme est en usage dans les hôpitaux, particulièrement en chirurgie...

On lui a enlevé un beau morceau de barbaque.

… mais aussi dans le contexte d'un accident sanglant :

Après l'explosion de la mine, y avait de la barbaque qui pendait aux branches.

ORIGINE Milieu 19e siècle. Étymologie obscure. Vers 1900, la prononciation faubourienne des Parisiens était « barbèque » (*in* H. France), ce qui pourrait induire une origine dans le romani *berbec*, « mouton ».

la carne Dans le registre familier de « la viande dure » :

Où tu as acheté ce bifteck ? C'est de la carne.

REMARQUE Dans un registre plus argotique, le mot est un équivalent de *bidoche*, en général.

ORIGINE 1835 dans les prisons (cité par Raspail). Mot du dialecte normand.

vigueur

avoir la pêche Être en pleine forme physique et avoir le moral au beau fixe. Très usuel.

Ces jours-ci je sens que j'ai la pêche, les vacances m'ont fait du bien.

Tu sais que pour se coltiner Guillaume quand il a bu, il faut avoir la pêche.

Remarque La connotation de vigueur psychique tend à prendre largement le dessus. L'emploi négatif est de plus en plus fréquent :

Ah ! j'ai pas la pêche aujourd'hui, tout me fatigue.

Origine Vers 1950. Par simplification et fixation d'*avoir de la pêche* qui se disait d'un boxeur, d'un footballeur qui avait de la force, de la vigueur dans ses coups de poing ou de pied. Du sens de *pêche*, « coup de poing ». L'expression s'est étendue au psychique dans les années 1960.

avoir la frite Même sens et mêmes emplois qu'*avoir la pêche*, avec une nuance un peu plus « psychique » :

C'était pas la frite l'autre jour ! Je voulais faire un circuit à vélo, je me suis dégonflé au bout de 5 kilomètres.

Le pauvre Sébastien, il a pas la frite, sa nana l'a laissé tomber.

Origine Vers 1960. Par substitution de *la pêche*. L'assimilation des termes a probablement été motivée par le jeu (d'adolescents) consistant à se donner des coups de doigts secs et vigoureux sur les parties charnues, ce qui était douloureux pour la victime et s'appelait *faire des frites*. « Il m'a donné une frite », un coup sur les fesses (années 1950).

avoir la patate Même chose que les précédents.

D'avoir reçu 10 briques de subvention, ça lui a filé la patate.
(ça lui a donné de l'allant et de l'énergie)

Origine Vers 1970. Par amplification et substitution

de la *frite*, en même temps qu'une *patate* prenait le sens de coup lourd et appuyé.

village

un bled Un endroit dans la campagne, village ou hameau. Le mot est toujours péjoratif et souvent renforcé dans les expressions *un bled perdu*, *un putain de bled*, etc.

> ***Qu'est-ce que c'est que ce bled ? Y a même pas un marchand de journaux !***

> ***François, maintenant, il habite un bled pas possible au fond des Cévennes.***

REMARQUE *Le bled*, absolument, désigne un endroit désert et dépeuplé :

> ***Là où je suis, tu sais, tu vas pas te marrer, c'est le bled : y a rien !***

ORIGINE Vers 1920, après diffusion pendant la guerre de 14-18 par les bataillons d'Afrique. De l'arabe *bled*, « pays ».

un patelin Un endroit quelconque, ville ou village :

> ***Qu'est-ce que c'est que ce putain de patelin ? Je le trouve pas sur la carte...***

Le mot n'est pas forcément péjoratif :

Ils habitent dans un joli petit patelin tout rose au sud de Brive.

ORIGINE 1889 (G. Esnault). Déformation de *paquelin* (1628). Le mot était usuel dans la langue populaire des années 1890. Cf. *Le Père Peinard* : « Tous les dimanches ils s'en vont en balade dans les environs choisissant les patelins où il y a une fête. »

vin

le pinard Le vin. Terme alternatif familier extrêmement usuel. Le mot n'est plus péjoratif.

Dans les vins de Loire, tu as aussi des pinards magnifiques.

Vous n'auriez pas une petite bouteille de pinard ?

Je préfère un verre de pinard à un whisky.

ORIGINE Fin 19e siècle, mais régionalement plus ancien. À partir de *pinot*, un cépage « dont la grappe a la forme approchée d'une pomme de pin ou pine » (J. Cellard, *DFNC*). A eu d'abord le sens de « mauvais vin, gros rouge », etc.

le picrate Mot badin pour désigner le vin, bon ou mauvais, et ressenti comme une variante amusante de *pinard* :

Tu veux pas un coup de picrate, Jean-Marie ?
(tu prendras bien un verre de vin ?)

ORIGINE Début 20e siècle. Par jeu sur l'acide picrique, ou *picrate*, pour évoquer l'acidité. En fait, un jeu de mots sur *piquette*.

le jaja Mot très populaire pour désigner « le vin rouge ordinaire », mais il tend à se répandre, par une sorte de mimétisme populiste, dans la « bonne société », un peu par provocation :

> ***Moi, il me faut toujours mon verre de jaja à table !***

ORIGINE Début 20e siècle. Formation humoristique obscure.

une piquette Un vin de faible teneur en alcool ou de mauvaise qualité :

> ***Les paysans traditionnels font encore parfois leur propre piquette.***

ORIGINE Très ancien. De « vin qui pique ».

la bibine Sous la forme *de la bibine*, il s'agit le plus souvent d'un vin de très mauvaise qualité :

> ***Si tu vas chez lui, il te sert une affreuse bibine en mangeant.***

Ce peut être aussi une autre boisson trop légère (un café trop délayé) :

> ***Ton café, c'est vraiment de la bibine !***

Sous la forme *une bibine*, les jeunes désignent très couramment la « bière » :

> ***Je me boirais bien une petite bibine, pas toi ?***

ORIGINE Fin 19e siècle ; obscure.

un canon Il s'agit d'un verre de vin rouge, normalement pris au bistrot (chez soi également en Auvergne), en compagnie, dans un milieu populaire exclusivement : commander *un canon* dans une brasserie chic d'un centre-ville serait déplacé. Un ouvrier dira à son copain :

> ***Tiens, je te paye un canon !***

ORIGINE Fin 19e siècle. Vient d'un mot dialectal du Centre de la France, *canne*, « mesure de vin ». La rencontre avec le « canon » d'artillerie parait fortuite.

violence physique

Note préliminaire Sous cette entrée sont regroupées les notions de « bagarre », de « frapper », de « correction corporelle ». Les COUPS, les GIFLES et l'action de TUER qui s'y rattachent sont rangés selon l'ordre alphabétique.

LA BAGARRE

la castagne La bagarre collective, ou du moins celle qui inclut plusieurs pugilistes. Le mot demeure attaché au monde du rugby où il semble s'être créé, et aux coups de poing qui sont à sa base :

> ***Demain dans le match Brive-Agen, y aura de la castagne, c'est sûr.***
> *(ça va cogner dur !)*

Le terme s'est étendu à tout affrontement violent, particulièrement avec la police, où les coups de matraque, les jets de pierres, etc., sont utilisés :

> ***La manif a dégénéré. Y a eu pas mal de castagne.***

ORIGINE C'est la « francisation », dans le Sud de la France (région du rugby), du mot occitan *castanha*, « châtaigne » (voir COUPS). Ce nouveau terme s'est répandu à Paris dans les années 1930.

la chicore La bagarre. Terme peu fréquent, ressenti comme argotique.

> ***Les petits loubards là, ils sont heureux quand il y a de la chicore.***

ORIGINE obscure. Paraît dans le langage ouvrier parisien vers 1940 par abréviation de *chicorée* dont l'évolution est mal connue.

la baston Appellation récente (courante dans les années 1980) de *la castagne* par les bandes agressives des banlieues parisiennes. Le mot a été largement diffusé par une chanson de Renaud qui porte ce titre : *Baston*. On dit plutôt *la* que *le* baston.

> ***Le samedi soir, t'as des mecs qui traînent et qui cherchent la baston.***

ORIGINE Années 1970 dans l'argot des banlieues. Abréviation humoristique du vieux mot (incongru dans ce contexte) *bastonnade*. Esnault relève *un baston*, « une gifle » chez les voyous de Lyon en 1926, puis *du baston* chez les voyous parisiens en 1950, au sens de « mêlée, bagarre », ce qui est l'origine directe du vocable actuel.

FRAPPER

allumer (quelqu'un) Lui donner un coup de poing :

> ***Si tu continues, tu vas te faire allumer !***

ORIGINE Milieu 20e siècle. Peut-être par métaphore de tirer un coup de feu dont la flamme « éclaire ». Mais aussi celui qui vient d'être allumé voit « trente-six chandelles » !

tabasser Battre à coups redoublés, à main nue, mais aussi cogner à la matraque et à coups de pied :

> ***Il s'est fait tabasser par les flics.***

DÉRIVÉ **passer à tabac** Rouer de coups de manière délibérée et systématique, sans laisser à la victime la possibilité de se défendre :

> ***Les surveillants passaient à tabac tous les récalcitrants. Ces passages à tabac s'effectuaient dans un bureau fermé.***

ORIGINE Après la guerre de 14-18, mais l'évolution du mot est obscure. Probablement une francisation du vieux mot occitan *tabassar*, de même sens. La formation de *passer à tabac* (1879) n'est pas claire.

aligner (quelqu'un) Le frapper, « lui en mettre un » :

> ***Le pauvre gars il s'est fait aligner à la mode !***

ORIGINE obscure. Probablement une variante de *rectifier*, « tuer, démolir », lui-même jeu de mots sur *corriger*, « donner une correction ». Il est possible que l'idée de visée – à la boxe – ait influé.

dérouiller (quelqu'un) Lui donner une sévère correction, le rouer de coups :

> ***Victor a dérouillé son frère l'autre matin parce qu'il l'avait traité de menteur.***

C'est aussi subir une rossée :

> ***Il m'a sauté dessus, qu'est-ce que j'ai dérouillé !***

Par extension, se dit aussi pour « souffrir, éprouver des douleurs très vives » :

> ***Le dentiste lui a arraché deux molaires. J'aime mieux vous dire qu'elle a dérouillé !***

ORIGINE Après la guerre de 14-18 dans les contextes tels que « Les Allemands ont dérouillé » – l'image de « donner de l'exercice » reprend la vieille métaphore *faire danser quelqu'un*, « le battre ».

CORRECTION CORPORELLE

Note préliminaire Les désignations des violences appelées « châtiments corporels » ou « corrections » (comme actes de vengeance immédiate quand il s'agit d'adultes) sont nombreuses et variées. Voici les plus courantes. Toutes s'appliquent d'abord à des enfants « corrigés » sévèrement selon les anciennes méthodes d'éducation.

une branlée Une correction sévère administrée aussi bien à un adulte qu'à un enfant :

Quand il est rentré à la maison son père lui a foutu une branlée.
(il l'a corrigé vertement)

Ils se sont accrochés à la sortie du bal, Georges leur a filé une branlée à tous les deux.

Dans le domaine sportif, « écraser un adversaire au cours d'un match » :

Ils se sont fait passer une branlée par l'équipe de Toulouse.

REMARQUE Le mot est d'un usage courant, voire le plus usuel, dans la partie sud de la France. Il représente la francisation de *una branlade*, de même sens, dans le domaine occitan.

ORIGINE Jacques Cellard ne voit apparaître *une branlée* dans sa documentation que vers 1960, alors que le terme, en français, était usuel dès les années 1940 dans le Sud – et bien avant en traduction de l'occitan. Le mot occitan dont il est le calque, *branlade*, n'a aucune connotation sexuelle mais réfère au vieil emploi de *branler*, « bouger, secouer ». Il est probable que l'expression *foutre une branlée* a été propagée tardivement à Paris par le langage des sports – le rugby en particulier.

une trempe Peut se dire d'un coup, d'une gifle…

Tu vas recevoir une trempe tout à l'heure !

… mais aussi d'une raclée « ordinaire » :

Mon père m'a filé une de ces trempes !

ORIGINE 1867. Probablement parce qu'un tel traitement « trempe » le caractère (d'un apprenti par exemple).

une rouste Une volée de coups :

Son père lui a passé une rouste.

ORIGINE Mot très usuel dans le Sud de la France où il est la francisation de l'occitan *rosta*. Il est passé dans la langue familière du Nord dans les années 1930, probablement à la faveur des échanges sportifs.

une avoinée Ce peut être une simple violence verbale…

Le prof nous a passé une de ces avoinées !

… mais aussi une volée de coups.

ORIGINE *Avoine*, en 1866, encore parfois usité dans le même sens. « De l'argot des cochers de fiacre. Par dérision "coup de fouet" qui stimule le cheval et le fait avancer comme le ferait la promesse d'une ration d'avoine », explique très urbainement J. Cellard *(DFNC)*.

une dégelée Une « grêle » de coups, un châtiment sévère :

Tu vas prendre une dégelée !

ORIGINE 19e siècle. Peut-être par allusion à la vive douleur que procure le dégel des doigts après l'onglée, ou des pieds.

une tannée Une rossée :

Il a pris une de ces tannées ! Il s'en rappellera !

ORIGINE Fin 19e siècle. Par réduction de *tanner le cuir*, le battre pour l'assouplir.

une tatouille Une rossée. Ce mot fut très en usage avant et pendant la guerre de 14-18. Il semble en régression depuis une cinquantaine d'années. Peut néanmoins se dire d'un succès sportif :

> ***Les All Blacks ont passé une tatouille monumentale à la sélection française en match amical : 37 à 3 !***

REMARQUE On dit aussi *une tatouillée* sous l'influence de *rossée*, *volée*, etc.

> ***Ils vont prendre une de ces tatouillées !***

ORIGINE Fin 19e siècle ; obscure. Peut-être d'une racine dialectale *touiller*, « remuer pour mélanger ».

En complément Les bonnes choses n'ayant pas de fin, on dit aussi *rentrer dedans*, *rentrer dans le chou*, *tomber sur le poil* pour « agresser » quelqu'un. Et aussi, pour une correction, *une volée* (de coups), *une raclée*, *une peignée*, ou même, de manière un peu désuète, *une purge*.

visage

la gueule Le visage. Mot familier dur, voire agressif, très usuel.

> ***Qu'est-ce qu'elle a ma gueule ? Elle te plaît pas ma gueule ?***

> ***Ta gueule !***
> *(interjection fréquente pour « tais-toi ! »)*

Il se fout de ma gueule !
(il se moque de moi)

Le mot entre dans un certain nombre de locutions : *se casser la gueule*, « tomber, échouer », *faire la gueule* « bouder, marquer de la colère », *se fendre la gueule* « rire, s'amuser ».

ORIGINE Par analogie avec la *gueule* des animaux. Courant dès la fin du 18e siècle.

la bouille Le visage. Implicitement, il s'agit d'un visage rond et plutôt sympathique :

Il a une bonne bouille ton copain, je l'aime bien !

ORIGINE Début 20e siècle. Abréviation de *bouillotte* (fin 19e s.), « récipient qui sert à réchauffer les lits ».

la fiole Euphémisme de *gueule* dans l'aspect agressif :

Tu te fous de ma fiole ?

Dis donc, il faudrait pas se payer ma fiole !

ORIGINE 19e siècle. Image d'une petite bouteille.

la poire Même emploi que *la fiole* dans les exemples ci-dessus. Cependant, sert d'euphémisme à *gueule* comme réceptacle des coups (ce que *fiole* et *trombine* ne permettent pas, et *binette* fort peu), le plus souvent renforcé : *en pleine poire*.

Il a pris le jet d'eau en pleine poire.

La tarte lui est arrivée en pleine poire.

ORIGINE Fin 19e siècle. Dès les années 1840, une caricature célèbre, due à Philipon, avait représenté la tête du roi Louis-Philippe sous la forme d'une poire bien mûre.

la binette Euphémisme d'usage courant pour *la gueule* :

> ***Il faisait une drôle de binette !***
>
> ***Fais attention de pas te casser la binette.***

ORIGINE Milieu 19e siècle. Dérivé de *bobine,* aussi « visage », par le diminutif *bobinette.*

la trombine Le visage. Euphémisme plaisant et moqueur dans un contexte « bon chic, bon genre » :

> ***Ah lui alors ! Il a une de ces trombines !***
> *(il a un visage cocasse)*

ORIGINE Milieu 19e siècle. Variation sur *bobine.*

une bille Un visage. Terme autrefois courant, à peu près sorti de l'usage à présent ; *une bonne bille* est remplacé par *une bonne bouille* ; le mot ne demeure usuel que dans l'expression *une bille de clown*, « un visage tout rond et épanoui » :

> ***Regarde ce gosse, la petite bille de clown qu'il a !***

ORIGINE 1835. Image probable de la « bille » de bois (tronc élagué) dont l'extrémité représente un cercle.

vitesse

Note préliminaire Les expressions suivantes, toutes très employées, expriment la notion de grande vitesse. Ce sont des équivalents familiers de *à toute vitesse*, *à toute allure*, dont la première variation imagée, aujourd'hui désuète, a été *à toute vapeur*, sur l'image des premières locomotives à vapeur.

à toute pompe Très vite. Usage courant.

> ***Ils sont allés à l'hôpital à toute pompe.***

ORIGINE Années 1920. Peut-être à partir des pompes à incendie roulées « le plus vite possible » sur les lieux du sinistre – ou plus probablement une variante de *à toute vapeur* sur l'image des pistons de la machine à vapeur.

à tout berzingue Très vite. D'usage courant.

> ***Elle roulait sur les petites routes de campagne à tout berzingue.***

ORIGINE Vers 1940; obscure. Peut-être la rencontre avec *le zinc*, « l'avion », réputé pour sa vitesse, a-t-elle fixé le sens.

à fond À toute allure. Par abrègement familier de *à fond de train*, locution du français commun.

> ***La bagnole roulait à fond, elle n'a pas pu s'arrêter.***

ORIGINE Milieu 20e siècle.

à fond la caisse À toute allure, avec une connotation presque argotique que l'usage fréquent a policée :

> ***Ils sont passés à fond la caisse devant la boutique !***

Origine Vers 1920. Sur l'image de *caisse*, « voiture ».

à toute biture Très vite. D'usage assez courant, avec une résonance un peu humoristique (peut-être à cause de *biture*, « ivresse »).

> ***Quand il a appris qu'elle était là, tu l'aurais vu se radiner à toute biture !***

Origine Vers 1920. Origine probablement nautique : la vitesse du câble qui est fixé à l'ancre d'un bateau.

à toute vibure Même sens, avec un accent humoristique.

> ***Le taxi nous a conduits à la gare à toute vibure et nous avons eu le train pile-poil !***
> *(nous avons eu le train juste à la seconde près)*

Origine Vers 1930 chez les écoliers, selon J. Cellard. Sans doute une formation fantaisiste par croisement de *vitesse* et *biture*, et en euphémisme de ce dernier.

à toute blinde Très vite. D'usage plus restreint, à consonance un peu argotique.

> ***Ils se sont farci l'escalier à toute blinde.***
> *(ils ont grimpé l'escalier à toute allure)*

Origine Années 1930 ; obscure. Peut-être une réfection à partir de l'équivalence *biture-blinde* pour l'état d'ivresse.

rapidos (prononcer «-os'») Resuffixation familière de *rapidement* :

> ***Allez ! Faut partir rapidos si on veut pas rater le train.***

ORIGINE Vers 1950.

bille en tête Directement, sans détour. Indique à la fois la rapidité et la détermination, voire l'audace, dans l'image ajoutée de « la tête en avant » de celui qui fonce brutalement.

> ***Dès qu'ils les ont vus, ils ont foncé sur eux bille en tête, sans discuter.***

ORIGINE Vers 1950 dans le langage du sport. En réalité, la métaphore est prise au jeu de billard où l'on joue *bille en tête*, au sens propre, lorsqu'on vise la boule en plein milieu, sans effet, pour lui donner de la puissance.

voiture

une bagnole Terme alternatif aussi usuel que *la voiture* elle-même, quels que soient son aspect ou ses qualités :

> ***Avec toutes ces bagnoles on a du mal à traverser la rue.***
>
> ***Paul aime bien les grosses bagnoles, genre Mercedes. En ce moment il a une bagnole neuve.***

Vous partez en vacances en bagnole ou par le train ?

Ça c'est de la bagnole !
(exclamation admirative, parfois précédée d'un sifflement pour dire : « Voilà une magnifique automobile, qui marche superbement bien, moteur très nerveux, vitesse de pointe, etc.)

ORIGINE Le mot s'est popularisé en même temps que l'automobile. Attesté en 1906 dans le jargon des chauffeurs (G. Esnault), il se diffuse après 1920 et acquiert un usage généralisé après 1950. Il signifiait précédemment « petite chambre malpropre » mais aussi « voiture à cheval ou à bras » (dès 1840 pour « diligence »).

une caisse Terme beaucoup plus familier pour désigner *une bagnole* quelconque. Très usuel parmi les jeunes.

Fais-nous voir ta caisse... C'est ça ? Waouh !...

Faut que je fasse réparer ma caisse, elle veut plus démarrer.

DÉRIVÉ **à fond la caisse** Très vite, à toute allure :

Ils ont démarré à fond la caisse.

ORIGINE Vers 1960. Par métonymie. En termes de garagiste, *la caisse* est la carrosserie de la voiture. Exemple pour une voiture d'occasion : « Le moteur est foutu, mais la caisse est en très bon état » (cela dès 1930). On a dit, dès les années 1940, *une caisse à savon* pour désigner une très petite voiture à l'habitacle exigu, du genre 4 chevaux (Renault).

une tire Terme familier argotique pour « une voiture » :

> ***J'ai pris ma tire et j'ai foutu le camp.***
>
> ***Elle est bien ta tire ?***

ORIGINE 1935-40 en argot (taxis et voyous). Le mot s'est généralisé vers 1960 (avec l'accès de la jeunesse à la voiture personnelle). Étymologie incertaine. Le mot est ressenti par les locuteurs comme signifiant le véhicule avec lequel *on se tire* (on s'enfuit).

une chiotte Une voiture, généralement peu reluisante, vieille et un peu disloquée :

> ***Oh moi je monte pas dans sa chiotte ! T'as vu le tas de boue que c'est ? On va rester en rade à tous les coups !***

REMARQUE Le mot prête à confusion, car pour toute la jeunesse *une chiotte* est une mobylette, voire une moto, et pas une voiture. (À cause de la position assise, genoux relevés, que prennent les très jeunes sur ces engins.)

ORIGINE Vers 1950 pour l'usage général. Gaston Esnault relève le mot dans la « section sanitaire 85 » en 1918, mais le terme est resté d'un emploi très marginal et rare, ou même a pu être « réinventé » plus tard par une comparaison spontanée avec des cabinets.

une chignole Ce terme à connotation plus populaire que *bagnole* indique une voiture un peu minable, en mauvais état :

Tu crois pas que tu vas arriver jusqu'en Turquie avec cette chignole ? Tu rigoles.

ORIGINE Employé dès l'apparition des premières automobiles, le mot désignait déjà « une voiture à bras » en 1898, et antérieurement « une machine qui tourne » chez les ouvriers métallurgistes en 1870 (Esnault).

un char Une automobile, au Québec. Usuel familier.

Il a changé de char cette année.

Embarque dans le char !

En complément Aucun de ces termes ne s'applique aux différentes espèces de camions, qui possèdent leurs appellations propres (voir CAMION).

voler

Note préliminaire Le vol est naturellement, comme toute action délictueuse, le paradis de l'argot depuis ses origines connues au 15e siècle. Le langage familier a couru sur les traces des truands et réutilise un assez grand nombre de vocables issus du monde de la pègre.

faucher Terme alternatif pour « voler, subtiliser » :

Le ministre des PTT s'est fait faucher son ministère par un de ses amis politiques.

Deux filles l'ont attaquée dans le métro pour lui faucher sa montre.

DÉRIVÉ **la fauche** désigne une entité assez nouvelle dans nos sociétés, du moins renouvelée depuis le 19e siècle : les vols amateurs sans culpabilité ni remords.

Dans les librairies, la fauche est devenue considérable, aussi les boutiques sont-elles équipées de systèmes antivol électroniques.

Car *la fauche* sous-entend un chapardage qui n'est pas destiné à la revente, mais à l'usage particulier du voleur :

C'est fou la fauche qui existe dans les magasins de sous-vêtements !

ORIGINE 1835 dans le lexique de Raspail. D'après l'idée de « couper les bourses » (les *faucher*) déjà en 1713 (G. Esnault).

barboter Dérober, subtiliser, faire main basse sur... Le terme est doux et légèrement humoristique ; il s'emploie en famille.

C'est toi, Émilie, qui m'as barboté mon foulard ?

Mais *barboter* demeure énergique chez les bourgeois :

Ma pauvre amie ! Édouard s'est fait barboter sa montre !

ORIGINE Milieu 19e siècle pour le sens fort de « fouiller, dérober ». Étymologie mal établie ; peut-être du mot *barbot*, « canard ». *Faire le barbot*, « fouiller les poches ». *La barbote*, en argot du bagne du 19e siècle (1821), désigne « la perquisition ».

piquer Voler, prendre. Même emploi que *faucher* :

> ***Tiens, il me manque un bouquin, je me demande qui a pu me le piquer ?***
>
> ***Merde ! Je me suis fait piquer ma bagnole !***

ORIGINE Vers 1830. Du sens d'« attraper au vol, par hasard ».

tirer Voler, avec une connotation plus lourde que les termes précédents :

> ***Alphonse s'est fait tirer tout son pognon lors d'un voyage en Asie. Il n'avait plus rien pour rentrer.***
>
> ***Ah les salauds ! Ils m'ont tiré mon sac !***

ORIGINE 1821 au bagne : « extraire subtilement d'une poche » (G. Esnault). Mais déjà au 16e siècle on trouve *tirer le torchon*, « voler les mouchoirs » (1566, Rasse des Neuds).

chouraver Voler, dérober. Très employé par les jeunes (*la fauche* est essentiellement faite par des gens qui *chouravent* !)

> ***Si tu laisses là ton vélo t'es sûr de te le faire chouraver vite fait bien fait !***

REMARQUE Les jeunes, qui ont adopté ce mot avec enthousiasme au cours des années 1970 sans bien le connaître, disent parfois *choucraver*, avec le sentiment que celui-ci est plus expressif et violent que *chouraver*.

ORIGINE 1938 chez les forains (G. Esnault). L'étymologie n'a aucun rapport avec le vol des choux-raves dans les champs, il s'agit du romani *tchorav*, « je vole ».

cravater Voler, confisquer, subtiliser en douce (il y a dans *cravater* l'idée de « rafle ») :

> ***J'avais trois bouteilles à la cave, elles n'y sont plus : je me les suis fait cravater !***

ORIGINE Vers 1940 dans ce sens. Du sens d'« arrêter, faire prisonnier » (1926-40).

chiper Dérober, piquer. Le mot est très faible ; il était naguère employé par les petites filles (qui disent maintenant *choucraver* comme tout le monde) ; aujourd'hui il s'emploie par ironie, ou bien dans les circonstances délicates :

> ***Le coquin, il lui a chipé sa femme !***

ORIGINE Milieu 18e siècle. Dérivé de *chipe*, « lambeau » (G. Esnault).

En complément *Chauffer* s'emploie parfois également : « Je me suis fait chauffer mon stylo ! »

vomir

Note préliminaire Le terme traditionnel ordinaire pour « vomir » est *rendre*. *Vomir* est demeuré longtemps un verbe médical, abstrait, un mot de l'écrit. Jusque vers 1970, on disait uniquement, dans les familles et ailleurs, *rendre* : « Je suis malade comme un chien, j'ai rendu toute la nuit. » Le mot est du registre tout à fait conventionnel et il n'est pas obsolète ; un enfant dira encore : « J'ai envie de rendre. » Il se trouve seulement que depuis vingt à vingt-cinq ans les médecins soucieux d'employer un langage savant devant leur clientèle ont commencé à dire dans les familles : « Est-ce qu'il a vomi ? », ce qui a fait passer ce verbe dans l'usage oral commun, au détriment de *rendre*, qui a fortement régressé.

dégueuler Mot alternatif familier pour « vomir ». Son usage, naguère grossier, tend à se normaliser et à beaucoup s'user.

> ***Il y avait un ivrogne hier soir qui dégueulait sur le trottoir.***

Se dit beaucoup métaphoriquement pour un sentiment de dégoût :

> ***D'entendre toutes ces conneries à la télé, ça me donne envie de dégueuler.***

DÉRIVÉS :

■ **dégueulasse** Mot d'une très grande fréquence, désormais coupé de l'action de « vomir » (voir SALE).

■ **dégueulpif** est un mot fantaisiste pour dire « dégueulasse, dégoûtant, écœurant », le plus souvent au sens concret :

> ***Beurk, cette poubelle renversée et ces vers qui grouillent... c'est dégueulpif !***

En usage depuis les années 1950, mais on disait auparavant (et sûrement de nos jours pour certains) *dégueulbif* (1894). L'association *pif* (le nez)-odeur a probablement fait glisser le mot vers *dégueulpif*.

■ **dégueulis** Le vomi, concrètement la « matière » :

Le chien est malade, il a mis du dégueulis partout sur le tapis !

ORIGINE 1680 dans Robert. Sur le modèle de *dégobiller*, antérieur : « sortir de la gueule ». Le mot *dégueulis* date de la Révolution : 1790 dans G. Esnault.

dégobiller Vomir. Le mot est ressenti traditionnellement comme un euphémisme de *dégueuler*, il sera volontiers employé par une femme qui ne veut pas employer le mot cru :

La pauvre Annie, depuis qu'elle est enceinte elle a toujours envie de dégobiller !

dégobiller tripes et boyaux Vomir à outrance, avec des accès pénibles et bruyants. Se dit aussi avec *dégueuler.*

Un soir chez des amis, j'ai bu un mauvais whisky, toute la nuit j'ai dégobillé tripes et boyaux !...

ORIGINE 1611 (Bloch et Wartburg). Sorte de diminutif de *dégober* : « gober en sens inverse », « rejeter brusquement ».

gerber Ce mot familier (naguère argotique) pour « vomir » tend, par sa fréquence chez les jeunes générations, à supplanter tous les autres verbes du vomissement.

Arrête de raconter ces saloperies ! Tu veux me faire gerber ou quoi ?

Virginie n'a pas arrêté de gerber depuis hier. Tu crois qu'elle est en cloque ?

Se dit beaucoup métaphoriquement pour une évocation dégoûtante, immorale :

T'as vu ce mec aux infos qui allait avec les mômes ? C'est à gerber cette histoire !
(les « infos » sont les informations télévisées)

Je te crois pas ! T'es qu'un sale menteur ! Tu me fais gerber !

DÉRIVÉ ***la gerbe*** Le mot représente l'acte de vomir, mais *la gerbe* désigne plutôt « l'envie de vomir », par la formule *avoir la gerbe* :

Arrête de me secouer ! Fais pas le con, j'ai la gerbe !

Tu vois, Jacky, quand je vois ce qui arrive, moi ça me fout la gerbe !

ORIGINE 1925 chez G. Esnault. Cependant, le terme est demeuré dans le domaine de l'argot, employé par un groupe restreint d'initiés jusqu'aux années 1960. Il s'est diffusé largement dans le public entre 1968 et 1973, pour exploser littéralement dans la jeunesse à partir de cette date, lancé par un effet de mode. L'image est prise à « la gerbe d'étincelles des feux d'artifice », joyau des réjouissances populaires ; mais le mot, pour l'action physique, est particulièrement évocateur.

Y

yeux

yeux

les mirettes Appellation plaisante pour « les yeux » ; d'un emploi limité.

> ***Il en a pris plein les mirettes.***
> *(il a été émerveillé par le spectacle)*

ORIGINE 19e siècle. De *mirer*, vieux mot français, ou peut-être une francisation de l'espagnol *mirar*, « regarder ».

les châsses Les yeux. Argotisme usuel jusqu'aux années 1940 ; en nette régression.

> ***Il ouvrait des châsses terribles.***
> *(il ouvrait de grands yeux)*

ORIGINE Vers 1870 pour le pluriel. Abrègement argotique de *châssis*, désignant normalement une fenêtre, pour un « œil » ; *un châsse*, en 1833 (Esnault). J. Cellard souligne que « les yeux sont les fenêtres de l'âme ».

En complément *Les calots* et *les carreaux*, autrefois en usage dans la langue populaire, sont très peu employés. *Les carreaux* désigne cependant « les lunettes », qui s'appellent aussi familièrement *les binocles*. Un porteur de lunettes, plus particulièrement de grosses lunettes de myope à verres épais, est traité de *binoclard*.

index

** L'astérisque signale ici les mots du Québec.*

a

b

C

e

F

h

i

j

k

l

m

n

O

P

q

r

S

t

U

V

X

Y

Z

RÉALISATION : P.A.O. ÉDITIONS DU SEUIL
IMPRESSION : NORMANDIE ROTO S.A. À LONRAI (12-01)
DÉPÔT LÉGAL : AVRIL 1998. N° 31486-3 (01-3073)

Du même auteur

Parler croquant
Stock, 1973 ; coll. « Stock Plus », 1978

Je suis comme une truie qui doute
Seuil, 1976 ; coll. « Points Actuels », 1979

Anti-manuel de français
en collaboration avec J.-P. Pagliano
Seuil, 1978 ; coll. « Points Actuels », 1980

La Puce à l'oreille
Stock, 1978 ; « Le Livre de Poche », 1981 et 1990
édition revue et complétée, Balland, 1985 et 1991

Le Diable sans porte
Seuil, 1981; coll. « Points Roman », 1982

La Goguette et la gloire
Le Pré aux Clercs, 1984

À hurler le soir au fond des collèges
en collaboration avec F. Pagès
Seuil, 1984 ; coll. « Points Actuels », 1985

Le Chevalier à la charrette
en collaboration avec M. Baile ; Albin Michel, 1985

Petit Louis, dit XIV
Seuil, 1985 ; coll. « Points Roman », 1987

L'Ouilla
Seuil, 1987 ; coll. « Point-Virgule », 1991

Rires d'homme entre deux pluies
(Prix des Libraires 1990) Grasset, 1990

Le Bouquet des expressions imagées
Encyclopédie thématique des locutions figurées de la langue française
en collaboration avec Sylvie Claval ; Seuil, 1990

Marguerite devant les pourceaux
Grasset, 1991 ; « Le Livre de Poche », 1993

Bal à Korsör. Sur les traces de Louis-Ferdinand Céline
Grasset, 1994 ; « Le Livre de Poche », 1996

Le Voyage de Karnatioul
Éditions du Laquet, 1997